城乡规划管理基础理论研究系列　周剑云　主编
国家自然科学基金项目"语言学视角的多维城市用地分类体系研究"（51508196）资助

城乡规划视野下
多维土地利用分类体系研究

Research on the Multidimensional Land Use Classification System in the Perspective of Urban and Country Planning

戚冬瑾　著

东南大学出版社·南京

内容提要

土地是城乡规划工作的对象,也是城市发展目标的载体;土地利用分类标准作为国家标准是规划编制的基础,同时土地用途管理和建筑功能管理是城市规划管理工作的主要内容。因此,土地利用分类是城乡规划的核心,土地利用分类的制度改革是推动城乡规划转型的重要切入点。本书试图超越土地利用分类的经验性研究,通过历史研究和国际视野的比较,借助语言学研究方法,厘清"土地利用"这个术语的基本概念,分析土地利用分类与规划编制、规划管理以及规划体系变革的关系,针对中国的现实情况和发展趋势,构建一个具有普适性和系统性的土地利用分类理论框架。

本书可供城市政府、城乡规划机构、规划设计院、高等院校、科研机构等城乡规划从业人士及相关人员学习和参考。

图书在版编目(CIP)数据

城乡规划视野下多维土地利用分类体系研究 / 戚冬瑾著. -- 南京:东南大学出版社,2018.6

(城乡规划管理基础理论研究系列)

ISBN 978 - 7 - 5641 - 7715 - 7

Ⅰ. ①城… Ⅱ. ①戚… Ⅲ. ①城乡建设-土地利用-研究-中国 Ⅳ. ①F293.2

中国版本图书馆 CIP 数据核字(2018)第 070987 号

书　　名:城乡规划视野下多维土地利用分类体系研究
著　　者:戚冬瑾
责任编辑:姜　来　　　　　　　　编辑邮箱:176555459@qq.com

出版发行:东南大学出版社　　　　　社址:南京市四牌楼 2 号(210096)
网　　址:http://www.seupress.com
出 版 人:江建中

印　　刷:南京玉河印刷厂　　　　　排版:南京布克文化发展有限公司
开　　本:787mm×1092mm　1/16　　印张:15.5　字数:336 千
版 印 次:2018 年 6 月第 1 版　　2018 年 6 月第 1 次印刷
书　　号:ISBN 978 - 7 - 5641 - 7715 - 7　　定价:69.00 元

经　　销:全国各地新华书店　　发行热线:025 - 83790519　83791830

目　录

图片目录

表格目录

丛书前言

　　城市是人类最伟大的发明,这个基本的共识具有三重意义:第一,城市作为物质实体不是先于人存在的客观事物,而是人类意志的产物,是历史性的积淀;换而言之,城市作为人类主观意志的产物,其物质形态反映人类的生存目的与生活诉求。第二,城市这个创造和发明建基于自然场地上,城市建设使用自然的材料或经过加工的自然材料,建筑形式还需要符合自然规律,城市形态受到自然规定性、基础性的制约。第三,对于人类个体而言,城市又是一个预先给定的客观存在,无法逃避地生存其中并接受其规训。城市的历史性和自然的规定性与个体诉求之间的冲突是城市发展演化的基本矛盾。对于人类而言,城市是主观意志的产物;对于人类个体而言,城市又是一个独立于个体意识的自然存在和历史存在。因此,城市这个发明与其他工具性的发明不同,人与城市的关系不是纯粹的创造与被创造的关系,而是相互形塑的关系,犹如一个硬币的两面是一种共生的存在性关系。作为人类的发明,城市发展可以视为一个观念显形的过程,城市的思想观念与物质形态之间存在反身性关联,"所谓反身性就是互相决定性,它表示参与者的思想和他们所参与的事态因为人类获得的知识的局限性和认识上的偏差都不具有完全的独立性,二者之间不但相互作用,而且互相决定,不存在任何对称和对应"(百度百科)。在城市物质形态上,城市是设计与管理的产物,而规划设计与管理的思想又源自历史存在的物质形态,并且任何新的改变和叠加都无法超越自然的规定性和历史的局限性,这使得愿望图景和现实图景之间永远是不对称的,个体的诉求与自然存在和历史存在的紧张状态将持续地存在,规划与管理是缓解这种紧张关系的一种工具。

　　既然城市作为发明是意识的显形,那么规划就是关于城市的观念形式。城市的观念不同,规划形态就存在本质的差异。将城市视为建筑或建筑的组合,建筑设计的特征就是"工程＋艺术",那么城市规划就是扩大的建筑设计,"二战"之前主流的规划观念大体都是"设计"。战后重建和大规模现代主义的城市规划实践暴露一系列严重的社会问题,其中许多问题并不是物质空间规划所能解决的,并且理论研究也深刻地揭示出城市观念的误区——这就是机械论的城市观念。然而,城市这个发明并不是机械,没有所谓的终极蓝图可以全面地描述和规定城市的目标、功能及其形态。城乡类似有机体,有机体存在自身的发展规律,影响有机体发展的主要手段是改变有机体成长的环境条件,基于城市有机体的观念,城市规划就演变为"干预",也就是调节影响城市发展的社会、经济、文化和环境因素,规划的主要形式是法规和政策。设计是直接安排城市的构成要素,诸如道路、市政、建筑、绿地等物质性设施,法规和政策调节人的行为和资本的流动,其共同目标都是更快、更好地改善人居环境——这种诉求与现代工程技术的结合使得城市这个发明物在全球急速扩张与发展,严重影响生态环境的可持续发展,也威胁到人类生存本身。由此,当代规划的理念由城市发展转化为环境保护,规划的对象从城市扩展到环境。环境变化因素往往超出城市与地方政策的范围,比如气候变化就是属于全球治理的议题,相应的,地方性的城市规划就演变成针对变化因素的管理。

管理的特征是决策,也就是可选择方案的比较、评价与采纳。我国城市规划管理的内涵比较狭窄,主要包括城乡规划的组织编制与审批、规划许可证的发放、规划监督与检查、违法行为的处罚等规划行政事务。其中,法定规划的制定应属于立法范畴,而不是行政管理的范畴;规划许可证的发放和违法建设的处罚属于依法行政范畴,而不是管理范畴;立法、行政与管理属于不同的权力范畴。规划管理的对象为何?如果是开发行为,那么规划本身就是针对开发行为的管理;如果是规划制定行为,那么规划制定属于立法而不是管理。规划行为跨越立法、行政和管理三个范畴,可持续背景下的规划就是管理"变化",立法、行政和管理都是管制城市变化的手段,因此,规划的内涵就实质上转变为管理。

理论是指人们关于事物知识的理解和论述,这是用概念组织建构的话语,它用来解释客观世界的现象与规律,也可以描述客观事物并预言一个事实,理论可以帮助人们进行决策。城乡规划管理基础理论研究侧重规划概念和规划行为的逻辑研究,试图分析和阐明规划行为的主体与客体、规划行为的动因与目的、规划行为的程序与逻辑以及特定社会政治环境中的具体规划形态,包括法规体系、管理制度和技术规范等;理论研究的目的是厘清规划的概念和整理规划的知识,给具体的规划实践提供方法论的指导。

本丛书计划出版两个平行的系列,第一个是基于语言学方法和现象学观念的规划理论研究。语言具有描述、评价/表达、规定三种模式与功能,规划行为与语言极其类似——规划调查就是客观地描述城市现状;规划研究与分析、规划草案属于现状评价与愿望的表达;规划成果文件就是开发行为的规定,并且规划的主要呈现形式就是语言,而且大多数情况下使用生活语言,借助语言学的研究方法可以厘清规划行为的实质。现象学的研究方法是"还原"和"直观",城乡规划是一个复杂的现象,只有通过现象学还原的方法,才能将规划概念还原到可以直观的状态,使得规划概念能够客观地显现其实质,并以此建立共识和消除分歧,从而奠定理论研究的基石。第二个是规划行为的具体形态研究,包括按照国别和地区分类的规划体系研究,以及按照行为目的和特征分类的专题研究,诸如规划的制定、开发控制、监测与评估、强制执行等规划行为的具体形态。

第一批计划出版五本,分别是土地利用分类的理论研究、乡村规划研究、开发控制体系、景观作为可持续发展的管理工具和景观特征评估实践等,这些著作的基础是近几年指导的博士论文,土地分类研究主要探讨了土地利用分类的历史,土地利用规划在诸国中存在的形态、分类的目的及其实质;乡村规划研究廓清了乡村规划的对象、乡村规划的目的及其特征,提出乡村规划是区域规划、保护规划等观点;开发控制研究聚焦于我国规划许可制度存在的问题,分析规划制定与规划实施的关系,论证了开发控制体系的相对独立性,提出开发控制体系是实施可持续发展的有效工具等建议;景观作为可持续发展的管理工具的研究以欧洲景观公约为起点,重点阐明作为"公约"的景观概念与作为科学"知识"的景观概念的本质区别,欧洲景观公约将知识转化为管治工具,并且景观作为管治工具具有跨尺度的、科学的、精确的特征,为可持续发展的规划管理拓展了新的研究方向。受制于知识、资源的不足,以及合作研究机缘等因素的影响,目前的工作比较碎片化,预计第二批著作会有所改进。

非常感谢东南大学出版社支持我们结集出版城乡规划管理基础研究系列,感谢姜来编辑和出版社的诸位同仁的辛勤付出,预祝本系列丛书实现既定的目标。

2018 年 1 月 31 日于广州

序

    城市规划的实质是分区,出于不同的发展目标,规划分区遵循不同原则。古埃及的卡洪城按照社会阶层进行分区,矩形城市中一墙划分东西两区,西边的奴隶工匠住区密集而狭窄,东边的贵族和官吏住区疏朗宽敞。为了加强统治清朝在城市中实行"满汉分界"空间措施,设置"满城"或满人聚居区等。现代主义的城市规划原则是人本主义,规划方法是功能分区;《雅典宪章》提出城市规划的目的是解决居住、工作、游憩与交通四大功能活动的正常进行,在区域规划的基础上,按照居住、工作、游憩进行分区和平衡后,建立三者之间的交通联系网,确定居住是城市主要功能,同时还应当保留名胜古迹和历史建筑。功能分区的规划方法就是根据功能活动的特征对规划的土地进行用途分类,规划的成果形式就是土地利用规划,为规范和统一规划成果的表达形式,每个国家或地区都规定功能活动与土地分类的对应关系,也就是规划工作所遵循的土地分类标准。

    土地分类是规划工作的基础和工具,土地利用规划是城市规划工作成果的主要内容和呈现形式。但是,不同国家的土地分类的标准以及土地分类标准的使用范畴存在很大的差异;使用给定的土地分类标准去分析和评价现实的城市,再使用这个标准来描绘城市发展的未来状态和规定实施行动,这就是目前我国城乡规划编制实践工作的规范性技术要求,这种工作方式背后潜藏的是"规划分区=功能分区=用途区划"简单思维逻辑。第一,"规划分区=功能分区"是现代主义规划对城市发展多样原则的忽视与过分简化,我国城市规划编制办法基本排除其他分区方法,愈加显露现代主义城市规划方法的缺陷。第二,"功能分区=用途区划"这一规划工作的推进通常使用"用地分类规则(标准)"之类的规范性文件,我国通行《城市用地分类与规划建设用地标准》(GB 50137—2011)。这个标准混淆了"功能分类、建筑类型、用地分类"的概念及其关系,在城市功能、建筑类型和土地用途之间建立僵硬的对应关系。为强调功能分区的规划要求,该标准甚至没有混合用地类型,导致城市规划管理不能适应混合功能的建筑类型;基于建筑功能分类的土地分类标准彻底割裂了事物的联系,也抹杀事物联系的地方性特征,深刻影响城市发展。为破解这个规划逻辑的迷思,需要进行深入的理论分析和概念澄清。

　　戚冬瑾博士的著作基于城乡规划的立场从以下三个方面展开理论研究和案例分析:第一是基于地理学历史发展的研究,深入辨析了"土地分类"与"土地利用分类"两个概念的联系与根本性的差异。"土地分类"是自然地理学基于土地现状特征而建立的一种科学描述方法,"土地利用分类"是在"土地分类"的基础上,并结合土地的社会属性以人为价值判断尺度而"规定土地用途"的分类;前者是土地的科学描述,后者是价值判断及城市未来状态的表达与规定。土地描述、价值判断和用途规定属于不同的科学研究领域,因而存在开放的、多维的土地分类模式。第二是基于城乡规划使用自然语言的事实,借鉴规划语言学的语言分类模式:描述、评价和命令,并与城乡规划的工作"调查、分析与研究、规划"阶段建立对应关系,提出调查工作的土地分类属于科学描述模式,分析工作的土地分类模式属于价值判断范畴,规划工作的土地分类属于目标的表达与行为的规定或规范领域,据此得出"土地分类和土地用途分类"是规划工作的成果的研究结论,从而在理论层面充分解释了"土地用途分类标准"的作为规划工作规范的错误。第三是基于案例的实践性研究,对我国土地利用分类标准进行具体的、深入的理论分析,揭示其单一性与封闭性的困境;采用案例实证研究的方法概括和总结出地方性土地用途分类标准的实践探索经验,在此基础上,提出我国土地利用分类的理论性框架体系及改革建议,为国家和地方性规划制度改革提供理论的指导和实践的建议。

　　本书在理论研究方面澄清了"土地分类"的思想和方法,建议"多维的与开放的"土地分类标准,提出了适宜我国城乡规划与管理特色的土地分类的理论框架,具有理论研究和指导社会实践的双重创新价值。

2018 年 2 月 1 日于广州

1 研究缘起：为什么以多维视角研究土地利用分类

1.1 研究背景

1.1.1 土地利用分类是城乡规划的基础

土地是人类生存的基底，土地利用的历史就是人类繁衍生息、进化发展的历史。人类对土地最早的认知源于地理学，地理学力图准确地描述和解释人与自然的关系，从而获得人类居住地的科学知识①。与此同时，地理学也关注如何将土地资源的知识应用到实际的领域。针对农业地区制定土地利用规划以提高土地的产出效益，是其最早的应用领域之一。

1930 年代以后，伴随着现代主义思潮的卷席，城市功能分区为解决城市问题找到"良方"，土地利用规划才逐步成为城市规划的核心。城市规划不再仅仅是建筑布局的规划，而是需要"对住宅、商业、工业、娱乐、教育、公共建筑和场地，以及其他公共和私人用途进行整体布局和位置指定"②，并以此为基础进行其他相关的专项规划。自此，"土地利用"成为规划术语中的关键词，而"分类"是辨明"土地利用"这一概念外延的逻辑方法。包括我国计划经济时期的城市规划以及延续至今的城乡规划体系，土地利用分类一直是城乡规划的基础、前提与载体(图 1-1)。

无论是在城市总体规划还是控制性详细规划中，土地利用规划都是其核心，实质是使城市发展目标与国家《城市用地分类标准》中确定的用途类型相对应，并具体落实于空间布局。然而，当规划师们埋首进行土地利用规划编制之时，却无人驻足思索何为"土地利用"，简单地将城市功能结构深化为土地利用规划，变相地将"土地利用分类"等同于"土地功能分区"，由此用地分类标准所存在的问题就必然带入规划编制实践，从而在规划管理和现实中显现出来。与此同时，我国已有学者发现：单一的土地功能无法与建筑三维空间的复合功能相对应，或据国外经验提出：除功能

> "分类"是辨明"土地利用"这一概念外延的逻辑方法。

---

① 杰弗里·马丁. 所有可能的世界——地理学思想史[M]. 成一农, 王雪梅, 译. 上海: 上海世纪出版集团, 2008: 4
② Akimoto F. The Birth of 'Land Use Planning' in American Urban Planning [J]. Planning Perspectives, 2009, 24(4): 475, 根据此文, 该目标是 1945 年的美国《加州社区促进发展法》所提出。

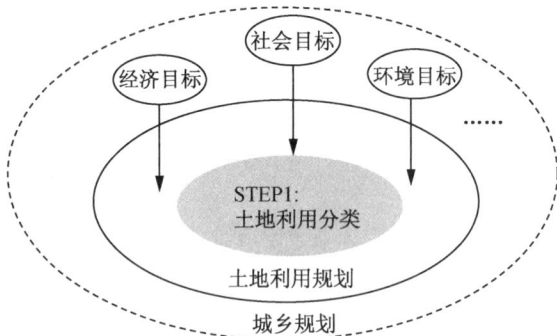

图 1-1　土地利用分类与城乡规划的关系

分类外,土地利用分类还应包含政策分类、形态分类等①,但这些思考均未能从根本上或理论上指明解决土地利用分类之建构问题,以致无法为我国土地利用分类的改革指明清晰方向。

土地利用分类与规划体系有强烈的共生关系。

　　土地利用分类既是认识土地利用的开始,也是规划编制与管理的依据,同时还是规划的结果。在此基础上理解,规划的编制工作就是在土地利用分类的框架中进行充实,或者是一种在分类的符号中赋予内容、赋予价值的过程。规划编制的结果与规划管理的关系由法律确定,而在规划管理中同样也面临现实中各种土地利用的情况,需要借助分类规则解决管理的边界。因此,土地利用分类与规划体系有强烈的共生关系。

1.1.2　土地利用分类的方法与规划目标密切相关

　　土地是依据社会的愿望和发展目标而可以改变的客体,社会价值观的转变往往会引领规划方法的转型,反之,若规划方法固步自封,终将难以适应不断变化的城市问题和挑战。

1960 年代以后,英美土地利用分类及其方式因应城市问题和城市发展的需求而转变。

　　1960 年代以后,针对综合理性规划的批判以及系统规划理论的引入,引发各国对土地利用模式和土地利用分类的思想转变。英国遵循经验主义的思维惯性,当发现传统的功能分区方法无法承载社会经济的多元目标时,土地利用规划彻底地向战略规划转型。美国的土地利用总体规划虽然也在 1960 年代后开始强调规划政策研究,但由于受宪政法律对个人财产绝对保护的思想影响,在实践中以功能分区为手段的区划仍然占据主导地位;另一方面,理性主义驱使美国的规划理论家通过语言学对土地利用的内涵进行逻辑分析,进而发展出一套多维的土地利用分类体

---

　　① 参见《国际城市规划》2012 年第 6 期发表的文章《多重控制目标下的用地分类体系构建的国际经验与启示》《面向开发控制的城市用地分类体系的国际经验及借鉴》《英国用地分类体系的构成特征及其启示》等。

系,以适应计算机时代对精确清晰的数据之需求。

1970年代到21世纪初,在环境危机的大背景下,可持续发展成为当代城市发展的核心价值观,英国的规划体系基于其灵活的政策框架继续完善,不断补充环境、经济、社会等议题,加强跨部门间的联动,实现战略规划向空间规划转型。美国也发现传统区划的改良方法无法彻底解决城市蔓延、社会隔离等一系列问题,横断面规划的出现实现了土地利用分类的范式转变,它重新反思人类聚居点与自然背景的关系,根据人和自然的关系划出城乡空间形态的梯度分区,以综合性的形态分区把规划调查、分析、设计和开发控制紧密地联系起来。

从历史经验可以发现,土地利用分类及其方式与规划目标密切相关。英美两国的经验均是结合本国的制度文化,在社会价值观发生转变后进行及时的转型。与之相比,令人遗憾的是这种转变尚未在我国出现,我国的土地利用分类思想依然停留在计划经济年代。

1.1.3 我国现行土地利用分类难以应对城乡发展需求

在一定程度上,我国当前城乡规划所面临的困境和问题根植于对"土地利用分类"之认识上。首先,我国关于土地利用分类这一概念分为"土地利用现状分类"和"城市用地分类",两者分属不同的部门管理,各有偏重。前者由国土资源部门管理,出于耕地保护的目的,侧重于农用地的细分;而后者由建设部门管理,面向城市发展,侧重建设用地的细分。尽管两种分类均实现空间上全覆盖,但"土地利用分类"在两个部门目标相异,各自表述(表1-1)。

表1-1 "土地利用现状分类"和"城市用地分类"的区别

分类标准	土地利用现状分类	城市用地分类
管理部门	国土部门	规划部门
目标	耕地保护	城市发展
侧重点	农用地细分	建设用地细分

其次,在"城市用地分类"方面,计划经济时期的观念和方法至今仍在城市规划中留有较深的烙印。在计划经济年代,城市规划的实质是国民经济计划的具体化和空间化,城市用地分类实际是落实政府的每一个具体的建筑项目,表现为不同的建筑类型。只是在1980年代后期计划经济的管理方式发生变化后,为加强中央对地方政府的城市管理,变建筑项目控制为土地控制,其本质是城市规划管理工作由建筑管理向土地管理延伸,其目的是通过规划图则来代替建筑开发管理,这在计划经济年代是符

我国的城市用地分类和城市规划思想依然遗留强烈的计划经济痕迹。

合逻辑的必然结果①。然而,在市场经济不断推进的背景下,随着开发主体日趋多元化、建设类型日益综合复杂,这种把土地功能、建筑类型、人的活动行为混为一体的分类方式必然面临诸多困境。

再次,依据城市用地分类标准编制的城市规划内容依然停留在"终极蓝图"的状态,尤其是以功能分区为基础,强调技术特征的建设规划依然是我国城市规划的主要目标。这导致上下层次规划之间趋向一种机械的技术衔接(如在规划实践中详细规划就是落实总体规划的用地布局、路网骨架,图1-2),总体规划与控制性详细规划的关系表现为土地利用分类的细化关系,使得规划编制落入技术层面的深化而非结合规划的多元目标采用灵活弹性的手段。蓝图式的规划思想是相信规划师有足够的技术能力预测和管理未来,然而这些假设在实践和理论上都已被证明是不成立的,不可充分预见性是城市发展的基本特征②。

增城市城市总体规划(2010—2020) 增城市中心城区A01-A12片区控制性详细规划(2011)

图1-2 我国总体规划到详细规划的技术深化过程举例

资料来源:根据增城市总体规划和控制性详细规划改绘

扫码可见彩图

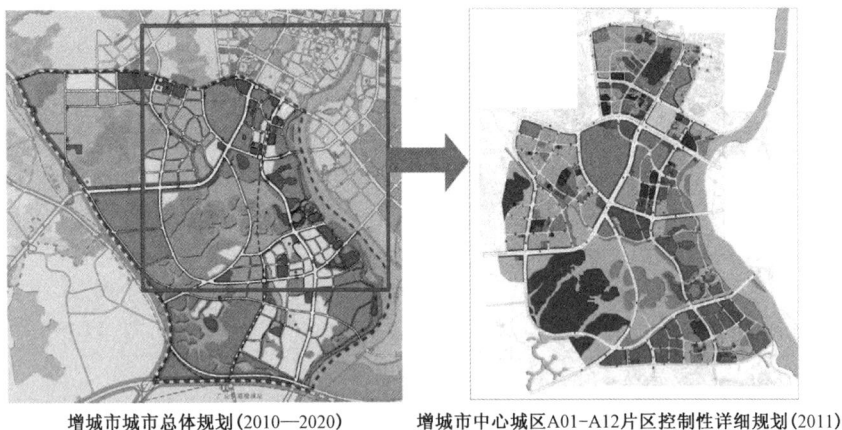

2012年,我国施行新的《城市用地分类与规划建设用地标准》(GB 50137—2011)(以下简称"新国标")。**尽管新国标较旧国标在具体的类别上做出了调整,但土地利用分类的结构依然呈现为树状分级结构,且分类的标准是模糊与混杂的,这注定其在面对多目标的规划过程以及不可预见的新事物时存在局限性。**新国标编制思想的局限和理论基础的薄弱导致我国城乡规划实践依然无法摆脱现实的困境。

当前中国城市发展面临全球化、信息化、快速城镇化的背景,人员、物

---

① 周剑云,戚冬瑾.我国城市用地分类的困境及改革建议[J].城市规划,2008,32(3):45-49
② 路易斯·霍普金斯.都市发展——制定计划的逻辑[M].赖世刚,译.台湾:五南出版社,2006:52

品和信息的聚集和流动使得城市形态变得愈加庞大、混杂和易变。与此同时，城市经济快速发展也带来城乡失衡、生态环境恶化、城市特色丧失等一系列问题和矛盾，快速发展的需要与稳定秩序的追求常常发生冲突，这些问题都超出土地利用的范畴，对城乡规划提出新的挑战。单一的土地利用分类体系和以土地利用为核心的物质性规划体系能否适应可持续发展的要求？针对这些问题，城乡规划需要自身的反思，需要对土地利用的历史进行重新梳理，需要从理论层面建构土地利用分类体系，从而为可持续发展的城乡规划方法转型提供历史经验和理论基础。

> 应对城乡规划的可持续发展的挑战，需要对土地利用分类体系重新建构。

1.2　研究对象

　　本书以土地利用分类的历史与理论、土地利用的概念以及英美等国家土地利用分类标准为研究对象，基于对土地利用分类的历史、思想和理论的研究，借鉴语言学和逻辑学的方法建构了多维土地利用分类体系的理论框架，以此分析和反思我国现行土地利用分类标准和实践，并提出改进建议。

　　一套稳定和清晰的技术语言是城乡规划良好运作的基础。术语自身明晰，能被普通人理解，才能为规划师专业交流以及与不同的利益群体沟通时提供有效的平台。那么如何认识"土地利用"这个城乡规划中的关键术语？或者说，通过"土地利用分类"要表达什么呢？"土地利用分类"在英文中是"land use classification"。其中，"land use"可被翻译为"土地利用"[①]或"土地用途"。杨惠[②]从法学的角度认为，"土地利用和土地用途既有联系又有区别，二者关系具体体现为：第一，土地用途是土地利用的外在表现形式，是土地利用的人类活动在特定时空下的结果；第二，土地用途一经立法、规划等方式所确定，并因而具有法律约束力时，将对土地利用起到方向上的引导或范围上的限制作用；第三，土地用途只是一种静态的描述，而土地利用则是一个长期的动态变化过程，同一土地在整个时空下的土地用途连接在一起就构成完整的土地利用过程；第四，由于土地位置的固定性和面积的有限性，对一块土地的利用会产生两个以上用途的竞争，可从这一用途转换为别的用途，造成土地用途的互竞性。"作者认为，其表述基本廓清"土地利用"和"土地用途"二词在当前法规文件中以

> 对"土地利用"的科学定义是本研究的起点。

---

　　① 也有学者建议把"land use"翻译为"土地使用"，参见（美）菲利普·伯克等编著. 城市土地使用规划（原著第五版）[M]. 吴志强译制组，译. 北京：中国建筑工业出版社，2009：424。作者认为采用"土地使用"或"土地利用"并不影响对原词的理解，从使用习惯考虑，本书采取"土地利用"的翻译。

　　② 杨惠. 土地用途管制法律制度研究[M]. 北京：法律出版社，2010：20-21

及在实际使用中所应体现的差别,但区分二词并非城乡规划研究或土地利用规划研究中的核心任务,规划领域研究的关键问题在于如何认识和界定"land use"的实质并进行管控,至于翻译为"土地利用"还是"土地用途",两者并没有内涵上的本质差别,可视语言形式的需要进行选择,通常前者表达一个过程和动作;后者是一个名词,可视作土地利用的方式或结果[①]。事实上,在我国的土地或规划法规中,一直没有对"土地利用"或"土地用途"进行科学定义,故研究该词(land use)的内涵是本研究的起点。

与人的实际活动相对应的有人的思想(语言)形式。对"语言"的研究是现代哲学的共同特点。从近代哲学致力于"可以认识什么"问题向现代哲学"言说什么"问题的转换,不仅是问题意识的更替,同时也是哲学思考的深入推移,这种转化使得几乎所有的现代西方哲学都和语言学结下了不解之缘[②]。维特根斯坦(Ludwig Wittgenstein)在其著作《哲学研究》[③]中指出,不要追问语言的意义,而应注重观察语言的用法,因为意义就存在于可以称作"语言游戏"的各种语言用法之中,或者说,意义就在于用法。哲学的任务不仅仅限定在澄清语言意义的活动,而是要通过语言研究达到理解认识结构的要求。

解决土地利用分类的问题,包含性比排除性更为关键。

美国规划师古滕贝格(Albert Guttenberg)在1959年发现了"land use"一词的含混,他指出"解决土地利用分类的问题,包含性比排除性更为关键。土地利用是一个有许多含义、许多维度的概念,每一个维度都需要一个自明清晰的术语。"[④]他将土地利用区分出场地开发、建筑类型、活动类型、经济功能、活动特点等多维属性[⑤],为"land use"一词赋予了精确的含义。比如原来一个简单表述的"居住"用途,我们现在可以根据现状的实际情况或规定的目标把它更具体地描述为"在已开发的土地上建设的单位职工自住住宅建筑,只允许居住活动发生",假如该用途转变为商品房住宅或在住宅建筑中增加了商业的活动,就可以被认为发生了用途的转变。这一观点为理解土地利用的本质和对土地用途的控制提供了重要的理论基础。

---

① 本书在翻译国外文献时,把"land use"主要翻译为"土地利用",有助于理解"land use"一词在长期动态过程中所包含的丰富属性。

② 夏基松. 现代西方哲学教程新编[M]. 北京:高等教育出版社,1998:81

③ 路德维希·维特根斯坦. 哲学研究(西方学术经典译丛)[M]. 蔡远,译. 北京:中国社会科学出版社,2009:32

④ Guttenberg A Z. A Multiple Land Use Classification System [J]. Journal of the American Institute of Planners,1959,25(3):143-150

⑤ 古滕贝格认为多维属性可以扩充,当新增土地利用维度被辨析并进行分类,可以把它们与其他维度并行排列。美国1994年出台的《基于土地的分类标准(LBCS)》就增加了所有权的维度,见本书第二章2.6.2论述。

六年后(1965年),古滕贝格参考了语言学的方法把多维土地利用分类体系扩展为三种分类模式[①],1959年的分类只代表了其中一种。他分析了一个人的说话方式有两个组成部分:包括了指向外部目标或事件(指示的组成部分)以及试图评估目的和影响人的行为来实现这个目的(表达的组成部分)。他从语言运用的角度认为规划类似于语言,假如不考虑规划具体的内容或对象,只关注它的形态和结构,那么规划也是有一个指示的组成部分(城市结构理论)和一个表达的组成部分(目标理论),即规划不但指向一个客观对象的体系和客观的关系(城市),也评估这些对象并促使人们采取某些与之相关的行动。正如语言,规划包括分析(一个更严格或科学的指示形式)、评估和建议采取行动。以此作为思考的框架,古滕贝格认为土地利用可以发展出更为全面的分类模式:指示的模式、评估的模式以及规定的模式,分别对应规划的主要功能。

语言学的视角拓宽了土地利用分类的研究方法。

古滕贝格的研究立足于语言的用法,胡塞尔在《逻辑研究》中则对语言的意义问题进行深入探索[②],本源性"语言""语词"的"意义",既非实物对象镜子般的"映像",也非主体制定出来的"概念",而是"事物"本身的"显现"。在一般的经验事实意义下,"概念""语词"只是客观对象的符号,它们与客观对象的关系虽然是相对应的,但却永远不能做到完全的同一。因而,这些符号之间的关系,归根结底,也只能从形式上的逻辑关系中求得必然性。但在现象学意义下,"理念"就不再是单纯的"符号",而是一种"本质"的"呈现"。在人的理性功能中,"符号化"和"呈现"是不同的。"符号"标志着另一种别的东西;但"意义"则意味着"自身(sign for itself)"。从现象学的角度来看,当代美国横断面规划中的形态分区[③]则是回到场所本身,由三维空间的形态特点"显现"出场所的意义,实现了土地利用分类的范式转变。

语言学的视角为我们提供了与以往完全不同的研究问题和思考问题的方式,拓宽了研究视野,使土地利用分类研究能达到以前基于经验总结所未能达到的成果,进而揭示城乡规划方法的基本原理。

基于前人的理论并结合对规划体系的理解,本研究所指的"多维"包含土地利用分类的三种模式以及每种模式中可扩充的多重维度。分类的三种模式与分类的目的有关,即:"是什么"的指示模式——描述土地利用现象;表达主观判断的评价模式——评价土地利用的效果;要求他人行动的规定模式——规范土地利用的方式。规划过程的三个关键环节"调

---

① Guttenberg A Z. The Language of Planning [M]. Urbana, IL: University of Illinois Press, 1993: 26-48
② 叶秀山. 思·史·诗——现象学和存在哲学研究[M]. 北京:人民出版社, 2010: 8
③ 详见第4章论述。

"多维"包含土地利用分类的三种模式以及每种模式中可扩充的多重维度。

查—分析—规划"为土地利用分类的三种模式提供了前后递进的逻辑性对应关系。**分类的多重维度则与规划所基于的问题或目标有关,**城市本身是一个综合而复杂的空间现象,包括了社会、经济、环境等相关方面的多重要素和多重属性,这些要素之间存在着广泛的、复杂的内在联系,因此土地利用分类表现出多种分异特性,可以有多种划分维度。三种模式在分类维度的选择上均具有开放性和可扩展性的特点,结合规划对象的多重属性以及规划目标的多元化表达,土地利用分类呈现出多样化的类型。当价值观发生改变后,土地利用分类会出现新的维度,由此带动土地利用分类的范式转变。

"城乡规划视野"是本研究的前提和目的,城乡规划视野下的土地利用分类体系不仅仅限于"城市用地分类"或"土地利用现状分类",而是期望从城乡统筹的角度探索人类土地利用的各种维度以及土地利用分类如何承载规划的目标和作为实现规划目标的工具。多维土地利用分类理论的构建为解读城乡规划中土地利用分类的经验以及未来土地利用分类的改革提供了系统扎实的理论基础。

1.3 国内外研究综述

1.3.1 中国内地研究综述

土地利用分类是多学科交叉研究的领域,需要建构一个全面综合的土地利用分类体系平台。

土地利用分类标准作为土地利用规划的基础,一直以来是城乡规划、地理研究、土地资源等学科关注的热点领域。本书关于国内研究的数据主要来源于 CNKI 的"中国期刊全文数据库",查阅主题词包含"城市用地分类""土地分类""土地利用分类""土地用途管制""土地用途分区"等相关文献,并对检索论文进行筛选,剔除与主题无关的文章。

从搜索结果分析,研究"城市用地分类"的论文主要为城建类刊物,自 2000 年起针对《城市用地分类与规划建设用地标准》(GBJ 137—1990)(以下简称"旧国标")的讨论和反思逐步增多,同时也陆续出现对国外城市用地分类的比较研究,表达出对旧国标的改革诉求。2011 年以后,伴随新国标出台,针对城市用地分类的研究又出现一个小高潮,研究内容既有对新国标的解释,也有对新国标进一步完善的建议。

研究"土地分类""土地利用分类"的论文集中在地理学、土地资源学等刊物,这类研究从 1980 年代起已逐步兴起,主要围绕遥感技术在土地利用现状调查中的应用,表现为对土地利用现状的描述和解释。

研究"土地用途管制"的论文则涵盖了地理学、法学类刊物,这类论文从 1990 年代后期出现,集中关注土地用途分区、土地权益等问题,表现为从规定或控制的角度对土地用途进行研究。

表1-2　相关文献发表的期刊类型统计

关键字	论文数量	发表的主要时间段	期刊类型	期刊名称
城市用地分类	35篇	2002—2014年	城建类	《城市规划》《规划师》《城市规划学刊》《国际城市规划》等
土地利用分类	141篇	1981—2014年	地理学、土地资源学	《地理学报》《中国土地科学》《资源科学》《遥感学报》《测绘科学》等
土地用途管制	91篇	1997—2014年	土地资源学、法学	《中国土地科学》《中国土地》《现代法学》等

土地利用分类和用途分类研究涉及地理学、土地管理、城乡规划和法学等诸多领域,属于交叉学科领域。本书关注城乡规划领域的土地利用分类,尽管城乡规划的土地利用分类与上述学科研究密切关联,但城乡规划的特点在于其应用实践的性质,城乡规划土地利用分类的基本出发点是服务于城乡规划的编制与管理。目前有关城市用地分类的研究多为基于城乡规划实践问题的经验性研究和批判性研究,缺乏历史研究和多学科研究的角度,理论性和系统性不足;地理学和土地资源学的研究更多是围绕土地利用现状分类以及农林方面的土地用途;法学领域的研究则提出了值得关注的土地权利和土地用途管制问题。以上研究亟须建构一个全面综合的土地利用分类体系平台进行整合,从而为规划调查、分析、编制、管理全过程工作的开展提供扎实的理论基础。

(一)城市用地分类的角度

1)旧国标存在的问题

曹传新[①]从旧国标诞生的特定历史背景出发,结合市场经济下城市发展的态势,阐述旧国标在实施过程中客观的不足和现实的矛盾,建议国标只对城市用地进行框架性的约束和调控,具体的标准细则可由各省市根据自身的城市发展阶段和城市地域特色进行动态制定。曹传新的研究质疑城市用地分类标准的形式和地位,建议由国家标准形式调整为指引性的指导标准,作为指导标准在规划实践中具有开放性的特征。唐劲峰、郑伯红[②]指出旧国标适用范围的问题,提出应加强城市规划与国土规划的结合;将城市用地的分类与分级相结合;加强建设用地与非建设用地的

① 曹传新. 对《城市用地分类与规划建设用地标准》的透视和反思[J]. 规划师,2002,18(10):58-61
② 唐劲峰,郑伯红. 城市用地分类与建设用地标准修编原则初探[J]. 山西建筑,2007,33(2):206-207

有机结合。蒲蔚然、刘骏①强调以市场经济为导向,区别对待商业性用地和公益性用地;以环境干扰度为标准,加强对土地利用上的环境影响限制;满足设计和管理的实际需要,增加混合性用地类型;调整用地类型的划分层级;加强规划的动态管理,不断适应新形势的要求。

概括而言,旧国标用地分类的有限性与城市发展中土地用途的多样性不协调,旧国标的适用范围与城市规划编制范围和管理内容也不协调。2000 年以后,随着市场经济对城市发展影响的逐步深入,土地用途管理与土地业主之间的利益关系日趋紧张,旧国标的不适性逐步凸显,改革旧国标的呼声也不断加强。

2) 对新国标的解读和建议

赵民等②、王凯等③回溯了新国标的修订过程,阐述修订的缘由和主要思路,进而对新国标中的城乡用地分类、城市建设用地分类和规划人均城市建设用地标准等新规定做了具体介绍,这是认识新国标编制思想的有效途径。程遥等④通过总结不同国家和城市的用地分类方式,认为用地分类体系可包括"用地功能分类""空间形态分类""政策区分类""复合分类"。其中英国是"框架与演绎体系",日本是"叠加型分类体系",堪培拉是"双层分类体系"。在功能限定的基础上,各国分类体系还承担着政策引导、开发控制、指导审批等多项职能,建议我国新版分类体系要从单一建设功能安排向多重控制目标转变,未来应处理好功能性分类与政策性分类;确立并规范叠加分类的相关操作;给予地方政府一定的灵活性,该论文从国际比较的角度提出多维土地分类的思想。赵佩佩⑤从控制性详细规划的应用实践角度,认为新国标颁布实施后仍需开展后续的规划研究工作,如允许地方在框架内扩展用地分类体系;研究用地混合、兼容的规划控制方法;研究体现政策内涵的用地控制方法;改进现行的规划编制方法;推动规划管理体制和机制创新,该论文建议土地利用分类在实践中应保持开放性。

以上论文基于规划实践和国际视野的比较研究,指出新国标存在的问题和改进的具体建议,这些建议主要通过经验推导和比较参照,涉及土

多维视角尚待挖掘与建构。

---

① 蒲蔚然,刘骏.关于建立城市用地分类新国标的思考[J].规划师,2008,24(6):9-12

② 赵民,程遥,汪军.为市场经济下的城乡用地规划和管理提供有效工具——新版《城市用地分类与规划建设用地标准》导引[J].城市规划学刊,2011,198(6):4-11

③ 王凯,张菁,徐泽,等.立足统筹,面向转型的用地规划技术规章——《城市用地分类与规划建设用地标准(GB 50137—2011)》阐释[J].城市规划,2012,36(4):42-48

④ 程遥,高捷,赵民.多重控制目标下的用地分类体系构建的国际经验与启示[J].国际城市规划,2012,27(6):3-9

⑤ 赵佩佩.新版《城市用地分类与规划建设用地标准》研读——兼论其在实际规划中的应用及发展展望[J].规划师,2012,28(2):10-16

地利用分类的多维(或多重)视角问题,对土地利用分类的系统研究具有一定的启发性。但它们仅指向根据不同的规划管理目标采用不同的政策或控制要素,这种理解较为狭义,多维概念是本书将要充分挖掘和建构的关键对象。

3) 用地分类与开发控制

用地分类贯穿规划过程的始终,其中规划管理(开发控制)阶段是落实规划目标的关键环节,也是较多学者关注用地分类应用的领域。

戚冬瑾、周剑云①从广州市住宅的全面"禁商"行动谈起,针对建成环境的建筑用途管理,提出我国应借鉴英国的开发控制和香港的混合用途控制,使土地和建筑物用途转变管理既坚守规划控制的专业标准,又不破坏市场发展的活力和多样性。程遥②认为在市场经济条件下,城市用地分类对于城市开发控制具有重要作用。介绍英国、加拿大、日本、堪培拉(澳大利亚)、香港(中国)等国家和地区的用地分类体系,探讨完善我国用地分类体系应有意识区分不同等级分类的划分依据,体现用地分类的等级特征,以表达用地的多元属性和多重规划控制目标。戚冬瑾、周剑云③从规划管理的角度讨论新国标的适用性,指出土地混合用途分类的缺失是新国标脱离城市发展需求的重要标志,是传统单一分类思想的延续,同时也背离了提倡混合发展的历史经验,提出建立用地分类的标准需要结合规划体系的特点,加强与规划管理制度和土地供应制度的衔接。

> 用地分类要加强与规划管理制度和土地供应制度的衔接。

4) 公共设施用地的属性

孙晖、梁江④对比中美公共设施用地的分类,指出两者最本质的差异是分类的逻辑。中国是针对地块用途进行控制的,而美国是针对服务建设规模、兼顾用途进行控制。文章进一步指出,当前地方通行的《用地适建表》纵横轴都按地块用途划分,出现重复无意义的矩阵,建议参考美国的做法,增加规划控制的弹性。邹兵、吴晓莉⑤认为,市场经济条件下,公共设施用地基本可分为公益性设施用地和商业性设施用地两类;前者作为城市规划严格控制管理的对象,不得随意改变用地性质,保持足够的刚性;对于后者,城市规划一方面应以实现城市土地最大使用价值为工作目标,顺应市场经济发展的趋势,另一方面也要进行适当的引导和控制,以

> 公共设施用地的区分本质上是产权维度的土地利用分类。

---

①　戚冬瑾,周剑云."住改商"与"住禁商"——对土地和建筑物用途转变管理的思考[J].规划师,2006,32(3):66-68
②　程遥.面向开发控制的城市用地分类体系的国际经验及借鉴[J].国际城市规划,2012,27(6):10-15
③　戚冬瑾,周剑云.面向规划管理的城市用地分类思考[J].城市规划,2012,36(7):60-66
④　孙晖,梁江.是计划决定,还是市场决定——谈公共设施用地的分类原则[J].城市规划,2002(7):14-18
⑤　邹兵,吴晓莉.也谈市场经济条件下公共设施用地分类的原则——兼与孙晖、梁江两位老师商榷[J].城市规划,2002(11):80-85

防止外部负效应的出现。徐颖、李新阳[1]通过借鉴英、美、日、新加坡以及中国香港、中国台湾等地关于用地分类的经验,对新国标中"公共设施用地"分类的重构提出大类拆分公益性和营利性公共设施用地;基于使用功能特征合理区分中类用地;补充拓展公共设施用地类型等,并指出:新国标对地类的可兼容性及其比例要求未做具体规定,建议地方可以根据具体情况自主附加兼容控制规定。吕冬敏、王兴平[2]则认为新国标对兼具公益性和市场性的服务业用地划分过细,对居住小区级及以下的服务业用地划分刚性不足,回避了服务业用地的混合问题。

公共设施是城市用地分类中的主要部分,也是遵循计划经济思维的旧国标亟须改革的关键领域。单一的功能维度分类无法适应市场经济背景下的社会管理要求,区分公益性设施和商业性设施的本质是在功能的维度以外增加了产权的维度,协助在规划管理上的区别对待,适应了社会经济发展的变化。新国标在公共设施分类方面采纳了上述论文的有关研究结论,但是也仅限于公共管理和服务设施用地的分类,并没有明确以产权维度进行用地分类。

5)城乡统筹

> 空间发展目标可作为用地分类的一个维度。

2008 年《城乡规划法》出台后,城乡统筹成为规划研究的主要趋向,同样也反映在城市用地分类上。徐明尧、汤晋[3]提出借鉴西方国家的成熟经验,我国应坚持城乡统筹原则,建立覆盖城乡的分类标准,进一步完善城乡用地分类,提高实施过程的可操作性。周扬等[4]认为城乡统筹下的用地分类必须增加两个重要因素:用地的区域角色和城乡关系角色,在此基础上才是具体的使用功能。论文针对都市区这一类特殊空间单元,提出以"都市组团""都市绿郊"为都市区发展的目标空间,以"城镇用地""乡村用地"和"城乡一体化用地"表征都市区空间用地发展的区域角色,以此为基础形成"6 大类、33 中类"的都市区城乡用地分类体系。论文在分类的观点上具有创新性,从城乡统筹的角度结合功能和空间特征提出用地分类体系。2011 年修订的新国标把分类对象扩展到市(县)域范围内的所有土地,包括建设用地与非建设用地,也可视作在城乡统筹的目标下实现了用地分类的空间全覆盖。

(二)土地利用分类的角度

与城建方向的学者研究城市用地的分类不同,国土、农林方向的学者

① 徐颖,李新阳.关于重构我国公共设施用地分类的思路探讨[J].城市规划,2012,36(4):61-68

② 吕冬敏,王兴平.市场经济体制下服务业用地分类原则探讨——兼评《城市用地分类与规划建设用地标准(GB50137—2011)》[J].现代城市研究,2012(10):82-87

③ 徐明尧,汤晋.关于改进我国城市用地分类标准的思考[J].规划师,2008,24(12):109-113

④ 周扬,王红扬,冯建喜,等.试论城乡统筹下的都市区城乡用地分类[J].现代城市研究,2010(7):72-79

主要关注土地利用分类,其角度更多是围绕土地的自然属性以及农业方面的土地利用,对象相对静态、目标相对单一。而城乡规划中的用地分类对象是土地上人的活动及其结果,城市发展的多元目标以及人的活动的复杂性带来了分类的难题,这是研究城乡规划视野下土地利用分类需要关注的重要差别。

王人潮[①]根据土地具有自然地理属性和社会经济属性的双重性,建议土地分类体系由土地自然分类(表达地表形态的结构框架)、土地资源分类(由地形地貌、土壤类型和利用类型三者组成)和土地利用分类(根据应用目的建立不同的分类系统,如土地利用现状、土地适宜性评价、地籍等)三个系统组成。**该体系提出一种分类思路的可能性,但从三个系统的关系评价,分类思想不够严谨,土地资源分类的标准与其他两类存在一定重合。**

林培等[②]为了克服单纯的土地利用现状制图问题,提出以"土地利用现状"+"土地资源背景"叠加模式,建立以土地利用为主体的五级分类体系及编码系统,其中前两级是土地利用,后三级为不同级别的土地资源要素相应的地学级别划分。建立一个以遥感信息为主体,GIS 技术支持的多源信息复合分类与制图系统。**该体系本质是一个扩大后的树形结构,为适应计算机技术的应用增加了更多的层级。这对于农业用地属性的描述是可行的,但在城市当中,由于人的行为的复杂性,不可能用一个树形结构完全概述所有的土地利用可能性。**

刘平辉、郝晋珉[③]提出以产业结构分类为基础,按土地利用所服务的产业部门建立一套新的土地利用分类体系,该分类体系共分为四个层次,其中第一层次有 4 个类型,分别是第一产业用地、第二产业用地、第三产业用地和后备产业用地;并在这些层次之下进行续分。**该体系没有突破原有树状层级划分的结构模式,而且划分角度过于单一,尽管易于与统计、发改等部门衔接,但在城乡规划领域并不完全适用。**

（三）土地用途管制的角度

土地用途管制的概念是 1998 年《土地管理法》提出,其第四条规定"国家实行土地用途管制制度",以资源供给引导需求对农地转化为非农用地实行严格管制,从而实现耕地总量动态平衡。因此围绕土地用途管制的论文主要在 1998 年后出现,集中于国土资源研究方向,从土地利用

城乡规划的用地分类有别于农林领域相对静态的土地利用分类。

---

① 王人潮.试论土地分类[J].浙江大学学报(农业与生命科学版),2002,28 (4):355-361

② 林培,刘黎明,孙丹峰.关于建立我国土地利用分类及其制图问题的探讨[J].中国土地科学,2001,15(1):28-38

③ 刘平辉,郝晋珉.土地利用分类系统的新模式——依据土地利用的产业结构而进行划分的探讨[J].中国土地科学,2003,17(1):16-26

总体规划、土地用途变更的角度讨论土地用途管制对策和土地用途分区的建议。随着城镇化进程中农地非法流转现象日趋严重,2010 年以后有关土地用途管制的研究主要关注农地流转过程中的土地权益问题;与此同时,国家确定了土地用途分区的标准[①],针对土地用途分区的研究转向数学模型和 GIS 技术的应用,以加强土地用途分区的科学性。

分区体现土地利用分类的空间层级。

欧名豪[②]认为分类和分区是两种不同的认识体系,分类是抽象的,分区在空间上是具体的,但在规划中各个类型都表现为一定的空间地域。从这个意义上说,规划中的土地利用分类和分区是相关联的,分区就是对土地空间区域类型的划分。论文在分析土地用途分区的基本要求的基础上,提出在中国应建立土地用途地域和土地用途分区两个层次的分区体系。用途地域适用于县(市)级土地利用总体规划,主要突出控制城镇扩张,以保护农地和自然环境。用途分区主要适用于城(市)镇土地利用规划和乡村土地利用规划,作为实施土地用途管制的直接依据。其中城镇地域土地用途分区可划分为建设用地区和建设控制区,建设用地区再划分为居住、工业和商业 3 种基本用地区和若干个专门用地区,前者是每一个城镇土地利用规划都必须划分的,而后者各城市可根据实际情况选用。该文以城乡用地为对象分别提出有针对性的分区和管制建议,部分建议已被 2010 版的土规编制规程吸纳,有关城镇地域土地用途分区的观点尤其值得借鉴,既控制住土地利用规划中的保护地区和重点地区,又为地方城市在具体的用地分类上留有空间。

土地权利的界定是土地利用合法开展的法律基础。

林坚[③]认为现阶段土地用途管制已经不局限于用途,而是涉及土地用途、平面布局、集约利用、权益保障的"四维"空间管制。建议应完善土地权益管理,扩大土地用途管制职能,土地用途管制规则和内容不应仅限于土地用途、转用许可等,应进一步增强平面布局、集约利用、权益维护等要求。尽管该文没有具体讨论如何完善土地用途管制规则,但其指出了当前国土部门执行的用途管制只关注农用地转用问题,全面的用途管制应涵盖宏观全局性管控、中观土地利用分区、微观用地开发许可等一整套政策措施和技术手段。城乡规划和土地利用总体规划的用途管制应协调整合,对于城乡规划而言,尤其应结合开发规则的建立,完善微观层面针对建成环境的用途管制职能。

罗罡辉等[④]通过实证法和博弈论指出土地用途管制的调整影响财产

① 2010 年国土资源部发布的《土地利用总体规划编制规程》确定了"土地规划用途分类""土地用途分区""建设用地空间管制"等概念和规范。

② 欧名豪. 土地用途分区体系探讨[J]. 南京农业大学学报,2001,24 (3):111-115

③ 林坚. 土地用途管制:从"二维"迈向"四维"——来自国际经验的启示[J]. 中国土地,2014(3):22-24

④ 罗罡辉,李贵才,仝德. 土地用途管制调整与权益主体行为研究[J]. 中国土地科学,2014,27(3):8-14

权结构的变化,政府和相关土地权益主体可通过协商互动达成权益平衡。土地用途管制决策应开放更多权益主体参与论证,协调发展过程中的矛盾。杨惠[①]等从小产权房的角度指出土地用途管制权的正当形式须确保个人合理分享土地使用权,国家应逐步建立和完善不同用途农村土地的转用机制。万江[②]通过总结地方政府在实践中多种类型的指标流转方式,提出我国有必要构建包括"实地开发权、转用开发权、市地开发权"在内的开发权交易制度,让土地权利人成为最终的交易主体,通过市场来发现各类开发权的价格。**土地权利的界定是土地利用合法开展的法律基础,上述研究主要从农地转用的角度讨论土地利用的权益问题。在城市更新和改造的过程中同样涉及大量的土地用途转变情况,开发活动也是土地利用的一种类型,需要在法律中明确土地的开发权以及相关权利主体的权益,把建成环境中的各种开发行为和权益调整纳入城乡规划管理。**

1.3.2　中国香港地区及其他国家研究综述

有关国外(境外)土地利用分类的研究主要从两个方面开展。一方面我国学者对国外(境外)城市用地分类经验的研究一直持续,通过搜集国内学者的相关研究成果,筛选出针对国外(境外)城市土地利用分类的专题研究或比较研究论文,主要的研究对象包括中国香港、日本、英国、美国(区划)、德国等,基于国外(境外)经验的分析以及思考,可为本书的理论建构提供实证素材。另一方面,在英文资料的研究中,可发现国外学者关于土地利用分类研究的文献资料主要集中在美国。由于美国的规划制度建立了严格控制土地权益的法律机制,强调通过法规条令保护土地所有者的权益和公众利益,因此土地利用规划和传统区划的发展与变革一直都在围绕规划成果的可量化性和技术性,以便转化为法律语言,对土地利用分类的研究是美国规划学界始终关注的领域。通过对美国土地利用规划的历史梳理可以发现前人许多富有创见的思想和理论至今仍影响到当代的土地利用分类实践。

(一)国内学者对中国香港地区及其他国家土地利用分类制度的研究

1)中国香港

顾翠红、魏清泉[③]指出香港的土地用途规划控制因不同层面而异,在

> 美国规划的发展与变革一直都在围绕规划成果的可量化性和技术性,以便转化为法律语言。

---

①　杨惠,熊晖.土地用途管制权的正当性求解——小产权房引发的宪政思考[J].西南民族大学学报(人文社会科学版),2010(7):101-105

②　万江.土地用途管制下的开发权交易——基于指标流转实践的分析[J].现代法学,2012,34(5):185-193

③　顾翠红,魏清泉.香港的用地分类与规划控制[J].经济地理,2007,27(1):149-152

全港规划层面和次区域规划层面重在预测、统筹、评估,在地区层面则重在控制、协调,采用了一套以规划管理单元为核心的直接面向规划管理实际需要的土地用途地带控制方法。与此相对应,香港的土地用途分类采用广义的概括用途分类方法,其分类的主要依据是使用性质,同时兼顾经营方式、土地供给方式、投资主体及规划影响等因素进行划分。宣莹①进一步分析香港法定图则体系中的土地用途表主要包括 11 大类,没有中类和小类。详细分类通过划定两类用途来加以控制:①经常准许的用途;②须先向城市规划委员会申请,可能在有附带条件或无附带条件下才能获准的用途。各类土地用途所界定是主导用途和规划要求,在一种主导用途中满足多种需求,从而保证了地块内功能混合的可能。在 11 种大类中还包括综合式发展、乡村式发展等类别,具有弹性控制的特点。论文认为,香港的用途分类着重对发展过程的控制,而我国的分类标准重在自上而下的计划,面对城市的快速发展,应将弹性控制、可持续发展、生态保护等理念纳入用地分类体系之中,精简不必要的用地分类和规划过程,同时要建立起一套行之有效的用途控制和管理机制。

香港在法定图则的制定阶段将 11 种用途落实到土地分区,这属于土地的概括用途分类,与英国地方规划对土地进行政策性分类是一脉相承的,但由于土地批租制的存在,香港采用了法定图则的制度控制土地的概括用途;而在规划许可阶段,每种用途分类再区分为:经常准许的用途和须向城市规划委员会申请的用途两类,这是基于管理方式的分类,参考了英国的规划许可制度,落实概括用途之下的具体各项用途。换而言之,对于规划编制和规划许可的差异,香港建立互相关联又互相区别的用途分类体系。

2)日本

徐颖②在梳理日本规划体系的基础上,分析其土地利用分类的构成特征和运行机制。日本的土地规划体系由国土综合开发规划、国土利用规划、土地利用基本规划和城市规划等构成。土地利用基本规划以国土利用规划为依据,在全域覆盖功能分区,明确"城市区""农业区""森林区""自然公园区""自然保护区"5 类基本功能地域,作为城市规划、农业规划、森林保护等的依据和前提。徐颖和周轶男、华晨③均指出日本城市用地分类主要是"划线"与"分区"。"划线"是将城市规划区划分为"城市化促进区"和"城市化控制区",独立于市町村的行政边界。"分区"是类似区

对于规划编制和规划许可的差异,香港建立互相关联又互相区别的用途分类体系。

日本几乎吸收了所有西方国家重要的规划经验并进行本土化。

---

① 宣莹. 做狐狸还是做刺猬? ——香港法定图则土地用途分类与中国大陆城市用地分类体系比较研究[J]. 规划师,2008,24(6):53-56

② 徐颖. 日本用地分类体系的构成特征及其启示[J]. 国际城市规划,2012,27(6):22-29

③ 周轶男,华晨. 内外、上下与刚柔——中日城市用地分类比较研究[J]. 国际城市规划,2010,25(1):82-87

划的用途管制,用途类型本质上仅包括居住、商业、工业三大类,市政、道路、公共设施等公共投资用地是优先规划,强制性要求叠加在其他用地区划上。三大类用途通常还配以"专用区(Exclusively Zone)""准用区(Quasi Zone)"等多重属性为表征,增加用地的混合性。除了中央统一的用途类型外,地方还可以划定"其他特别用途区",如高度控制区、城市更新改造区、美学价值区等。徐颖认为,日本用地分类的特点是全域覆盖功能分区;用地分类属性体现多重属性并行,利于强化多维度管控力度;政府实施类用地分离管控,利于保障公共利益;地类混合属性突出,利于市场经济体制下的灵活应对;在国家统一的用地分类标准和兼容性控制通则的基础上,日本的地方政府有着较大的自主权,可以制定符合自身实际的"建筑用途兼容控制导则"作为补充。周轶男、华晨建议我国应学习日本以开放姿态吸收国外先进思想,适应土地市场化开发,建立灵活的用地分类体系。

日本的规划体系是以西德的 B-plan 以及瑞典的地区计划为参考,选择性地在适宜地区推进各种地区计划;同时又以英国的开发许可为借鉴,对特定类型的场地开发和建筑行为实行许可制度;此外,日本的"分区"制度也不断学习美国区划的改良措施进行演化,"其他特别用途区"即参考美国的"特殊地区""交叠地区""包容性区划"等手段。可以说,日本几乎吸收了所有西方国家重要的规划经验并进行本土化。徐颖认为日本的多重属性用地分类主要指功能属性与政策属性并行叠加使用的复合用地分类体系,该视角具有启发性,但多重属性的定义仍局限在针对日本的经验总结层面,尚未充分挖掘土地利用的其他属性。

3) 美国(区划)

李恒[1]通过对美国区划 90 多年的发展历史进行系统回顾,指出:分离互相冲突的用途源于美国普通法中的反妨害准则,因此,美国区划必须是基于用途分区,即使在新出现的性能区划以及基于形态的区划中,也只是扩大了用途混合的范围,对于互不相容的用途仍需进行隔离。田莉[2]则认为:虽然美国区划以"保障公众的健康、安全和福利"为出发点,但随着区划的发展,在部分城市或地区却沦落为某些集团甚至地方政府保障自身利益、排斥低收入者的工具,并直接或间接加剧了内城的衰败。该观点揭示了美国区划的用途分区是隔离冲突与维护既得利益的工具。杨军[3]、程明华[4]等通过对美国主要城市现行区划法规内容的研究,介绍美

区划立法可以依据规划发展的目标创设新的土地用途类型,开发控制的本质是执法过程。

① 李恒.美国区划发展历史研究[J].城市与区域规划研究.2008(2):208-223
② 田莉.美国区划的尴尬[J].城市规划汇刊,2004(4):58-60
③ 杨军.美国五个城市现行区划法规内容的比较研究[J].规划师,2005(9):14-18
④ 程明华.芝加哥区划法的实施历程及对我国法定规划的启示[J].国际城市规划,2009(3):72-77

国区划分为基本用途区和特别分区两大类。基本用途区指用于满足城市基本功能要求，适用于城市大部分地区的功能分区，如居住区、商业区、工业区等。由于每个基本用途区涵盖的范围比较广，为了方便管理，又可将每个基本用途区细分为若干次区。基本用途规则一般可以有三种方式：许可用途、特别用途（特别许可用途、附条件用途、受限用途）、附属用途。城市中某些地段，由于其在历史、地形、经济、功能、区位等方面的特殊性，或为实现某些特定意图，可设立特别分区。特别分区通常有两种模式：叠加区和独立区。张宏伟[①]指出美国的区划到1990年代已经发展得非常庞大复杂，地方政府开始全面修订区划法，主要类型包括，改进型传统区划：在传统区划的基础上再增加一些额外的要求，例如叠加区（Overlay Zone）、可变更区（Floating Zone）来增加监管的内容或达到一些特殊的保护目的；绩效或影响区划法：主要根据开发建设的影响或成效进行区域划分；以建成形式为主的区划法：注重开发建设的形式，特别是公共空间的形态。组合式或模块式区划法：即以形态为主的区划法和改进型传统区划法两者优势发展而成。侯丽[②]则以"依法裁定与自由裁量""限制性与规定性""排他与包容""理性与美学""少还是多"几个主题为线索，介绍和梳理美国区划近年来的革新动向。

美国区划的基本特征是法律，区划的制定就是规范开发的立法过程，在这个立法过程中土地利用分类标准只是参照，区划立法可以依据规划发展的目标创设新的土地用途类型，开发控制的本质是执法过程。区划制定的创设权使得土地利用分类具有开放的特征，由于美国的土地利用分类研究比较深入，区划的用地类型多数采纳已有的研究成果。近年区划的一个显著特点是引入了自由裁量的审核机制，但同时基于利益的保护，对每一个地块均有详尽的规定，这种自相矛盾的制度使它异于英国以政策性规划为基础的自由裁量式开发控制体系。此外，若干学者均提及近年出现的基于形态的区划，但对于形态分区背后的思想和理论尚缺系统梳理，此为土地利用分类维度的范式转变，值得深入探究。

4) 德国

阿尔伯斯（G. Albers）[③]介绍德国的建设指导规划一般分为"土地利用规划（F-Plan）"和"建设规划（B-Plan）"。土地利用规划要求概略表现城市建设需要利用的用地种类，比如"从事社会和私人服务事业的机构和绿化场地"，并不会对某些用地提出具体的要求。而且在制定规划的时

---

① 张宏伟. 美国地方政府对区划法的修改[J]. 城市规划学刊,2010(4):52-60

② 侯丽. 美国"新"区划政策的评介[J]. 城市规划学刊,2005(3):36-42

③ 阿尔伯斯. 城市规划理论与实践概论[M]. 吴唯佳,译. 北京:科学出版社,2000:54

候，如果有部分土地还无法确定将来的用途，可以不纳入规划范围。建设规划则是在法律层面上精确落实规划意图的手段，但建设规划不是土地利用规划的精确放大，而是留有一定的规划余地以便对有关问题进一步研究。在《建设法典》基础上制定的《建设使用条例》规定了一些建设用地类型，例如居住、混合、工商业、特殊用地等，并列出了这些用地中准许的功能利用类型，以及例外情况下准许的使用功能。美国、中国香港和日本在规划管理阶段采取的土地利用兼容表均参考该形式并进行本地化调整。此外，每个镇、区可以采纳条例中的使用功能分类，也被允许在必要的情况下另行编制用地的功能分类，以规范混合使用的用地布局。

　　阿尔伯斯在论述不同功能利用之间的空间关系时还指出，《雅典宪章》提出的居住、工作、休息和教育、交通的四种功能被误解为每一种功能都需要有一定的空间领域的想法。他认为不能采取大面积和模式化的功能分离的想法，也不能像宣传的那样，取消所有的功能分区的规定、任意混合功能。图1-3中给出了城市中不同功能之间具有的混合程度。

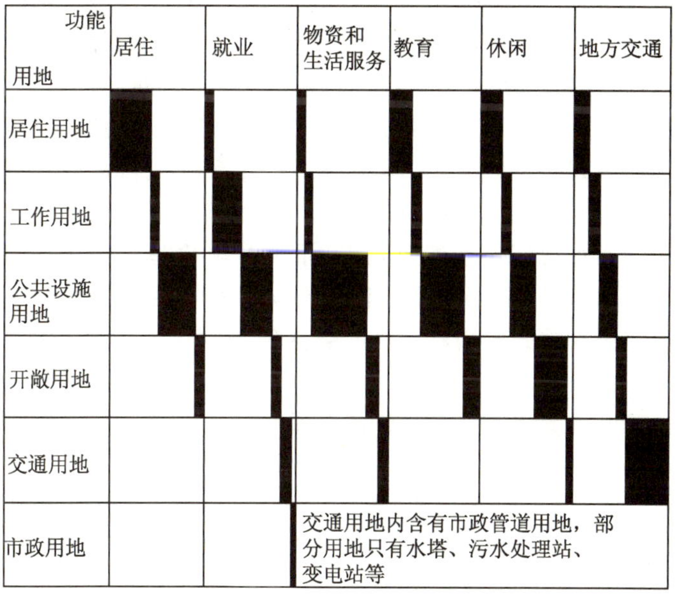

功能\用地	居住	就业	物资和生活服务	教育	休闲	地方交通
居住用地						
工作用地						
公共设施用地						
开敞用地						
交通用地						
市政用地			交通用地内含有市政管道用地，部分用地只有水塔、污水处理站、变电站等			

图1-3　功能与用地的关系

资料来源：阿尔伯斯. 城市规划理论与实践概论[M]. 吴唯佳，译. 北京：科学出版社，2000

　　德国的"土地利用规划（F-Plan）"和"建设规划（B-Plan）"在土地用途方面不是线性深化关系，而是递进互补的关系；反观我国规划体系中总体规划与详细规划的土地用途是在城市用地分类标准框架下的约束关系与深化关系，是典型的封闭体系。

（侧栏）德国的"土地利用规划（F-Plan）"和"建设规划（B-Plan）"在土地用途方面不是线性深化关系，而是递进互补的关系。

5）英国

英国用途
分类规则
（UCO）、主要
面向开发控制
阶段的管理工
作。

高捷[①]通过对英国地方规划案例分析,梳理英国用地分类体系的构成与特征,指出英国的分类体系可分为功能性和政策性两种。功能性的用地分类主要适用于开发控制阶段,英国的开发控制采用自由裁量为主,通则式辅助的模式,中央政府颁布的开发规则是作为判定是否构成开发行为的依据。而政策性分类在规划编制中设定,规划总图的政策分区图例可以对应多个用地政策,各种政策分区在空间上也允许叠合,为开发控制提供详细的框架。戚冬瑾[②]指出英国的规划体系以开发控制为核心,开发规划的制定与开发控制相对分离。由于英国的开发规划在1960年代就已经彻底向战略规划转型,因此土地利用分类标准一直没有在地方规划编制层面应用,而用途分类规则（UCO）、一般开发规则（GDO）主要面向开发控制阶段的管理工作,这些规则并没有统一的分类维度,这与英国遵循惯例,注重实用主义有关。

能否建立
一个完整统一
的用地分类理
论框架来解释
和吸收各国的
经验？

通过对各国用地分类经验的梳理,可以发现用地分类的模式与规划体系密切相关。自德国建立区划模式以来,美国、日本、中国香港在地方层面对土地利用的控制基本是在参考德国区划后结合本土特点进行不断地探索改良、相互学习,其间还吸收了英国的开发许可制度,把用途管制和开发许可紧密地结合在一起。与美国强调个人权利保护,采用控制性规划体系相对比,英国的规划体系是以自由裁量以及实用主义为特点,导致其从规划哲学到开发控制都与美国模式存在较大的差异。在这两种规划体系的背景下,用地分类会呈现什么样的发展模式？通过历史梳理,能否找出它们的同与异？能否建立一个完整统一的用地分类理论框架来解释和吸收各国的经验？这正是本书感兴趣和希望探索的方向。

（二）美国土地利用分类理论的发展

以上综述是基于国内中文文献的概括,这些论文的基本出发点是针对我国规划实践中出现的问题,借鉴国外（境外）相关经验提出相关建议。这些建议是零星的、分散的,富有启发和参考价值。然而,每个国家（地区）的规划体系均与其政治文化制度密切相关,他国的经验无法直接照搬。

土地利用分类是规划体系的基础,与之相关的领域包括规划法规与技术标准、规划编制的类型和方法以及规划管理制度等。因此,土地利用分类是一个系统性的研究对象,类似新国标片断式的修订难以取得理想

---

① 高捷.英国用地分类体系的构成特征及其启示[J].国际城市规划,2012,27(6):16-21
② 戚冬瑾.英国城市规划体系的经验与启示[D].广州:华南理工大学硕士论文,2006

的效果,而提出系统性的调整建议就需要回归到土地利用分类的起源与
历史发展,回归到土地利用分类的实质。有关土地利用分类的起源、历史
发展与实质研究的中文文献比较匮乏,本节主要参考英文资料分析和归
纳美国土地利用分类的历程和发展。

1) 1920 年代洛夫乔伊提出土地分类的三个阶段

1925 年,密歇根的土地经济调查首席专家,洛夫乔伊(P. S. Lovejoy)
撰写了一篇文章《土地分类的理论和实践》①,其中提到:

"'明智'地使用土地需要有能力来隔离、考虑和平衡各种要素,这些
要素会限制或影响土地的有效利用。我相信,将来会越来越清晰,土地调
查的目录清单是一件事,土地分类和用途规划是另一件事,把规划投入实
践——政治科学或土地利用的工程学——又是一件事。这三种操作是完
全不同的,虽然三者都必须达到明智的土地利用。土地调查和商业调查
类似,它应'不表达观点、不提供建议,并不制定规划',但应收集到所有重
要的数据,这些数据是制定一个适当的,可行的利用规划所必须。土地分
类则意味着基于土地调查的报告和土地调查所发现的事实制定一个具体
的土地规划。分类和土地规划密切相关,因为分类本质上是有目的性的,
它要达到某个结果,因而包含了规划。在调查和分类的基础上,还有一个
艰难的任务是把规划转变成现实,即把理论变为实际,或者以另一种方式
来叙述,是使政策能够运作。在我们目前的土地事务中,还没有清晰地区
分这三种本质上不同的操作,而是倾向把它们都放在'分类'这个大筐里。
现在的总体原则是要在土地利用之前,有能力处理好土地分类。公认的
是,发展的预测应建立在对限制因素的充分认识基础上,这些因素应提前
平衡好。"

洛夫乔伊在这篇文章中提出一个新词"土地规划",并强调土地利用
过程面向调查、面向规划、面向管理三个不同的阶段。但当时洛夫乔伊并
没有就土地分类的模式作进一步发展,而是关注于通过调查建立土地目
录清单,为分类和规划提供前提条件。

洛夫乔伊认为:理论上一个有能力的技术人员可以调查这些土地并
继续它们的分类。但这种分类的假设包含了许多个人判断,甚至完全是
主观的,因此不足以定义和区分。有许多变数会影响或决定土地开发的
时间和方式,此外,绝大部分有问题的土地都是私人所有,"房地产上的公
平是敏感的",当讨论到分类的精确性或公平性时,将会带来无穷无尽的
强烈的论战,"考虑到这个问题,目前进行分类是不实际的"。

> 洛夫乔伊
> 强调土地利用
> 过程面向调
> 查、面向规划、
> 面向管理三个
> 不同的阶段。

---

① Lovejoy P S. Theory and Practice in Land Classification[J]. The Journal of Land & Public Utility Economics,1925,1(2):160-175

洛夫乔伊认识到土地调查的"详细目录"是对土地特征的客观描述；而"分类"是一项"目的性"的工作。

因此，在密歇根的土地经济调查中，"详细目录"的概念代替了"分类"一词被使用。洛夫乔伊认为"分类"的概念包含了或多或少的官方指派，这会与美国的文化心理相矛盾。但"详细目录"所包含的仅仅是对不容置疑的和适当的事实进行有序的组织。主要的调查工作从三个方面同时进行：(1)地形、覆盖物和用途；(2)土壤；(3)土地和相关的经济性。

洛夫乔伊清醒地认识到"分类"是一项"目的性"的工作，土地调查不应建构土地分类，而是建立"详细目录"，土地调查的"详细目录"是对土地特征的客观描述，具有开放性的特征。反观我国城乡规划制定过程中的用地现状调查就是依据城市用地分类标准针对现状土地的分类工作，现实中复杂的、多样的土地用途被简化为用地分类表中有限的用途类型，土地利用的问题和创新都可能被掩盖了。对于现状土地用途的调查而言，土地分类标准应该是参照，而不是规范，应回到洛夫乔伊"详细目录"的认识水平。洛夫乔伊局限于当时对农业用地的调查工作，没有对土地分类的模式做进一步挖掘，到了 1933 年，密歇根的土地经济调查迫于经济萧条而终止。但洛夫乔伊区分土地分类适用的三个阶段为 30 年后土地利用分类理论的进一步发展提供了思想框架。

2）1950 年代对土地利用本质的探索

在计算机强大的数据处理能力下，关于土地利用的主题从政治和经济领域进入到科学的论述。

在 20 世纪中期的美国，受到"二战"后的郊区城市化浪潮的袭击，没有任何问题会比"剧增的大都市"未来的形态、构成和规模更加重要了，这是整个城市未来的问题。与此同时，在战时使用的仿真模型投入民用，它可以预测未来大都市的形态和结构。在计算机强大的数据处理能力下人们乐观地期待预测能力将进一步加强，科学和技术互为补给。关于"什么是土地利用？""为什么要进行土地利用分类？"这些问题的思考把土地利用的主题从现实的政治和经济领域带到了科学的论述。

相同用途使用不同名称，相同名称用于不同用途，结果无法产生可靠的数据。

从 1940 年代末期开始，交通和土地利用的预报模型已经启用，芝加哥地区的交通调查建立于 1955 年。需要投入到这些模型的各种变量刺激了人们对大都市土地利用构成的浓厚兴趣。粗略的土地利用分类，如"商业""工业"和"机构"已经不再足够。林奇认为规划教育家和城市设计师，他们是"分析上的骗子"[①]。斯帕克斯(Robert Sparks)对许多研究者关于土地利用术语混乱使用感到失望，"相同用途使用不同名称，相同名称用于不同用途，结果无法产生可靠的数据"[②]。

---

① Lynch K，Rodwin L. A Theory of Urban Form [J]. Journal of the American Institute of Planners. 1958，24(4)：201-214

② Sparks R. The Case for a Uniform Land Use Classification [J]. Journal of the American Institute of Planners. 1958,24(3)：174-178

　　在 1950 年代，有两位先驱对大都市土地利用的本质和控制用途的力量进行了探索，他们是宾夕法尼亚大学的城市规划教授米切尔（Robert B. Mitchell）和拉普金（Chester Rapkin）。米切尔是费城规划委员会的前任主管，拉普金是一名土地经济学家，也是规划顾问。在一项由哥伦比亚大学城市土地利用和住房研究机构提供的资助下，他们以费城为例，探索了费城大都市区土地利用模式和在此背后人流和货物运输的巨大体系，并在 1954 年出版了一部开创性的著作《城市交通——土地利用的一个功能》(*Urban Traffic—A Function of Land Use*)[①]。**对于"什么是土地利用？"这个问题，作者充分认识到"土地利用"一词的模糊性——"土地利用有许多特别的含义，它可以指向建筑或其他土地上的改进，指向土地的占有者或使用者，指向土地占有的主要目的，或指向土地上活动的类型。"**

　　但是，在指出"土地利用"一词的模糊性后，他们坚定地选择了其中一种可能的含义："在本研究中土地利用的分类是基于土地上机构的主要活动。"选择这个定义的原因在书的词汇表中有简要说明："土地利用分类不应与建筑分类混淆。建筑类型的分类会掩盖机构的多样性以及发生在特定结构内的活动。"在这里，作者明显回避了建筑类型也构成了土地利用分类的一个维度，选择了土地上的活动作为土地利用分类的对象。考虑到作者需要一个清晰的、明确的可变因素来联系交通，他们的选择并非毫无道理。然而这迫使他们放弃了这个概念多样性的本质，没有解决土地利用分类的本质问题。

　　两年后在 1956 年，兰内尔斯(John Rannells)写了《城市的核心》(*The Core of the City*)一书[②]。兰内尔斯是费城城市交通和运输局的分析师，当时米切尔作为主管。他的书也分享了许多跟米切尔研究相关的术语和概念。在该书中费城依然是主角，但关注点在中心城市而不是大都市区域。他的目标是要建立"城市活动布局安排的一般理论。"这个目标必然要求规划布局考虑费城中心区的活动，也要考虑它的物质环境——尤其是建筑。相比米切尔和拉普金，兰内尔斯采纳了一个土地利用更广泛的定义，他指出："**要理解和描绘城市生命相互作用的复杂性——包括活动和物质环境相互服务、调节、互为条件——可能需要从活动或它们的物质设施开始，但都不能脱离一方来理解。**"

　　在这个声明中，兰内尔斯开始脱离传统的分类模式，传统模式把活动

　　①　Mitchell R B, Rapkin C. Urban Traffic—A Function of Land Use[M]. New York：Columbia University Press，1954

　　②　Rannells J. The Core of the City [M]. New York：Columbia University Press，1956

和建筑类型混合在一起,或分等级依附于另外一个,现在他转向一个更具相关性的方法,在不同的维度中,分类的原则是对等平行的。

3) 古滕贝格多维土地利用分类理论的建立

关于土地利用概念的进一步变革是在 1956 年。费城准备着手一个城市范围的房地产名录登记,伴随而来的是土地利用调查。当时邀请规划委员会的成员提议合适的土地利用分类,这个任务分配了给古滕贝格。古滕贝格是一个刚到委员会综合规划分部的初级规划分析师,他在宾夕法尼亚大学读书时就跟从拉普金,因此对拉普金和米切尔的研究工作都较为熟悉①。当他全面地审视前人的研究时发现,拉普金和米切尔指出了"土地利用"一词的模糊性,但关上了其他的门只留下一个含义——活动。兰内尔斯打开了这扇门,但只是容纳了物质设施。所有的含义都受制于他们研究工作的当务之急。古滕贝格没有受到这些限制,或者可以说古滕贝格的任务就是要突破"土地利用"分类的困境。在 1940 年代后期,作为一个哈佛大学社会关系系的研究生,古滕贝格吸收了文化的多元主义和社会科学的相对主义以及人文学科延伸到语言学的方法。词语的含义来源于它们的背景,当有多种背景之时,就存在多种的含义——这个观点被语言学家和人文学家支持。**语言学的领悟不但帮助解释了"土地利用"一词的模糊性,也启发了用一个新的方法来解决土地利用分类的问题——包含性比排除性更为关键。既然土地利用是一个有多重含义、多重维度的概念,每一个维度都要建立清晰的术语。**

1959 年,古滕贝格在美国规划师协会杂志上发表了《多维土地利用分类体系》(*A Multiple Land Use Classification System*)②一文。他尝试识别不同的土地利用维度,包括:场地开发、建筑类型、活动类型、经济功能、活动特点,从而产生一套平行的分类体系,每一个分类都基于一个单独的维度。这套体系有两个重要的特征——首先它是可以扩充的,当新增土地利用维度被辨析并进行分类,可以把它们与其他维度并行排列而不会引起混乱;其次,它是灵活的,可以把不同维度的类别整合在穿孔卡片上,进行交叉分析,为不同维度相互关系的研究提供基础。

4) 古滕贝格多维土地利用分类体系理论的拓展

1965 年,古滕贝格把土地利用分类体系扩展为三种分类模式③,1959

语言学启发了古滕贝格用新的方法来解决土地利用分类的问题——包含性比排除性更为关键。

---

① Guttenberg A Z. Multidimensional Land Use Classification and How It Evolved: Reflections on a Methodological Innovation in Urban Planning[J]. Journal of Planning History,2002, 1(4): 311-324

② Guttenberg A Z. A Multiple Land Use Classification System [J]. Journal of the American Institute of Planners,1959,25(3):143-150

③ Guttenberg A Z. New Directions in Land Use Classification(1965)[M]// Guttenberg A Z. The Language of Planning. Urbana, IL: University of Illinois Press,1993

年的文章只代表了其中一种。当时的文章（1959）回应了一个问题：在特定场地土地利用的本质是什么（它的建筑类型或活动类型等）？但没有说明在土地利用中同等重要的其他方面，例如：用途质量的评价（好或差），以及从业主的角度、使用者的角度乃至社区的角度来考虑土地用途会有何差别？同时它也没有提供开发活动（如工程性操作、用途改变、场地改变等）和拟采取管控行动（如修复、清除等）的类型。这些考虑意味着需要补充两种分类模式，分别称为"评价性"和"规定性"的土地利用分类模式。连同之前所研究的"指示性"模式，这三种模式共同构成了土地利用的语法，它们对应一般语言的名词、形容词和动词。

古滕贝格廓清了土地利用分类具有多重的目的和功能，他进一步拓展了洛夫乔伊（1925）的观点，采用语言学的方法找到建立分类体系的切入点。由于其论文发表的年代仍处在土地利用规划初始转型的阶段，因此具体的土地利用类别并没有结合土地利用规划的多种形态展开进一步论述。2002 年，古滕贝格通过回顾多维土地利用分类的历史演进，评述城市规划方法论和观念的革新，认为从其他领域获得范式（例如从语言学的领域）可以帮助澄清问题，提供解决问题的建议①。

尽管在美国的学术研究中，土地利用分类的思想已经进一步拓展，但这些进步并没有立即反映到现实当中。直至 1990 年代的美国规划师协会出版的《基于土地的分类标准（LBCS）》②才部分接纳古滕贝格在 1959年发表的多维体系观点。可见一个创新的解决方法具备说服力是必要的，但可能不足以马上赢得关注和尊重。如果这个创新是从行政部门以及享有威望的资源中出来，将会获得极大帮助。此外还可发现，土地利用一直是城市发展的"热点"，历史上的"偶然性"使一类问题背负另一类问题的解决能力，如洛夫乔伊、拉普金、兰内尔斯没有试图去构建一个改进的土地利用分类体系，但他们的工作已做到那一步，最终这些前人的指引和线索能推动研究的进步。

本书把古滕贝格（1959、1965）③的观点作为研究基础，将结合 20 世纪后 50 年的城乡规划发展进一步完善多维分类体系，为城乡规划面临的复杂现象提供分析工具。

古滕贝格廓清了土地利用分类具有多重的目的和功能，把土地利用分类体系扩展为三种分类模式。

---

① Guttenberg A Z. Multidimensional Land Use Classification and How It Evolved：Reflections on a Methodological Innovation in Urban Planning[J]. Journal of Planning History，2002，1(4)：311-324

② American Planning Association. Land Based Classification Standards(LBCS) [EB/OL]. [2012-12-01]. http://www. planning. org/lbcs/standards/

③ 见 P24②、③

1.4 研究内容和思路

本书以历史经验和事实为基础,借鉴语言学的方法建构一个适应当前多种规划形态以及面向规划不同阶段的多维土地利用分类理论,以求为我国土地利用分类体系的重构和城乡规划体系的完善提供理论指导框架。主要内容如下:

第2章:从地理学的角度区分出以自然属性为对象的土地分级与土地类型,以及以土地社会经济属性为主要对象的土地利用分类。结合英美两国土地利用规划的历史和案例,揭示土地利用分类是城乡规划目标的载体,不同类型的土地利用分类既有基于经验总结,也有源于理论创新,到目前仍缺乏统一系统的分类体系可以对此进行清晰地梳理和分析。对土地利用分类的研究需要超越经验层面,借助语言学的方法对"土地利用"这个术语进行剖析,从而构建一个具有普适性和系统性的土地利用分类理论框架。

第3章:借鉴语言学的结构分析方法,指出"规划"这一术语包含了"指示"和"表达"两个组成部分,作为城乡规划基础的土地利用分类体系由此可区分为"指示性""评价性"和"规定性"三种分类模式。规划过程的三个关键环节"调查—分析—规划"为语言学的三种模式提供了前后递进的逻辑性对应关系。从逻辑学的角度指出,适应现实的土地利用分类应创设可扩充的平行维度的分类体系,或为规划实践留有创设土地利用新类型的弹性空间。结合土地利用分类的三种模式,分类的维度以及分类体系的平行结构和空间层级可构建出一个系统的多维土地利用分类理论框架,为解释当代各种土地利用的分类实践提供理论基础。

第4章:在当代可持续发展价值观的引导下,土地利用分类出现新的维度,由此带动土地利用分类的范式转变。从现象学的角度指出横断面规划采用整体性的方法从土地利用的现象——地理景观(包含自然景观和人工景观)呈现的横断面形态进行综合性的形态分类,打破了传统土地利用分类维度的局限性,把土地利用分类的三种模式有效地整合在一起,介绍横断面规划的思想来源、分区方法和具体案例。

第5章:从土地资源分类和城市用地分类两个角度回顾我国土地利用分类的历史背景和具体内容。以土地利用的多维视角剖析我国土地利用分类的"封闭性"和"单一性"特征,总结我国地方规划实践与制度设计在用地分类领域中的探索,进一步论证了国标的理论缺陷和现实困境。

第6章:针对我国城乡规划体系的制度背景,提出多维土地利用分类体系的构建原则,结合多维土地利用分类理论为我国建立全面综合的土地利用分类体系提出完善与改革建议。

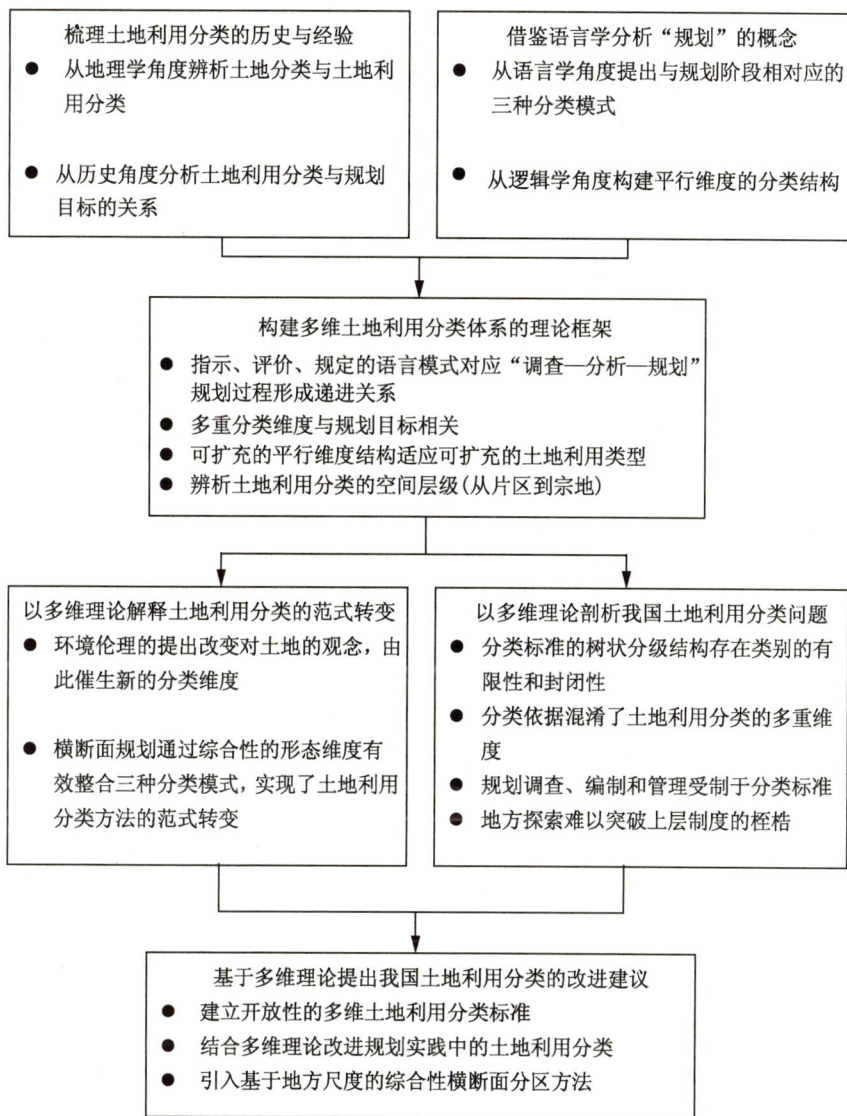

梳理土地利用分类的历史与经验 ● 从地理学角度辨析土地分类与土地利用分类 ● 从历史角度分析土地利用分类与规划目标的关系	借鉴语言学分析"规划"的概念 ● 从语言学角度提出与规划阶段相对应的三种分类模式 ● 从逻辑学角度构建平行维度的分类结构

构建多维土地利用分类体系的理论框架
● 指示、评价、规定的语言模式对应"调查—分析—规划"规划过程形成递进关系
● 多重分类维度与规划目标相关
● 可扩充的平行维度结构适应可扩充的土地利用类型
● 辨析土地利用分类的空间层级(从片区到宗地)

以多维理论解释土地利用分类的范式转变 ● 环境伦理的提出改变对土地的观念,由此催生新的分类维度 ● 横断面规划通过综合性的形态维度有效整合三种分类模式,实现了土地利用分类方法的范式转变	以多维理论剖析我国土地利用分类问题 ● 分类标准的树状分级结构存在类别的有限性和封闭性 ● 分类依据混淆了土地利用分类的多重维度 ● 规划调查、编制和管理受制于分类标准 ● 地方探索难以突破上层制度的桎梏

基于多维理论提出我国土地利用分类的改进建议
● 建立开放性的多维土地利用分类标准
● 结合多维理论改进规划实践中的土地利用分类
● 引入基于地方尺度的综合性横断面分区方法

图1-4 研究内容和思路

1.5 研究方法

1.5.1 文献研究与历史研究

多渠道收集各类文献资料,对近十多年来,地理学、土地资源学、城乡

规划学等领域的国内外期刊、书籍进行检索,并根据相关索引查找到 20 世纪初期至今国外关于土地利用分类的文献和规划文本资料。从土地利用分类的理论发展和实践探索两条线索对美英两国以及我国相关的研究资料和规划资料进行历史梳理,为构建一个具有普适性和系统性的土地利用分类理论框架提供了历史参照和实证素材。

1.5.2 语言学研究

历史上多样化的土地利用分类类型一直缺少全面系统的理论基础进行辨析和解释。规划本身不是一门严格的科学,城乡规划作为多学科交叉的研究和实践领域,规划学科自身的内涵和边界都十分模糊,只有寻求更基本的学科即哲学的范畴才能统一规划工作的基本问题。本书借鉴近代哲学的语言学研究理论,以求统一和解释规划工作的组成,在古滕贝格的规划语言学的基础上,建构多维土地利用分类的理论框架,为解读土地利用分类的经验以及未来土地利用分类的改革提供了系统扎实的理论基础。

1.5.3 比较研究

比较研究是认识、区别和确定事物异同关系的方法,美英两国迥异的规划制度为本书的研究提供了可以互为参照的对象。通过对比英美两国的规划经验,可以发现土地利用规划演变的普遍规律,同时由于制度背景的差异性使两国规划体系各具特色,并最终导致土地利用分类的规定模式呈现出较大的差异。这个发现揭示了一个综合的土地利用分类理论必须与规划体系相结合,才能充分解释不同国家分类经验的特点。比较研究的目的是要明白怎样的修正才是合适的、正确的。因此英美的经验最终将与中国的背景相结合,通过去芜存菁为我国构建多维土地利用分类体系提出建议。

1.5.4 实证分析研究

对广东省 21 个地级市在 2008—2010 年间所编制的总体规划,部分城市近期编制的控制性详细规划以及我国一些代表性城市在 2005—2013 年间出台的规划标准进行调查。以多维土地利用分类理论的三种模式和多重维度为参考,从总体规划层面、控制性详细规划层面以及规划管理层面对城市用地分类的地方性探索进行实证研究和分析。

2 历史梳理：土地利用分类是观念的投射

地理学系统整理了人们对土地认识的知识，它发端于人类对地球环境的"求知"，土地分类既是人类认识自然的结果，也是用于改造自然的工具。一方面，土地分类作为知识受到人类发展历史阶段的限制；另一方面，**随着人类观察能力和归纳能力的提高，对自然更深入的认识就会得出新的土地分类，在运用这些知识解决现实问题的过程中就标志着土地分类向土地利用分类转变，从而体现出地理学知识的应用价值**。科尔比（Charles C. Colby）在1936年美国地理学家协会年会上曾指出"重视为土地和其他天然资源的分类和利用而进行规划，对我们学科来说并不是新的课题；实际上，这是美国地理学中最持久的兴趣之一"[①]。地理资料与地理方法最初被用于探险、军事、农业开发等领域的实际需求，其后进而推广至城乡规划领域。

土地是地理学的研究对象，也是城乡规划的工作对象，土地这个核心要素将两个学科紧密地关联在一起。地理学无论是研究地球圈层的自然环境，还是研究地表的人文景观，都离不开一定的地域范围。城乡规划是在土地之上表达和实现人类的愿望，规划的核心是选址与空间布局，即全面安排各项城乡功能要素——工业、交通、商业、生活居住、基础设施、休闲娱乐、自然保育等方面的空间位置，最终将其落实到土地上。土地的概念和土地利用分类是两门学科的共通之处，使它们在许多方面相互渗透和交融。通过地理学的研究追溯土地分类的角度和土地利用分类的历史有助于厘清城乡规划土地利用分类的特征与实质。

> 土地分类既是人类认识自然的结果，也是用于改造自然的工具。

2.1 土地的概念

土地不仅是一类事物的所指，而且也是概括了一类事物特征的概念，并且这个概念随着认识的深入而不断发生变化。土地的概念来源于人类对地理环境的综合认识。人类开拓地理环境必然接触到一些具体的地段，在这些地段上从事农业活动或工程建设绝不是仅仅与某一自然要素打交道，而是与该地段自然环境的综合特征打交道。对土地的综合认识，是现代土地科学概念的思想基础。

[①] 杰弗里·马丁. 所有可能的世界——地理学思想史[M]. 成一农，王雪梅，译. 上海：上海世纪出版集团，2008：4

在资源学的视角下,"土地是地球上由气候、土壤、水文、地形、地质、生物及人类活动的结果所组成的综合体,其性质随时间而不断地变化"。[①] 联合国粮农组织土地评价专家会议对土地的定义是:"土地包括地球特定地域表面及其以上和以下的大气、土壤及其基础物质、水文、植物。它还包含这一地域范围内过去和目前的人类活动的种种结果,以及动物就它们对目前和未来人类利用土地所施加的重要影响。"[②]该视角下的定义标志着土地不是平面的而是空间的,具有某种实体性质。土地可以作为建筑的场址,但场址只是土地的一种特征,不是土地的全部功能和要素,传统的规划思想将土地视为建筑和设施的场址,因而忽视了土地的综合性特征。

土地具有双重特性:自然特性和社会经济特性。

在经济学的视角下,"土地是侧重于大自然所赋予的东西";"经济学家所使用的土地这个词,指的是自然的各种力量或自然资源,不是单指地球的表面,并且包括地面以上和地面以下的一切物质。"[③]"在某种意义上,生产要素只有两个,就是自然与人类。生产要素通常分为土地、劳动和资本三类,土地是指大自然为了帮助人类,在陆地、海上、空气、光和热等各方面所赠与的物质和力量。"[④]同样,经济学将土地简化为生产的场址,将地上和地下的事物视为生产的原料,关注土地的使用价值和交换价值,这种简化同样忽视了土地的综合价值。

结合资源学和经济学的视角,土地是一个"自然—历史—经济"的综合体,刘南威等(2009)概括土地的概念应包含下列基本内容[⑤]:

(1)土地是自然综合体。其综合自然特征主要取决于各组成成分及它们之间相互作用性质和特点。

(2)土地是陆地表面具有一定垂直厚度和水平范围的地段。各具体地段有大小之别,空间分布有一定的地域组合关系。

(3)土地是历史自然体,受自然规律制约,具有发生和发展的历史过程。

(4)土地是人类活动和生产的场所,又是重要的自然资源,除自然属性之外,还具有经济利用价值,因此它在过去、现在和将来都将受到人类不同程度的利用和改造。

通过上述观点,可见土地具有双重特性:自然特性和社会经济特性。土地的自然特性是指不以人的意志为转移的自然属性;土地的社会经济

---

① 朱德举.土地科学导论[M].北京:中国农业科技出版社,1995:5
② 引自1972年联合国粮农组织召开的土地评价专家会议文件《土地及景观的概念及定义》
③ 理查德·T.埃利,爱德华·W.莫尔豪斯.土地经济学原理[M].北京:商务印书馆,1982:19
④ 阿尔佛雷德·马歇尔.经济学原理[M].朱志泰,译.北京:商务印书馆,1997:157
⑤ 刘南威,郭有立,张争胜.综合自然地理学(第3版)[M].北京:科学出版社,2009:115

特性则指人们在利用土地的过程中,在土地权属、土地供给、土地用途、土地价值等方面表现的特性。对前者的研究主要反映在自然地理学中;而后者则侧重体现在应用地理学的研究中,并延展到相关的领域和学科,如城乡规划。

2.1.1　从物的维度研究土地的自然属性

对于自然地理学的研究目的而言,主要回答的问题是:土地(地球)本身是什么? 土地所处的自然环境是由地球表层各种自然物质和能量所组成,具有地理结构特征并受自然规律控制的地理环境。在早期地理学的发展中,地理学家是带着纯粹执著的科学求知精神把土地作为客体对象进行研究,即研究自然地理环境要素的组成、结构、时空动态和分布等特征和规律,从而发展出土壤学、地貌学、水文学等学科。

自然地理学关注的是从物的角度研究土地的自然属性,其本质是采取科学研究的描述模式将土地的综合概念细分为更清晰的、更单纯的所指,并建立由若干简单且清晰的概念所构成的体系。研究的主要任务包括[①]:

(1) 研究自然地理要素(气候、水文、地貌、植物、动物、土壤)的相互关系,彼此之间的本质联系和作用效应。

(2) 研究自然地理环境的动态,从整体上阐明它的变化发展规律,预测其演替趋势。

(3) 研究自然地理环境的空间分异规律,划分不同等级的自然综合体。

(4) 确定自然综合体的特征及其开发利用方向。

(5) 协调环境、资源、人口和发展的关系,探求自然环境和资源的永续利用途径。

2.1.2　从人的维度研究土地的社会经济属性

认识世界的目的是为了改造世界,随着科学进步和人类利用环境范围的扩大,早期地理学的研究成果在解决地域实体的发展目标和具体问题时,提供了可行的手段和途径,从而推动了应用地理学的发展。土地利用规划、城市规划就是地理学知识的应用领域。应用地理学是运用地理学的理论、原则和方法,在基础地理资料的支持下,研究各种与人类社会经济发展有关的问题,并要求最终获取可以估算、可以比较、可以重复、可以检验的效果或评价。

> 自然地理学关注的是从物的角度研究土地的自然属性。

---

① 刘南威,郭有立,张争胜. 综合自然地理学(第 3 版)[M]. 北京:科学出版社,2009:4-5

在地理学的应用领域中,土地作为投射了人类社会和经济目标的载体,被不断改造和利用。

与自然地理学相对应,应用地理学要回答的问题是:土地对人而言是什么？也即采取科学研究的评价模式,从人的角度去研究土地的社会经济属性。应用地理学不但要对土地和空间问题进行分析评价,提出解决实际问题的方案和政策,还要促成方案或规划的实施,甚至对实施结果作出比较和基本判断。1930年代,美国的田纳西河流域管理局成立,许多地理学家参与到对流域的土壤侵蚀、旱涝灾害、土地利用和河道航行条件等进行综合治理。同一时代,英国斯坦普(L. D. Stamp)领导和组织了第一次全英土地利用调查,为区域规划和发展农业提供了有重要价值的成果。美国地理学家科尔比当时就主张地理科学和地理应用应紧密联系,在充分考虑区域文化与自然特征相互联系的前提下进行"综合规划"(Composite Planning)。[①]直至今天,地理学提供的关于自然环境的知识依然是区域规划、环境规划和城市规划的基础。

在地理学的应用领域中,土地不再仅仅是一个被观察的客体,在自然环境与人类活动的相互作用下,土地作为投射了人类社会和经济目标的载体,被不断改造和利用。应该如何利用土地？人类应如何与自然环境相处？应用地理学的研究取决于伦理价值观的选择。

2.2 土地分类的维度和目的

世界上一切事物都可以按其属性区分开来,并归入一定的门类。这种按属性异同将事物区分为不同种类的思维方法叫作分类。分类是以比较为基础的,人们通过比较,揭示出事物之间的共同点和差异点,然后在思维中根据共同点将事物集合为较大的类(在逻辑学中称为"种概念"),又根据差异点将较大的类划分为较小的类(在逻辑中称为"属概念")。某个层次的种概念,往往是上一层次的属概念,而某个层次的属概念,又往往是下一层次的种概念。这样,分类的结果就将事物区分为具有一定从属关系的不同层次的大小类别,形成各种概念系统,反映客观世界中事物间的区别和联系。

土地是一个综合概念,其所指的地表复杂多样,在一个区域范围内土地个体数目很多,一般不可能对它们进行逐个研究,而是将各个土地单元按其内部的共同性或相似性作不同程度的概括与归并。这样划分的每一个土地类型单元都是由若干个土地个体单元集合而来,它们具有某种相似的地理过程和地理特征以及相对一致的生产潜力和相同的土地利用方向,从而成为科学描述和评价的基本单元。因此,土地分类是土地概念的

---

① J. W. 福瑞则,李玉江.美国应用地理学发展回顾[J].人文地理,1989(3):14-16

细化,也是建构更清晰的符号系统与复杂事物之间的对应关系。比如"冲沟"作为土地的一种类型,是地貌学建立的更清晰的概念,土地分类就是在土地混杂抽象的认识上,对土地概念深入、清晰和系统化表述的过程。

分类标准的选择与人们分类的目的相关。地理学的土地分类工作至今约有半个多世纪的历史,由于研究目的的不同,形成了不同的分类系统。其中具有代表性的有两大类:一类是基于土地科学的理论研究而建立起来的分类体系,如以自然特征为主要对象的土地分级与土地类型;另一类是基于应用而建立起来的分类系统,如以农业利用、城市规划为主要对象的土地利用分类。

土地分类是土地概念的细化,也是建构更清晰的符号系统与复杂事物之间的对应关系。

2.2.1 描述性的土地分级与土地类型

在自然地理学的研究中,主要关注自然地理环境中各种要素及其相互关系,因此土地分类是作为认识土地的一种结果。地球表层系统是由一系列大小不等,复杂程度有差别,等级有高低,彼此交错重叠的自然综合体所组成的多级镶嵌系统,要深刻揭示这个系统的规律,需要自上而下或自下而上逐级研究其特点和组合关系。土地分级是土地分类的基础,土地分级是指土地基本单位的地域组合。在自然地理的研究中,不同学派有不同的土地分级系统。比如苏联景观学派的分级系统是相/限区/景观;澳大利亚的分级系统是场地(site)/单元(land unit)/系统(land system);英国的分级系统是要素(land element)/刻面(land facet)/系统(land system)[①]。

知识的本质是一组与自然对应的符号系统的方式,给自然事物命名,并建构名称之间的关系是地理学描述自然的主要工作,命名方式不同就形成不同的学派,尽管各国划分土地级别数目和名称不完全一致,但不同的土地分级方案之间可以比照。以苏联的分析系统为例,"相"是最低级的土地单位,是在同一地貌面上,具有相同的岩性、土质、地下水和排水条件,并具有一种小气候、一个土壤变种、一个植被群丛的自然特征最一致的土地地段。例如一条干沟的横断面可分出沟底相和沟坡相;一个小丘的横断面可分出丘顶相、丘坡相和丘麓相。"限区"是"相"有规律地组合成的中级土地分级单位。"限区"通常相当于一个初级(中等)地貌形态单元,是外貌最清楚的自然地理综合体。例如冲沟、小丘和阶地都相当于初级地貌形态。这些初级地貌可以是凹型(如冲沟)、凸型(如小丘)或过渡型(如阶地),通常它们都有比较清晰的界限。"地方"是"限区"有规律地组合成的高级土地单位。"地方"通常表现为几种初级地貌形态单元在其

[①] 高玄彧. 对土地分级、分类及评价之管见[J]. 太原师范学院学报(社会科学版),1995(3):68-69

范围内典型地重复出现或彼此叠置分布。例如,一个沙丘带具有沙丘和沙丘间凹地两种限区的重复分布,便可划分为"地方"。"地方"是土地分级的最高单位,倘若把综合自然特征较为一致的土地"地方"作进一步组合,还可以得出一个更高级的个体单位"自然地理区",即狭义的景观,这是属于区域分级单位(图2-1)。

在土地分级的基础上,土地分类是依据一定原则和指标,将同一等级的土地单位,按其相似性进行类群归并。由于土地个体单位是多级的,土地分类只能对每一级土地单位分别进行类型划分。因而土地分类系统是多系列的。土地分类如同生物分类一样,有"种""属""科"等严格的分类等级(表2-1)。

表 2-1　北京百花山附近河床相分类

相科	相属	相种
河床	常流水河床	急流水河床;缓流水河床
	间歇流水河床	沙质间歇流水河床;卵石间歇流水河床;巨砾间歇流水河床

资料来源:刘南威,郭有立,张争胜.综合自然地理学(第3版)[M].北京:科学出版社,2009

每一等级的个体单位都可以划分出相应该等级的类型单位系列。但是,由于个体单位系列是个体单位的逐级合并,越是高级的单位其内部结构越复杂,相似性越少。因此,在实践中,只在等级较低的土地分级单位中进行分类研究;等级较高的区域分级单位一般不作类型的划分而是进行区划研究。

概括而言,在自然地理的研究中,土地分级和分类都是依据自然秩序建构分类体系。分级单位在任何等级都是客观的,它们都作为被描述的具体地域个体单位而存在着,并具有空间的连续完整性。分类单位则是作为抽象概念而存在,是个体单位共同属性的逐级概括(表2-2)。由于同一类型的个体单位不一定在空间上连续分布,因此在类型图上,每一类型多表现为一些分离的分布区。

在城乡规划领域,针对城乡建设现状的调查工作之一就是现状建筑及土地用途的分类,这种分类工作也是描述性的,描述的方式可以是语言的概括,也可以是特定的符号系统:即用一套规则代码来描述城市的特征,并且这套代码符号规则不是基于被调查事物的特征,而是语言的简化。比如:R代表居住,M代表工业等。地理学的调查在于发现地球环境新的事物和命名新的事物,是认识的深入;城市规划的调查在于记录城市的发展,是更深入地认识人类生存的物质环境。自然认识与城市认识的历史都是不可改变的,也即存在客观性,所不同的只是描述的对象和方

自然认识与城市认识只是描述的对象和方式不同,但是基于客观性以及充分的交流与沟通可以建构统一性的知识体系。

式不同,但是基于客观性以及充分的交流与沟通可以建构统一性的知识体系。

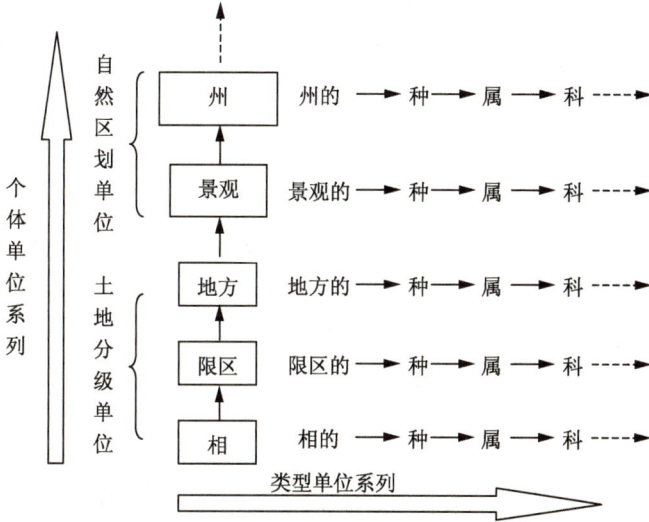

图 2-1 个体单位与类型单位的关系

资料来源:刘南威,郭有立,张争胜.综合自然地理学(第 3 版)[M].北京:科学出版社,2009

表 2-2 土地分级与分类的区别

分级	个体单位划分、合并	采用地域系统研究法,自上而下划分一定的级别或自下而上合并为更高级单位	地域上相邻,不重复出现	等级越高,内部共同性越小,本身越复杂
分类	对每一级个体单位的分类(类型)概括	采用类型系统研究法,对同一级土地单位进行分类,得出分类级别高低不同的土地类型	地域上不要求相邻,可重复出现	级别越高,共同性越小

资料来源:刘南威,郭有立,张争胜.综合自然地理学(第 3 版)[M].北京:科学出版社,2009

2.2.2 评价性和规定性的土地利用分类

在土地描述性分类的基础上发展出另一种土地分类是应用性的分类系统,它是从实际出发,以特定目的为导向,反映土地的社会经济属性和一定的自然属性。例如,对于同样一片海滩,自然地理的研究是通过其自身的特征来描述它,用精确的语言来定义它,并且这些描述与定义是可以证实的;但对于应用地理的研究来说,海滩不仅是一种有其自身特点的海岸线,它还可能表示一个供人休憩的场所,比如海滨浴场;或一个可用于

土地利用分类并不是自然特征分类的延伸,而是基于主体价值叠加了目标与愿望。

35

军事入侵的线路,比如便于登陆作战的场地。同一片海滩在不同的应用领域被区分为不同的类型,因此,海滩的意义很大程度上取决于应用地理学家给出的价值判断。由于意义归属于某一个独立的主体,当主体发生变化时意义亦发生改变。由此,基于科学研究的土地分类向应用研究的土地利用分类转变,也就是基于客体特征的土地分类体系向基于主体价值的土地利用分类体系转变。

土地利用规划的本质特征是土地利用分类,土地利用不能脱离土地自身的属性,但土地利用分类并不是自然特征分类的延伸,而是基于主体价值叠加了目标与愿望。规划要实现目标,最终还是要落实对土地利用的规定。对土地利用的规定既不是从描述的角度解释,也不是在利益的背景下分析,而是从规划的行动和控制的角度来规范土地利用。

例如美国内战后的十年间经历着住区密集化的趋势,亟须解决的问题是如何开放土地用于竞争性的用途。1876 年,美国议会作出了回应,出台一个基于适宜性的公共土地分类,作为土地调查者的指引,具体分类包括:无需灌溉就适宜耕种的土地;需要灌溉适宜耕作的土地;具有商业价值的林地;具有商业价值的煤田;私人土地以及适合城镇的土地[①]。此时的分类思想是把土地视作为人所用的资源,从人的使用角度评价土地的适宜用途。

当美国的住区蔓延到了干旱的西部,水资源的匮乏使人们认识到土地资源不再是"无穷无尽",土地利用分类的目标转向了自然资源的保护。20 世纪初期,美国罗斯福总统在针对西部干旱地区的自然资源"保护运动"中,把林地用途限制在林业生产和分水岭保护,创造了管制型的土地利用分类——在公地上的国家森林和国家公园[②]。与此同时,另一种管制型的土地利用运动在美国东部城市生根,它的目的是解决快速增长的大都市人口居住和工业利益的冲突,并创设了我们后来熟悉的区划,当时纽约区划条例把城市分为三个大的土地利用分类——居住、商业和非限制用途。

以人的角度进行分类是土地利用分类变化的根源。

事实上,土地利用分类就像一个权宜之计,它是一个开放的体系,研究人员可以根据土地的某个特征或关系进行分类,也可以基于人的不同价值取向对土地进行评价,并最后基于人的不同目的对土地利用的方式进行限定。基于人的价值进行分类是一个变化的维度,由于人的需求随

---

① Hibbard B. A History of the Public Land Policies[M]. Madison:University of Wisconsin Press,1965:479

② Guttenberg A Z. Multidimensional Land Use Classification and How It Evolved:Reflections on a Methodological Innovation in Urban Planning[J]. Journal of Planning History,2002,1(4):311-324

自然和社会的变化而转变,以人的角度进行分类是土地利用分类变化的根源。土地利用规划在不同历史阶段背负不同的目标,作为规划目标的载体,相应的土地利用分类也呈现不同的类型。

2.3 20世纪早期地理学在规划中的应用

2.3.1 地理学在农业规划中的应用

针对种植在土地之上的农作物,如何根据土地资源的类型与特点进行规划以提高农产品的产量,是地理学知识应用的主要领域之一。在美国,土地利用规划最早是在农业规划中出现的。通过梳理历史可以看到,"一战"期间欧洲的农产品价格高涨,美国大量的森林用地被回收用于农业种植;然而,当1919年战争熄火后回归和平时,由于生产过剩,美国的农业经济陷入萧条。从种植业中清除"边缘收益以下"的土地成为美国农业政策的主要议题。"边缘收益以下"作为一个评价标准,用于界定生产力不足的土地,这类土地不适合种植或不能进行有收益的耕作。1918年,由经济学家埃利(Richard T. Ely)创立的美国经济协会在一个新的名词"土地使用(land utilization)"[①]下讨论了这个议题[②]。

1922年,由农业经济局(Bureau of Agricultural Economics)领导的农业部,拟定了一个新的土地政策以最高效地使用土地。格雷(Lewis C. Gray)是埃利的学生,也是作为土地经济分部的首席农业经济师,他定义"土地使用"为:"土地经济学的分支,包括了国家或其他地理单元的土地资源研究,从它们的经济重要性角度,决定它们如何和怎样发挥最大的效益。"[③]

此时土地使用主要是以土地的农业生产为目的,分类的目的是为了"明智和有鉴别力地使用资源""在土地使用中适应经济和社会的需求"。而土地使用规划的核心基础则是"基于土地的详细名录和土地分类"。[④]这一时期的土地使用和城市规划层面的土地利用(land use)是有所区别。

---

① 为了分辨 land utilization 和 land use,本书将前者翻译为土地使用,后者翻译为土地利用。

② 随着 Akimoto F. The Birth of 'Land Use Planning' in American Urban Planning [J]. Planning Perspectives,2009,24(4):459

③ James H. Land Planning in the United States for the City, State and Nation[M]. New York:McMillan,1926:323

④ Akimoto F. The Birth of 'Land Use Planning' in American Urban Planning [J]. Planning Perspectives,2009,24(4):461

土地使用仍然是基于土地自身的自然特征，而不是社会与经济特征；土地利用的社会和经济特征及其价值评价主要依据对土地的投入，投入越高的区域，土地的价值就越大。

密歇根州的土地经济调查是一个把土地使用情况与公共政策关联起来的标志性事件。1910 年代，密歇根州北部地区荒闲土地问题变得非常严重，但是却缺乏详细而精确的资料来制定一个补救政策。农业专家只是企图找到一种能够维持农业收入的方法；林业专家只是希望能够种植树木；而狩猎和钓鱼俱乐部却不愿其他人插手。在复杂多样的自然条件下，任何单一、普通的政策都是不可行的。那里所需要的正是当时地理学家所谈论的能表现不同地区之间重要差异的绘图工作[①]。索尔（C. O. Sauer）领导的土地经济调查从 1922 年开始，田野调查工作的结果是完成了各个要素的一系列地图：土地形态（坡度）、土壤类型、水系特征、植被（包括野生植物、农作物、牧草、荒芜的农场）、人口、政治组织、征税价值、欠税、土地所有权和仍然缴税的地区、土地业主对保持土地所有权的意愿和交易地区[②]。当把这些要素进行分析后，可以发现某些情况总是联系在一起，比如特定的经济条件与特定的土地类型存在密切的相关性。

舍恩曼（L. R. A. Schoenmann）[③]描述密歇根的土地利用规划[④]是："第一步要进行全面的研究，消化调查数据的细节。历史上的用途以及现有用途（或无用途）在正常趋势下的发展，将会识别出某种土地特征和环境的结合，从而证明特定用途是否合适……把所有权的类别与描绘自然特征的地图以及已存在的土地用途进行比较……下一步就可以列出适合区域的所有可能的土地用途。关键是要在地区中分配最有利用价值的土地。"

与此同时，土地利用规划为农业地区建立地方规则提供了基础。早在 1929 年，威斯康星州立法机构通过一部法律，允许县议会"控制、限制和决定实施农业、森林和娱乐的地区"[⑤]。在 1933 年，威斯康星的奥奈达县（Oneida County）引介了区划的思想，采用了美国第一部乡村区划条例

① Sauer C O. Mapping the Utilization of the Land [J]. Geographical Review,1919(8):47-54

② Sauer C O. The Problem of Land Classification [J]. Annal AAG,1921 (11):3-16

③ Schoenmann L R A. Land Inventory for Rural Planning in Alger County, Michigan[C]. Papers on the Michigan Academy of Science Arts and Letters,1932：329-361

④ 随着美国国家土地利用规划委员会（National Land Use Planning Committee）在 1932 年成立，"土地使用规划（land utilization plan）"也改称为"土地利用规划（land use plan）"。引自 Fukuo Akimoto F. The Birth of 'Land Use Planning' in American Urban Planning [J]. Planning Perspectives,2009,24(4)：460

⑤ Guttenberg A Z. The Land Utilization Movement of the 1920s' [J]. Agricultural History,1976,50(3)：477-490

（图 2-2）。它指定了两种分区:林业和休闲区;不受限制区。

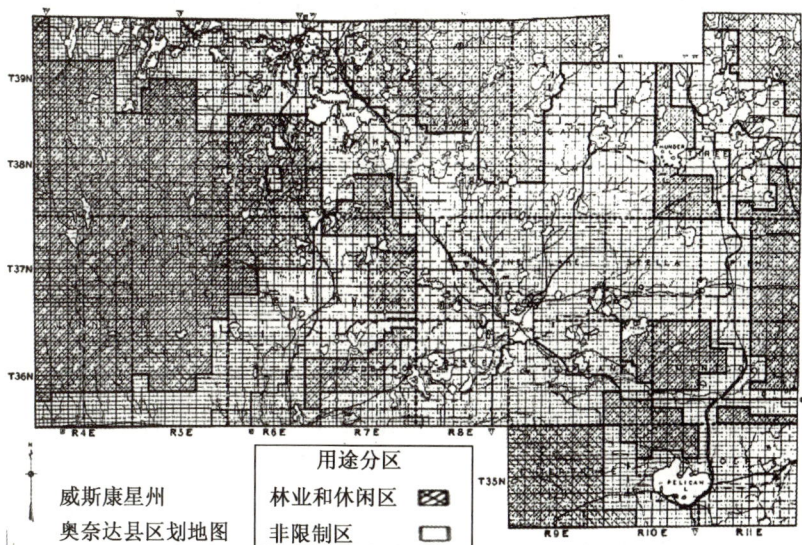

图 2-2 威斯康星的农业县区划

资料来源:Wehrwein G S. Zoning in Marginal Areas[J]. City Planning,1933,4(9):
154-163

其中在林业和休闲分区,耕作和长期居住受到限制[1]。国家土地利用规划委员会确定乡村区划是土地利用规划的实施工具。因此,区划和土地利用规划之间的关系在美国农业政策中被第一次认可,更早于城市规划。[2]

科尔比在表述 1930 年代地理思想时,指出了地理学研究的两大方面。第一方面是描述性的,它是由地域单元的科学研究、地图解释、分类方法、分析比较等组成。第二方面是第一个方面的延伸,其核心是如何在制定有关土地和自然资源利用的社会政策中发现地理学的应用之处。他认为美国当时出现的综合规划(comprehensive plan)就是研究一个区域的文化和自然特性的相互关系。[3]

但之后的规划实践表明,把农业规划的方法搬到城市规划难以推行。首先农业规划中的土地利用分类对象是农业用途,更多受制于土地自身的属性与特征,比如土壤、地形等;而城市规划中的土地利用分类对象是土地上人的活动及其结果,人的活动的复杂性带来了分类的难题,这是土地利用分类早期在城市规划的应用中未曾预料到的。其次,农业规划的

---

① Wehrwein G S. Zoning in Marginal Areas[J]. City Planning,1933,4(9):154-163
② Guttenberg A Z. The Land Utilization Movement of the 1920s' [J]. Agricultural History,1976,50(3):459
③ J. W. 福瑞则,李玉江. 美国应用地理学发展回顾[J]. 人文地理,1989(3):14-16

目标明确清晰——提高土地资源的利用效率；而城市虽然是建构在土地之上，但是对城市发展的约束除了来自自然资源，更多来自人类对城市发展目标的设定，发展目标的确定跟从人类（社会）的主观意愿，并且与城市在当时所面临的问题有密切关联，其不确定性因素较大。第三，农业规划通过对土地的调查和资源评价，最终在土地利用规划中是强化土地的自然特征；而在城市发展中，人类对自然特征的改造是从未停止过的。最后一点涉及对人与自然关系的价值观认识，也是到了 1960 年代，人类才意识到城市可持续发展的重要性，由此引起对土地利用模式和土地利用分类的思想转变。

2.3.2　地理学在城市与区域规划中的应用

地理资料与地理方法最初被用于农业开发等领域的实际需求，其后进而推广至城市规划领域。与地理学专注于描述和解释现状不同，城市规划更多是预测未来和干预发展，换而言之，也就是预测和促进土地用途的变化。城市规划的目标表现为土地利用的某种理想状态，具体落实在土地利用规划图上，与此同时，作为协商共识结果的土地利用规划图也是集体行动的框架与指引。城市规划的一个基本工具就是对土地利用的规定，土地利用分类成为城市规划的核心。

（一）早期基于公共健康和城市美化背景下的城市规划

公共健康和城市美化是近代城市规划产生的两条交织的线索。英国是近代城市规划的起源地，英国近代意义的城市规划作为政府的一项公共职能是从公共健康和住房政策发展起来的[①]。19 世纪的人口增长，尤其是城镇的增长导致公共健康问题，由此造成社会不稳定的因素，需要政府承担一个新的角色：基于社会利益介入市场力量和私人产权。为了创造充足的卫生条件，促成了 19 世纪的《公共卫生法》。地方政府有权强制要求建筑遵守法律，控制街道宽度，以及建筑物的高度、结构和外轮廓。而早期霍华德的花园城市运动也为解决公共卫生和建筑的问题提供了示范。1909 年《住房、城镇规划诸法》的颁布标志英国城市规划体系的正式成立。该法引入了规划方案（Planning scheme），提出城镇规划的目标是"确保土地及其相邻用地的布局和使用拥有良好的卫生条件、宜人的环境、便利的联系。"[②]目标所提的三个条件主要是根据德国著名的城镇规划专家施图本（Dr. Stubben）所列出的要求，他认为在城镇规划中首要之事是主要街道的位置、方向和宽度，然后

---

① 郝娟. 西欧城市规划理论与实践[M]. 天津：天津大学出版社，1997
② Housing, Town Planning & c. Act, 1909 [EB/OL]. [2012-03-02]. http://www.legislation.gov.uk/

是把用地切分为场地的模式,尽可能满足到"交通、健康和美观"的
要求。

在美国,"城市规划"的概念是通过社会福利改革者从外部引入的。
1907 年,该概念第一次出现在美国,当时纽约的人口拥挤委员会(The
Committee on Congestion of Population,CCP)发现了德国的区划和城镇
扩展规划可以解决曼哈顿工人阶级可怕的居住拥挤情况,防止城市功能
失调和土地投机,于是鼓吹"城市规划"的概念。CCP 的执行秘书马什
(Benjamin Marsh)在 1908 年出版了《城市规划简介》,并随后在 1909 年
组织了第一次城市规划国际会议,"城市规划"一词开始被广泛应用[①]。
在 1910 年代,城市规划师将城市视作一个由公共设施组成,不断生长的
有机体,刘易斯(Nelson P. Lewis)在《规划现代城市》中,关注到城市人
口从 1900 年到 1910 年增长速度是乡村人口的三倍,因此把城市规划定
义为"展示预见,促进城市和其近郊有序地、美观地沿着理性的路线发
展"。他把综合性城市规划的要素定义为交通系统、道路系统、公园和娱
乐设施以及公共建筑的布局。[②] 1909 年伯纳姆(Burnham)为芝加哥做的
规划是这个时期城市规划的典型,这是一个建筑化的规划,从城市美化的
角度为城市未来提供了富有想象力的景象,但只是关注公共空间的
设计。[③]

因此,20 世纪初期的城市规划是以公共健康和城市美化为目标,基
于公共健康的空间隔离产生了土地分区;城市美化运动推动了公共空间
的有序布局,这两个背景因素都在促进城市土地开发的整体性特征。除
此以外,现代城市建设方式的革新(如市政设施管道在地下铺设)以及资
本主义的城市开发方式(如土地标准化地划分以方便买卖批租)导致土地
规划主导建筑布局,对土地利用的规范和控制成为土地开发、城市管理的
工具,进而成为城市规划的主要内容。

(二)地理学影响下的区域规划思想

20 世纪初影响城市规划思想的另一条线索是格迪斯(Patrick Ged-
des)的区域规划理论。格迪斯面对 19 世纪欧洲城市深受工业革命带来
的环境影响,吸收了地理学的思想,开始探索城市及其周边区域的自然地
理与人类聚落之间的关系,他认为要解决城市无止境向周边环境扩张蔓
延所衍生的问题,城市应反向纳入自然,建立城乡复合(Town-Country)

20 世纪初
期的城市规划
以公共健康和
城市美化为目
标。

---

①　Akimoto F. The Birth of 'Land Use Planning' in American Urban Planning [J]. Planning Perspectives,2009,
24(4):458

②　Lewis N P. The Planning of the Modern City[M]. New York: Wiley. 1916:9-11

③　Kaiser E J, Godschalk D R. Twentieth Century Land Use Planning [J]. Journal of the American Planning
Association,1995,61(3):124

的区域空间单元。1905年,格迪斯发表了一份著名的河谷断面图(Valley Section),反映人口—劳动—空间(场地、位置)的关系。每一个河谷断面都有不同的自然强度,这就决定了有哪些职业可能出现在那里,例如:矿工和猎人在高纬度的地方,牧羊人在草坡。环境和职业反过来又决定了城市的核心特征。格迪斯使用河谷断面来联系地理和聚居地模式,为理解现有城市和布局新的城市提供了区域地理分析的基础,体现了基于土地适宜性进行土地利用分类的思想(图2-3)。

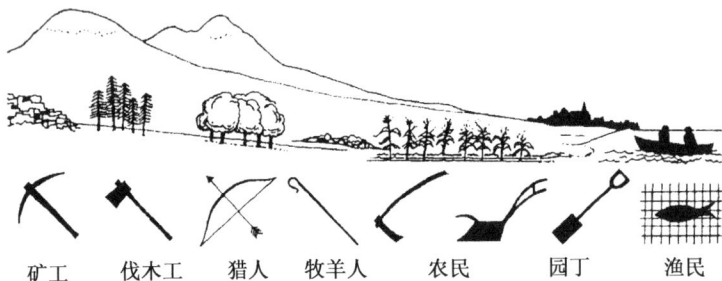

图2-3 格迪斯的山谷断面图

资料来源:http://www.transect.org/natural_img.html,[2012-05-07]

格迪斯前瞻性地提出从事城市科学研究和城市规划的工作框架,即"调查—分析—规划"的工作方法。对于格迪斯而言,规划必须从自然区域中的资源、人们对于自然区域的反应,以及文化景观的复杂性等方面的调查开始,他主张把规划建立在研究客观对象的基础之上,创建了以潜在的土地等级和土地利用的区域调查为基础,草拟经济开发规划的思想。阿伯克隆比曾指出"如果不是因为格迪斯,这个国家城市规划的实践会变得简单很多……似乎只要将德国的城市扩展规划、巴黎的大道和景观、英国的田园村庄混合起来,就是城市规划……格迪斯打破了这个美梦,并带来了有关复杂性的噩梦……"1920年代,英国"重建的失误就可以归结于忽视了格迪斯的这一教导"[①]。格迪斯的工作方法深刻地影响了后来的相关规划研究工作,尽管后来的研究对这种工作方法进行了修正与完善,但科学理性的核心思想没有改变。

总括而言,格迪斯的规划思想是一种彻底的转变,也就是将城市规划的艺术原则转化为科学原则。他将城市规划的工作重点从建筑布局和公共设施安排转换为土地功能布局,强调城市土地利用与自然的协调关系,确立近代城市规划制定的主流方法——"调查—分析/研究—规划"的基

格迪斯规划思想将城市规划的艺术原则转化为科学原则。

① Hall P. 明日之城——一部关于20世纪城市规划与设计的思想史[M]. 童明,译. 上海:同济大学出版社,2009:163

本过程。在规划的工作中,调查是对客观事物的观察与描述,可以通过实证方式检验;分析是以调查为基础,叠加了人的目标对土地进行评价,指出土地可利用的基础框架;规划则是在前两者的基础上规定土地未来的利用状态,是表达目标和愿景的载体。

地理学丰富的知识为规划提供了空间认知的视角,尤其是城市地理学和人文地理学的知识成为规划分析的重要工具。后来伴随城市规划的目标逐渐丰富,社会、经济、文化等价值观和影响因素都投射到土地上,逐步呈现出各种类型的土地利用分类。

2.4 20世纪早期区划中的用途分类

美国区划出现时就被视为与当时城市规划分离。当时城市规划遵循艺术原则,而区划的目的是维护土地的现有价值,其实如果从土地功能分区的角度观察,美国城市地区的土地用途区划可以追溯到1880年代,当时区划的目的是控制中国洗衣店在加利福尼亚州的蔓延①。洛杉矶从1909年开始发展了综合性的土地用途区划。但是,由于纽约市1916年的区划条例中引入了德国的经验,将土地用途与建筑高度结合在一起,使之成为美国早期区划发展的里程碑。然而纽约的区划在本质上和美国其他地区的是不同的:它并不关注规范土地用途;它是商业性的,更关注于建筑的容积和体量。区划获得了强大的商业利益集团的支持,被视为保护现有的房地产价值免于不良侵害的一种手段——主要指侵入纽约中城高档商业区的服装厂和服装工人。就在纽约区划条例实施的那一年,诺伦(John Nolen)就认为美国城市规划本质上是以不去触犯既得利益的城市发展为目标。贝特曼(Alfred Bettman)也指出区划所服务的"公共利益"能够提升社区的房产价值。② 因此,1920年代美国的规划—区划体系远未意识到要为那些被困在纽约和芝加哥分租房的穷人提供更多的社会公平,而是通过区划将他们与中产阶级隔离开来。

在区划条例中,"land use"一词指向一个地块或建筑使用的目的。区划以法规的形式规定各个地块的土地用途,以保护地区免受不恰当用途的干扰,因此必须对用途进行精确定义,区分用途之间的差别,这不但是

> 区划以法规的形式规定各个地块的土地用途,以保护地区免受不恰当用途的干扰。

---

① Hall P. 明日之城——一部关于20世纪城市规划与设计的思想史[M]. 童明,译. 上海:同济大学出版社,2009:63

② Hall P. 明日之城——一部关于20世纪城市规划与设计的思想史[M]. 童明,译. 上海:同济大学出版社,2009:64

为了把用途分配到合适的地块，也是为了决定如何分类用途以适应区划条例的制定。1916年的纽约区划只把城市分为三类土地用途——居住、商业和非限制。规划师和区划官员随后把这个粗略的分类详细制定为更多的类别和次类别，成为后来几十年来美国城市土地利用规划和区划混合使用的分类列表。其中，巴塞洛缪（Harland Bartholomew）作为一名城市规划顾问，在1920年代早期组织了一个区划调查，对整个华盛顿特区的城市土地利用进行详细研究，并发展了一套城市土地用途分类体系（表2-3）。此后，他在全国发动了一系列区划调查。巴塞洛缪也在1920年代发现了土地用途和人口的关系，并主持了许多研究项目，以支持科学的区划实践发展。

表 2-3　城市土地用途分类

居住	独户家庭住宅
	双拼家庭住宅
	多户住宅（公寓）
工业	轻工业——非厌恶性
	重工业——厌恶性或危险
商业	
公共和半公共	学校、教堂、医院、机构、高尔夫球场等
	公共公园
	铁路
	街道

资料来源：Lovelace E. Harland Bartholomew：His Contribution to Urban Planning[M]. Urbana：University of Illinois，Department of Urban and Regional Planning，1993

美国联邦政府1928年颁布的《标准城市规划授权法》（Standard City Planning Enabling Act）赋予了城市规划的权力，城市总体规划包括：（1）街道；（2）其他类型的公共场地；（3）公共建筑；（4）公共设施；（5）私人物业的开发（区划）。区划正式被官方包括在综合性城市规划内，作为规划的主要部分。不过这个法案使许多规划师和政府官员们对总体规划（master plan）和区划条例（zoning ordinance）之间的区别产生混淆，其结果是有数百个城市都进行了"区划规划（zoning plans）"却没有编制指导区划的综合规划①。

---

① Akimoto F. The Birth of 'Land Use Planning' in American Urban Planning [J]. Planning Perspectives，2009，24(4)：458

2.5 20世纪中期城市规划中的土地利用分类

尽管在20世纪早期格迪斯已提出城市规划应建立在全面的社会经济调查分析基础上,但当时城市规划的实践还停留在"城市美化"的概念,规划的要素包括物质空间层面的交通系统、道路系统、公园和娱乐设施以及公共建筑的布局。区划的产生与规划没有直接关联,它规定的对象主要是土地用途和开发强度。一直到了1940年代,土地利用规划才在美国的城市规划中诞生,城市规划被定义为土地利用和人口密度的空间分布模式,城市开始制定土地利用规划,不只是作为区划修订的指引,而且是为了复兴衰落和凋敝的内城区。1945年《加州社区促进发展法》指出城市总体规划应包含土地利用规划,并定义土地利用规划是"对住宅、商业、工业、娱乐、教育、公共建筑和场地,以及其他公共和私人用途进行整体布局和位置指定"[①]。在实践中,土地利用规划对土地用途的分配与区划的用途规定实现了较好的衔接,也有一些先锋性的规划案例为了解决城市衰退的问题,开始尝试土地用途以外的分类维度,以针对性地提出发展政策和控制要求。到了1950年代,土地利用规划成为总体规划的首要部分,总体规划依然侧重物质空间层面,包括土地利用要素、交通要素以及人口和建筑强度的控制标准,但在编制总体规划之前,会考虑经济、社会、公共利益等方面对城市发展的影响[②]。

英国在1932年《城乡规划法》的要求下,规划方案(planning schemes)扩展到城乡地区,但规划的手段依然停留在物质形态的设计,并加强了控制手段。每一个方案都必须包含必要的条款来禁止或规范土地上的开发,以实现规划的目标。政府可以根据条款制定一般开发规则。1947年的规划体系改革引入开发规划的概念,并且把开发规划和开发控制分离,开发规划不再是区划式的实施性方案,开发控制主要依靠个案审批和开发规则。然而此时的开发规划依然由各种比例的详细图纸组成,图纸要"定义计划的道路、公共和其他建筑以及工程、机场、公园、游乐场地、自然保护区和其他开放空间的位置,或分配土地用于农业、居住、工业或其他规划所规定类别"[③]。因此,土地用途分类是这一时期开发规划的主要形式。

> 1950年代,美国土地利用规划成为总体规划的首要部分。

> 土地用途分类是1950年代英国开发规划的主要形式。

---

① Akimoto F. The Birth of 'Land Use Planning' in American Urban Planning [J]. Planning Perspectives, 2009, 24(4):475

② Kaiser E J, Godschalk D R. Twentieth Century Land Use Planning [J]. Journal of the American Planning Association, 1995. 61(3):126

③ Town and Country Planning Act 1947 [EB/OL]. [2012-03-02]http://www.legislation.gov.uk/

2.5.1 土地用途分类主导

(一) 英国布里斯托中心区重建规划(1944,1952)

"二战"以后,英国城市规划活动主要集中在对城市的两类特殊土地的再开发上。一类是"大面积被战争破坏的土地",另一类是"城区内不能再利用的土地"。1944年布里斯托中心区的重建规划,主要针对受到战争严重破坏的地区进行综合性的再开发①。在规划的理念中最主要是通过主干道的网络进行分区,分别用于仓库、工业、居住、商业、教育和公共服务以及未来保留用于新的产业发展。规划的主旨是由城市建筑师所描绘的"安全、便利以及有趣"。安全和便利主要通过减少堵塞,重新安排路线把交通引导到主干道,为从主干道通向停车场提供便捷通道以及建立只允许本地交通的区域等手段。"有趣"是把许多未被破坏的历史建筑尽可能地明确和保留下来进行再开发,保留大量城市历史性的大道以及对新的开发进行建筑控制。城市建筑师还发起倡议,对所有具有历史和建筑意义的建筑进行挂牌,无论它们是否被战争破坏,都要尽力保护城市遗产。然而该规划彻底地对土地功能进行分离,意味着中心城市的土地用途丧失了混合性和多样性。

1952年,布里斯托市基于1947年的《城乡规划法》制定了开发规划(图2-4)。相较于1944年的规划,该规划对城市中心提供了更细致的纹理和综合性的分区。规划的目标主要是提供充足的道路和停车系统,建立新的商业中心、批发和零售市场、教育和医疗分区,迁移工业并强化商业地区。开发控制要"控制新的建筑开发,考虑外部设计、建造的材料与其他建筑的整体和谐,场地的覆盖以及高度"。

以此为例,1940—1950年代的英国开发规划主要通过土地的用途分区来推进战后的重建,规划是基于城市建筑师和道路工程师的思维,包含了详细的路网设计、用地功能以及开发控制要求,但这也意味着规划编制的细节增加由此带来的效率降低,为1960年代规划体系的改革埋下了伏笔。

规划编制的细节增加由此带来效率降低。

(二) 美国圣弗朗西斯科(旧金山)土地利用规划(1945)

1945年美国的圣弗朗西斯科土地利用规划②是由霍尔(Bryant Hall)负责编制的,他基于1937年制定的土地用途调查,研究现有和未来的土地用途,在1944年出版了《土地预算》一书。在圣弗朗西斯科的土地利用

① Punter J V. Design Control in Bristol 1940—1990 [M]. Bristol:Redcliffe,1990
② Finley W E. A Study of the Proposed Land Use Section of the San Francisco Master Plan[M]. Berkeley, CA:University of California, 1951:55

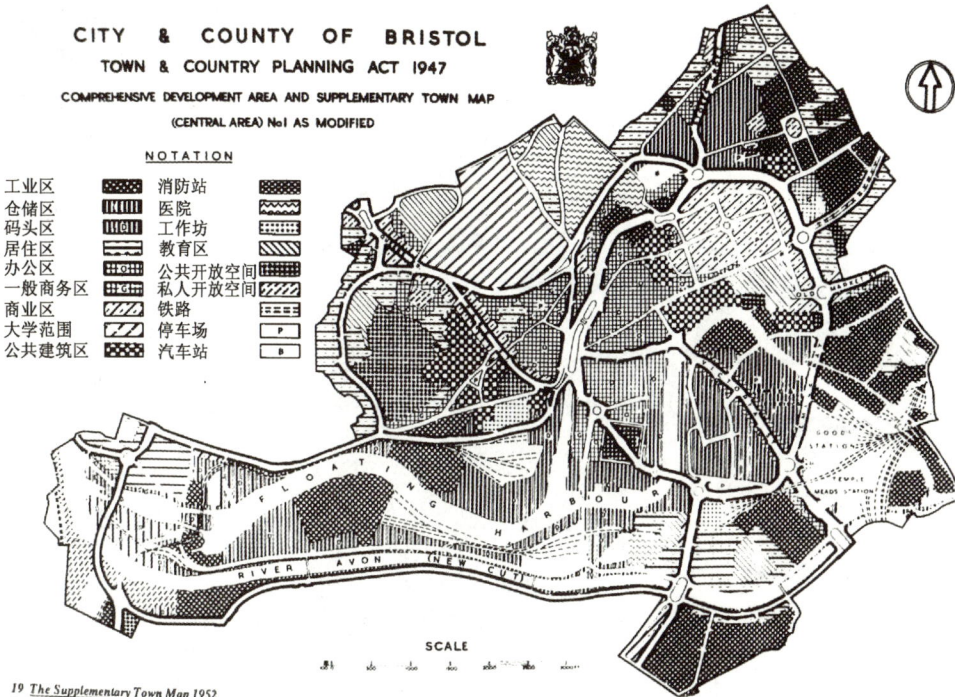

CITY & COUNTY OF BRISTOL
TOWN & COUNTRY PLANNING ACT 1947
COMPREHENSIVE DEVELOPMENT AREA AND SUPPLEMENTARY TOWN MAP
(CENTRAL AREA) No1 AS MODIFIED

NOTATION

工业区　消防站
仓储区　医院
码头区　工作坊
居住区　教育区
办公区　公共开放空间
一般商务区　私人开放空间
商业区　铁路
大学范围　停车场
公共建筑区　汽车站

19 *The Supplementary Town Map 1952*
The Town Map produced as part of the 1952 Development Plan revealed the emphasis upon segregation and circulation with large zones allocated to single uses as part of an attempt to bring a new order to the city. The office zone was concentrated either side of the "Centre" clearly implying extensive redevelopment of key historic areas, while port activities and associated warehouse uses continued to dominate all the waterfronts. The university and hospital zones implied wholesale clearance in the St. Michael's Hill area as did the zonings for public buildings behind the Council Offices and east of the city centre. Industrial allocations indicated that the historic Portland Square and Broad Plain areas had been largely written off as "slum clearance" areas

图 2-4　布里斯托 1952 年开发规划：综合开发地区规划图

资料来源：Punter J V. Design Control in Bristol 1940—1990 [M]. Bristol：Redcliffe,1990：47

规划中主要描述了如下内容：（1）未来土地用途的分布和范围（图 2-5），（2）公共用地的分布规划，（3）人口密度和建筑强度的标准。虽然圣弗朗西斯科（旧金山）总体规划包括了交通和公共设施规划、土地利用规划以及促进衰退地区发展的行动计划，但土地利用规划的编制与促进发展项目是分离的，并没有提供选择衰退地区的方法。

2.5.2　土地用途分类以外的分类维度出现

与霍尔相反，霍伊特（Homer Hoyt）在 1943 年制定芝加哥土地利用规划的时候，基于土地利用调查提供的房地产详细目录，针对 75 个社区统计了住宅的数量、条件、年份和居住结构的类型以及暖气、照明和其他设备的特点，分析和诊断了芝加哥居住地区的条件。霍伊特为每个社区选择了规划地区的类型，创造了 8 种规划地区：衰退区、接近衰退区、保持原貌区、稳定区、发展重创区、逐步发展区、新增长区和空地。芝加哥规划显示了未来 20 年的人口密度、未来的住宅结构类型、未来的规划地区以及为衰退地区

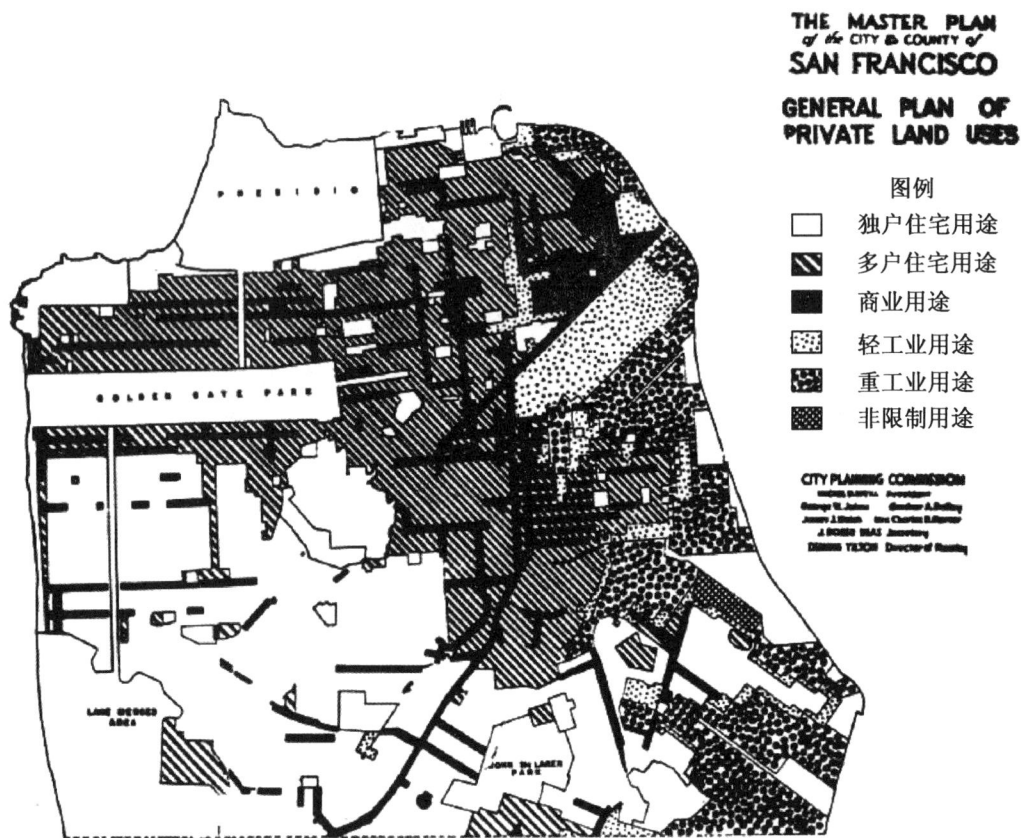

图 2-5 圣弗朗西斯科 1945 年总体规划:私有土地用途规划图

资料来源: San Francisco City Planning Commission. The Land Use Plan [Z], 1945: 27

土地分类由用途描述模式发展成为利用价值的评价模式,并且评价与规定是一致的。

制定的规划(The Chicago Plan Commission, 1943)①(图 2-6)。

霍伊特把城市土地利用分类推进了一步,新的分类维度突破了传统的用途分类维度,基于规划目标从居住条件的维度区分出 8 种分区类型。这些分区既是评价性的,也是规定性的,分类的目的是对城市变化的把握与控制。例如衰退区、保持原貌区,既是现实的评价也是规划的基点,基于评价结果就需要在规划中提出相应的发展政策和控制要求,如针对衰落区直接采取重建的政策,保持原貌区则在时机成熟时进行重建。土地分类由用途描述模式发展成为利用价值的评价模式,并且评价与规定是一致的。

---

① The Chicago Plan Commission. Master Plan of Residential Land Use of Chicago[Z], 1943

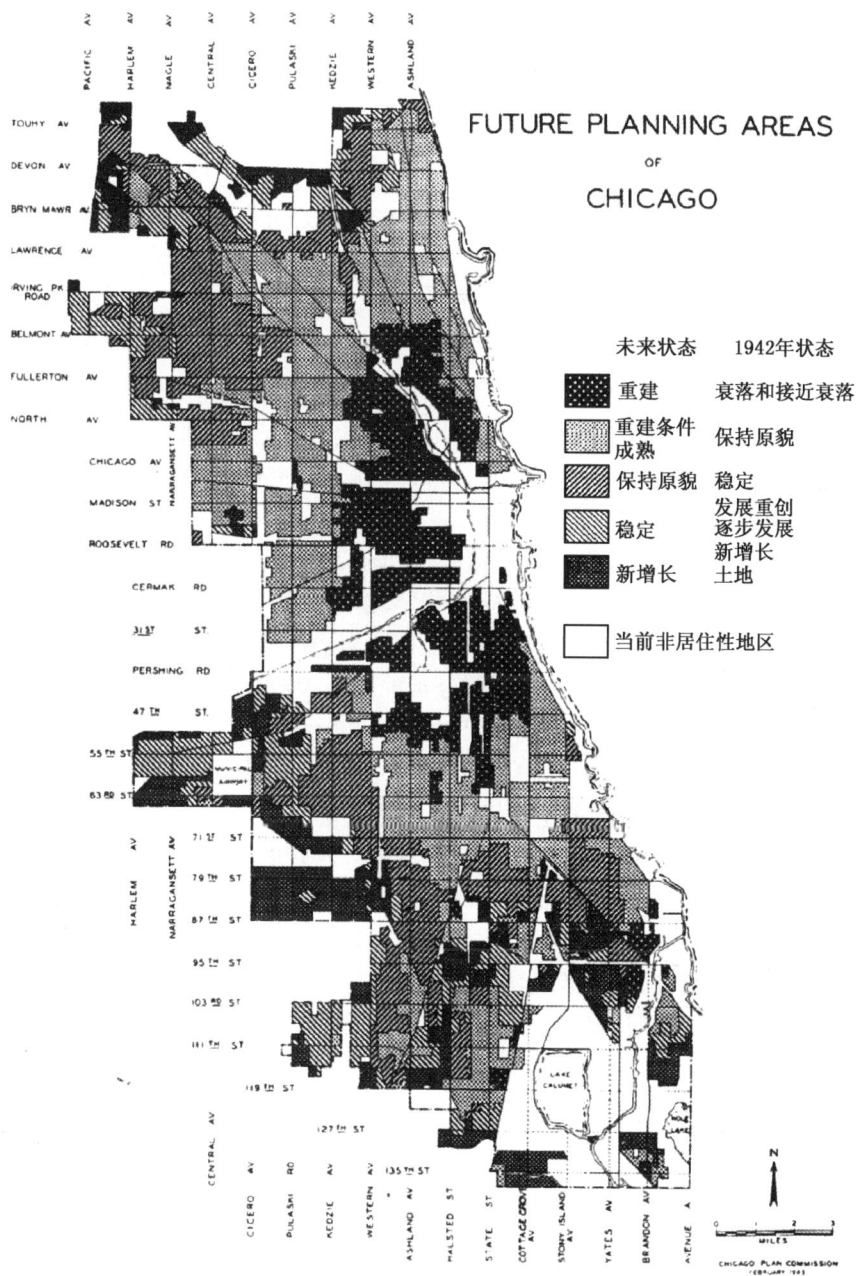

图 2-6　芝加哥 1943 年土地利用规划：未来规划地区图

资料来源：The Chicago Plan Commission. Master Plan of Residential Land Use of Chicago[Z], 1943：127

2.6　20世纪后期城市规划中的土地利用分类

2.6.1　土地利用分类多元化发展

1960年代以后,城市规划开始重视规划方案的策略性和灵活性,同时涵盖了更丰富的政策主题,创设出更多样的土地利用类别。

20世纪中期以前,城市规划的主题是长远的物质发展和未来的土地用途,自1960年代以后,城市面临的问题发生根本性转变,城市发展带来的环境污染和生态问题已不是土地分区与空间隔离等传统规划工具就可以解决,进而导致规划的理论和实践在持续演进的过程中不断发展。系统规划理论的引入使人们意识到城市作为一个有机体在运作,除了需要考虑物质空间和美学因素外,还要处理社会、经济、环境等相互关联的功能活动;理性过程规划理论则在规划方法上对格迪斯的"调查—分析—规划"过程进行了完善,指出城市规划是一个持续循环的过程,而不仅仅作为一个"终极状态"的蓝图[①]。在这一系列的理论和思想推动下,城市规划开始重视规划方案的策略性和灵活性,同时涵盖了更丰富的政策主题,根据规划层次、规划目标的差异,创设出更多样的土地利用类别。其中美国在1970年代前后产生了四种典型的土地利用规划,并在1980年代以后出现融合各种土地利用分类的混合型规划。英国则在1968年规划体系改革后对规划内容和规划层次做出实质性的变革,土地用途区划彻底向战略规划转型,政策性分区成为土地利用分类的主体。

(一) 美国多元化的土地利用规划

美国在1970年代末期开展的"地方规划的艺术"调查中,回顾了27个由咨询公司和"住宅和城市发展部(HUD)"职员提名的城市,这些城市拥有"特别有趣的或有效的总体规划"。这份报告关注了一系列有区别性的规划特征,包括规划的目标本质上是物质性的还是社会性的、规划包含的图纸类型、规划制定和修改的程序、规划实施的策略等。在这个阶段,一系列新的思想已扎根于美国的土地利用规划中,凯泽(Edward J. Kaiser)等认为当代美国多元化的土地利用规划大致可划分为四类——其中土地利用设计规划(The Land Use Design Plan)和土地分类规划(The Land Classification Plan)是在传统的物质空间规划基础上增加了目标、政策的要素,差别在于适用的空间范畴不同。文字型的政策规划(The Verbal Policy Plan)是典型的战略规划,有空间描述但没有土地利用规划图。开发管理规划(The Development Management Plan)的特点主要是

---

① 尼格尔·泰勒.1945年后西方城市规划理论的流变[M].李白玉,陈贞,译.北京:中国建筑工业出版社,2006:57-71

与行动计划相结合。这些规划形态的总体特征是进一步强调目标和政策的表达，并且关注规划的实施计划。[①]

土地利用设计规划是在多元发展中最传统的规划类型，依然保留土地用途作为分类的维度，规范城市长远未来的形态模式。用途类别包括零售、办公、工业、居住、开放空间以及公共用途和交通系统。其中开放空间从环境的角度考虑，有时也包括了农业和森林。土地用途通常还包括了"混合用途"类别，更紧密地混合了居住、就业以及商业地区。图 2-7 引自 1990 年霍华德县总体规划，该规划是当代土地利用设计规划的典范。

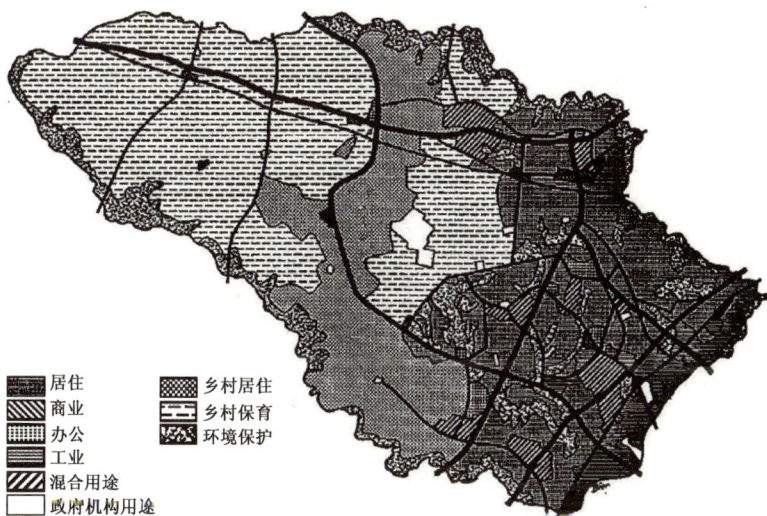

图 2-7　马里兰州霍华德县 1990 年土地利用规划：2010 年土地利用规划图

资料来源：County Council of Howard County, Maryland. The 1990 Howard County (Maryland) General Plan[Z], 1990:37

土地分类规划比起详细的土地利用模式更适用于大都市区或区域层面，它以空间为特征，对地区内开发的土地利用模式并没有具体的规定，相反更强调开发战略以及时序安排。土地分类规划界定了哪些地区鼓励开发（已开发地区、过渡地区）以及哪些地区不鼓励开发（开放空间、乡野、保护或关键性的环境地区）。例如，城市地区可以区分出"已开发地区"，包括建成的城市中心和年代较长的郊区；"过渡地区"，即未开发或只有部分开发的地区，"过渡地区"可能在前 10 年被划入"未开发地区"，在后 10～20 年被划入"已开发地区"。农业地区可能被划入"乡野"，其长期的政策是农业和林业用途。不太标准的农业地区可以在未来划入城市"过

---

① Kaiser E J, Godschalk D R. Twentieth Century Land Use Planning [J]. Journal of the American Planning Association, 1995, 61(3):128

渡地区"。"环境关键地区"即具体需要重点环境处理的地区,例如湿地就要从水源供应集水区中区分出来。

麦克哈格(1969)关于生态型土地利用规划的方法是土地分类规划概念的一个早期范例。他把规划区域区分为三种类别:自然用途地区、生产性地区以及城市地区。自然用途地区富有生态功能的价值,拥有最高的优先权;生产性地区包括农业、森林和渔业,具有次优权;城市地区的优先权最低。麦克哈格的方法反映了1960年代到1970年代萌芽的环境意识。北卡罗来纳州福赛斯1989年综合规划是当代土地分类规划的范例(见图2-8)。

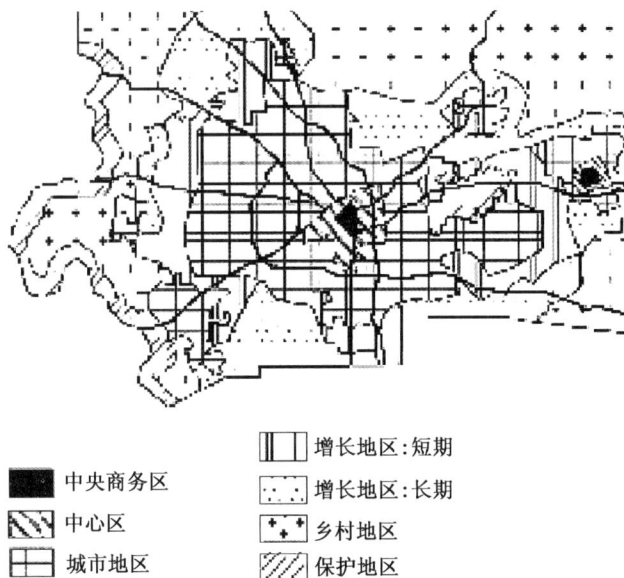

■	中央商务区	▥	增长地区:短期
▨	中心区	⬚	增长地区:长期
▦	城市地区	✦	乡村地区
		▨	保护地区

图2-8 北卡罗来纳州福赛斯1989年综合规划:土地分类规划图

资料来源:County Council of Forsyth County, North Carolina. Vision 2005:A Comprehensive Plan for Forsyth County, North Carolina[Z], 1989:34

文字型的政策规划关注目标和政策的书面陈述,不太强调图纸式的政策或终极愿景,它比起其他规划类型更灵活,特别是结合非物质性的开发政策。在土地用途管制上,政策性规划重在阐述土地利用分类的标准和开发管理要求,并不具体落实到图纸上的用地分区,其作用类似一个规划指引,这种规划形式为完善规划类型和规划体系提出了积极的参考意义。例如获得了1985年美国规划协会奖的卡尔弗特县综合规划(Calvert County 1983),它的政策简洁,易于掌握,并根据县政府负责规划实施的6个分区——包括工业分区、独户家庭居住分区、多户家庭居住分区等,提出清晰的规划目标和开发建议(表2-4)。

表 2-4 文字性政策规划摘录

工业分区

工业分区的目的是提供县域内适合工业开发的土地。这些用地的选址和设计应根据现有自然特征或通过实施相关标准与周边土地利用协调。

建议：

1. 为潜在的工业用途明确大致的位置。
2. 在工业分区内允许零售商业作为附属用途

独户家庭居住分区

发展和推动独户家庭居住分区是为了远离影响居住的其他土地用途。

建议：

1. 对于新的开发，要求在居住和商业用途之间通过缓冲带控制视觉、噪音和活动的影响。
2. 鼓励在指定的城镇开发独户住宅。
3. 在"R-1"居住分区，允许双拼、三拼、四拼别墅作为有条件许可类型，其设计应与独户住宅保持协调。
4. 允许居家工作（自由职业和提供服务，但不包括零售）

多户家庭居住分区

多户家庭居住分区提供联排住宅和多户家庭的公寓单元。该类别的地区可获得社区服务以及给排水系统服务。

建议：

1. 允许在 Solomons，Prince Frederick 和 Twin Beach 镇开发多户住宅。
2. 要求多户家庭项目提供足够的休闲娱乐设施和场地。
3. 评估在多户家庭分区（R-2）提高居住单元密度的可行性

资料来源：根据 County Council of Calvert County. The Calvert County MD Comprehensive Plan [Z]，1983：90 改制

开发管理规划的特点是与行动计划相结合，以分析和目标为基础，立足于地方政府的具体机构在 3～10 年内采取的行动。开发管理规划强调与实施措施相结合，并在规划的制定过程中同时编制土地利用的管理条例，规划中的土地利用分类需要准确落实到用地边界，明确规划许可的用途。佛罗里达州萨尼伯尔市 1981 年综合土地利用规划是开发管理规划的一个范例。这个规划包括了管理规则的标准和程序（例如实施的方式），因此，当地方立法机关采纳了这个规划，也就采纳了实施的条例。图 2-9 表达了规划的许可用途，它用准确的边界显示了在哪里应用规则，因此该类规划更像区划的规划而不是土地利用政策的规划。

进入 1980 年代后，上述各种类型规划中的精华部分已融进新一代混合型规划之中，并充实了政策和管理措施，不但采用具体方式来描绘和分

1980 年代以后，美国的土地利用规划不但采用具体的方式来描绘和分类土地用途，也提出了政策和管理方式的建议。

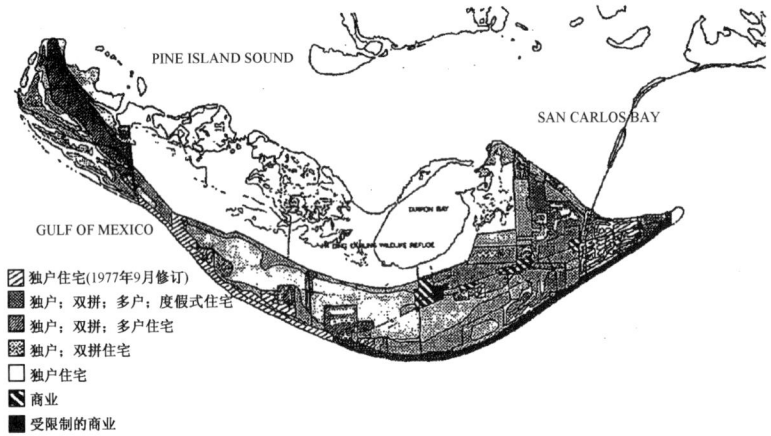

图 2-9　佛罗里达州萨尼伯尔市 1981 年综合土地利用规划：许可用途规划图

资料来源：Council of Sanibel，Florida．Comprehensive Land Use Plan[Z]，1981：36

类土地用途，也提出了政策和管理方式的建议。在城市层面上编制总体规划经常结合这 4 种类型，其政策部分包含了有关环境、社会、经济、住宅和基础设施的内容，通过土地政策分区图确定空间增长政策，土地利用设计图指明各项土地用途的位置，开发管理规划则为指导城市增长和解决资金问题而安排好建设标准与程序。例如美国俄勒冈州格雷舍姆总体规划（Gresham，Oregon，1980）整合了土地利用设计（指定居住地区、商业地区、工业地区、社区设施和公共土地），叠加了土地政策分区（已开发的、正在开发的、乡村的和保护的），也包括了开发许可的标准和程序（如开发规则）。

（二）英国物质性开发规划向战略规划转型

和传统的土地利用规划相比，空间战略规划的综合性更强，更关注长期的发展战略框架。

到了 1950 年代末期，英国已清晰地发现 1947 年的开发规划越来越不合时宜，导致其进行全面改革主要有三个原因[①]：其一是规划编制过于追求细节和精确性。冗长的规划程序导致 1960 年代中期许多规划部门仍然进行着第一轮规划的检讨。其二是综合蓝图式的开发规划是基于人口和交通增长的错误预期，开发规划的过时导致开发控制决策逐渐基于其他因素而非开发规划。其三，原来预期的公共部门支出并未实现，因此设想中的"积极规划"无法落实。

正是在这种情况下，规划咨询小组（PAG）于 1964 成立，并直接推

---

①　Cullingworth B，Nadin V．Town and Country Planningin the Uk(14th Edition)[M]．London & New York：Routledge Press，2008：283

动英国开发规划在 1968 年《城乡规划法》的指导下彻底地向战略规划转型，开发控制摆脱了对开发规划的依赖是推动这次转型的内在因素，而中央集权的行政模式则推动从国家到地方层面逐步建立起双层次的战略规划体系。结构规划主要是一份书面综述，在研究该地区的开发事务和土地利用情况后，明确地方规划机构的政策和一般计划，包括改善物质环境和交通管理的措施。制定政策的同时要考虑到有关经济规划和区域整体发展的政策以及开展计划所需要的资源。结构规划所包含的图纸主要描述一般性的政策，地方详细规划则为土地利用提供了详细的指引。地方详细规划的说明书阐述了开发控制的政策，包括特定用途的土地分配；规划图上的土地按照政策目标进行分类，针对具体的地块标注了相应的规划政策。基本上英国的开发规划，无论是结构规划还是地方详细规划，图纸内容都是规划政策的表达，从政策目标的维度对城市区域进行大致的分区，并没有构成一套控制性的图则，开发规划只是提供政策指引，具体的开发控制工作在开发许可时完成（图 2-10）。

1980 年代以后，英国陆续颁布了国家层面的规划政策指引，表达国家土地利用和开发政策，其主题涵盖了 20 多项，地方开发规划的内容必须与国家指引保持一致。因此，英国的开发规划在这个阶段一方面通过战略规划的形态强调政策的灵活性和适应性，另一方面利用自上而下的政策体系保证国家对地方规划事务的调控。

为了强化城市规划战略性政策的指导作用，加强区域间的协调，减少规划的编制时间，提高规划的灵活性，以应对未来发展的不确定性和偶然性，英国政府在 2004 年再一次改革规划体系，区域空间战略和地方开发大纲取代了结构规划、地方规划和单一开发规划。其中，区域空间战略需要清晰地描绘出该区域未来的空间展望，核心战略图的表达要突出地方性但不能在用地的布局上过于具体，其精度不能超过地方开发大纲的程度[1]。地方开发大纲由一组文件组成，所表达的地方空间政策与区域空间战略基本保持一致，其中核心战略、特定场地的分配等开发规划文件需要通过法定程序进行咨询和讨论，并具有法定地位；辅助性的规划指引可以是关于特定主题的设计说明或者为局部地区所做的非正式的地区综合规划、场地开发概要等，通过简化的程序被采用[2]。

---

[1]　Office of the Deputy Prime Minister. Planning Policy Statement 11：Regional Spatial Strategy 2004[EB/OL]．[2005-03-05]．http://www.odpm.gov.uk.

[2]　Office of the Deputy Prime Minister. Planning Policy Statement 12：Local Development Frameworks 2004[EB/OL]．[2005-03-05]．www.odpm.gov.uk

图 2-10　德文郡(Devon county)结构规划(2001—2016):核心战略规划图

资料来源:Devon County Council. Devon Structure Plan 2001—2006[Z], 2004:109

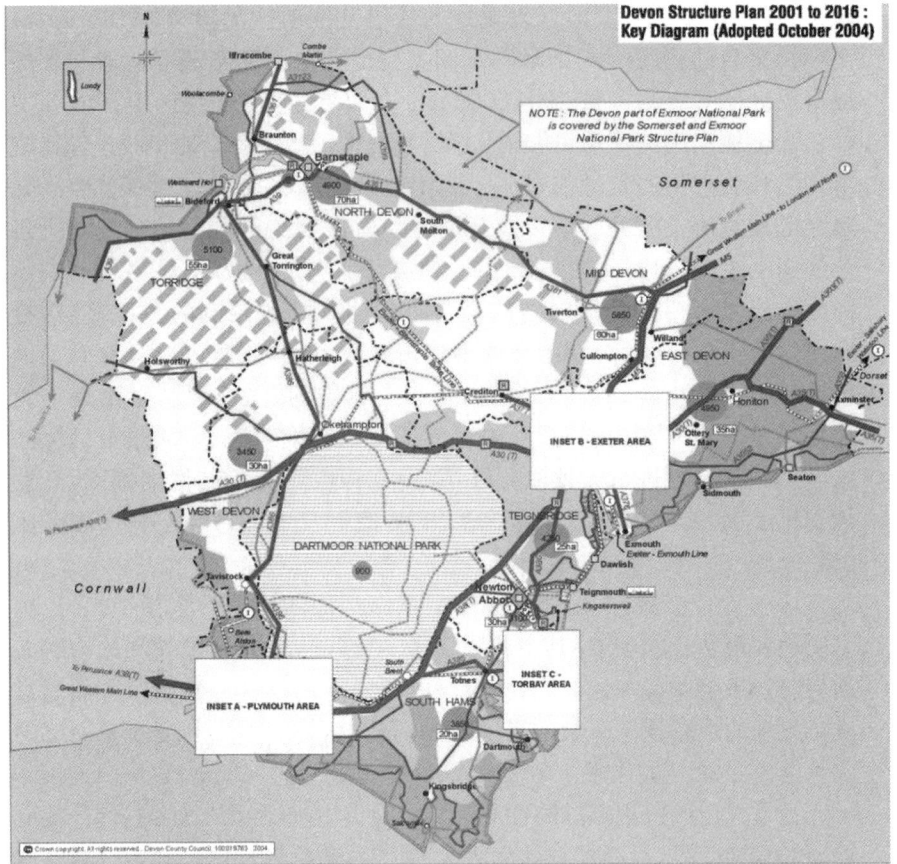

扫码可见彩图

总体而言,英国开发规划的改革已从传统的土地利用规划向空间战略规划转型。区域层面的发展目标载体由"土地"转化为"空间",由土地用途控制转向空间指引。传统土地利用规划的形式是在行政区域内制定政策和法规,在图面上指定开发和保护的区域以及分配土地具体的用途,以规范土地利用。空间战略规划的形式则是明确主要的空间发展议题,描述对功能区发展结果的期望,将空间目标和需要改变的关键区域进行可视化表达,通过政策原则和发展目标指引相关的行动。和传统的土地利用规划相比,空间战略规划的综合性更强,更关注长期的发展战略框架。规划程序的重心也从传统的对用地空间的技术安排转变为更广泛范围内的发展战略和政策制定的过程。

2.6.2 土地利用分类标准呈现多维角度

在英美土地利用规划向多元化形态发展和转型的过程中,两国的土地利用分类标准也在不断改革。事实上,并非每个国家都有土地利用分类标准,土地利用分类标准和土地利用规划也不存在必然的联系。在美国,土地利用分类标准的制定主要与区划相关,不同时期制定的分类标准折射出区划的变革思路——即由固定细化的用途规定向更灵活更多维度的用地属性控制转型。英国的土地利用分类标准则主要应用于土地数据的收集,另一方面创设了面向开发控制的分类规则,界定土地利用活动的许可条件。

(一)美国土地利用分类标准的发展[①]

1)标准产业分类:产业作为分类维度

在1938—1939年,由美国中央统计局建立工业统计跨部门委员会完成的制造产业列表和非制造产业列表可能是美国最早的土地利用分类体系。随后,该体系于1957年被美国预算和管理办公室编制的《标准产业分类》(Standard Industrial Classification,SIC)所取代。在旧的区划条例中,SIC被用来组织和定义用途,作为许可用途的参考指引。1997年美国商业部更新了《北美产业分类体系》(North American Industrial Classification System,NAICS)。该体系包括了几乎每一个在北美大陆存在的经济门类或活动,定期进行更新。

产业分类体系被广泛应用在区划条例中,但同时存在几个问题:首先,它们对用途的分类过于详细,若在分类体系中列举每一个用途会导致区划条例过于长,难以组织和理解;其次,分类体系的目的是产业分

> 产业分类体系只关注相似的市场特征,忽视了用途间的外部性差异。

① White S M. Classifying and Defining Uses and Building Forms: Land-Use Coding for Zoning Regulations [J]. Zonning Practice,APA,2005,9:2-11

类,更甚于土地利用的外部影响,可能导致在相同产业中的用途会有差异很大的影响。例如,服务部分的用途如美甲沙龙与文身店归在同一类,但许多地方政府都倾向限制文身店,因为它们可能带来邻里影响。产业分类体系只关注相似的市场特征,忽视了这两种用途的外部性差异。

2) 标准土地利用分类模式:活动为主,所有权和土地覆盖物为辅的分类维度

1965 年联邦高速公路管理局和住房部(后来分别为公共道路局和城市更新管理局)发表了《标准土地利用分类模式》(Standard Land Use Coding Manual,SLUCM),以建立一个基于土地利用活动分类的全面体系,避免规划信息收集和分析的单一性。这个分类是在 1957 年的 SIC 基础上进行改良,它的作用主要是预测不同用途产生的出行情况,因此优先从"活动"的角度考虑"土地利用"。SLUCM 自 1965 年出版以来,一直是城市土地利用分类的流行模式,并于 1972 年再版。但到了 1970 年代后期,这个手册已经很少使用,因为土地利用规划强调短期的、小规模的项目,不再重视长期的规划。

SLUCM 提供了详细的土地利用分类列表以及相应的编码,使用 2~4 个或更多的数字来识别土地利用活动。在一级编码中,SLUCM 一共分为了九大类的土地利用活动:1. 居住;2. 制造业;3. 制造业(其他);4. 交通、电信和公共设施;5. 贸易;6. 服务;7. 文化、娱乐和休闲;8. 资源生产和获取(与农业、林业、渔业及采矿相关的活动);9. 未开发的土地和水域。该手册还提供了附属的编码体系来描述三种属性:所有权类型,居住用途的结构类型以及农业用途的庄稼类型。

3) 基于土地的分类标准:五种平行的分类维度

1994 年,美国规划协会的研究部协同联邦高速公路管理局,更新了 1965 年的 SLCUM,出台了《基于土地的分类标准》(Land-Based Classification Standards,LBCS)[①]。此次更新的目的主要是发展一套与时俱进、综合性的土地用途列表,能在城市、郊区和乡村地区采用灵活的方法来分类新的土地用途。同时这套标准通过编码系统使土地利用分类适应于地理信息系统,推动基于计算机的土地利用/土地覆盖物数据的共享。

LBCS 是一个多维的土地利用分类标准,适用于规划的不同阶段。

它的建构基于以下三个部分:

维度:活动、功能、结构类型、场地开发特征和所有权。

---

① American Planning Association. Land Based Classification Standards(LBCS) [EB/OL]. [2012-12-01]. http://www.planning.org/lbcs/standards/

层级：包括 1～4 个等级，每个等级不断增加土地利用的细节。例如由居住建筑到单户居住建筑再到联立式单户居住建筑。

关键词：描述土地利用的性质。在 LBCS 编号系统中包括了 9 类土地利用的基本属性。行为、功能、结构类型等维度可以被理解为是基本属性所衍生的附属属性。这些基本属性以关键词标定，并辅以相应的色彩标识（表 2-5）。

表 2-5　LBCS 土地利用基本属性分类编码及色彩标识

编码	基本属性	色彩标识
1000	居住	黄色
2000	购物、商业或贸易	红色
3000	工业、制造业和废物处理相关的	粉色
4000	社会服务设施、机构或与基础设施相关的	蓝色
5000	交通或通行	灰色
6000	群体集会	黑色
7000	娱乐	亮绿
8000	自然资源	深绿
9000	无或无法分类	白色

资料来源：菲利普·伯克，等. 城市土地利用规划（原著第 5 版）[M]. 吴志强译制组，译. 北京：中国建筑工业出版社，2009：195

LBCS 划分出土地利用的五个维度（表 2-6），可适用于调查阶段对用地的详细描述，也可应用在区划中规范土地利用的某些维度。其中功能维度主要参考产业分类，结构维度主要指向建构筑物的类型，适用于更多考虑建筑的形态和体量而非其用途的规划条例编制（例如"形态条例"，详见 2.6.3 介绍）。在实践中，大部分区划条例的编制倾向结合功能和结构的分类。活动、场地和所有权维度主要适用于规划的现状调查，而非区划条例。

表 2-6　LBCS 土地利用分类维度的定义

活动 Activity	基于土地实际使用的可观察的特征 活动是指在土地上可观察到的实际用途。它描述了在物质性或可观察的层面实际发生的活动（如放牧、购物、制造、汽车移动等）。例如一个办公活动，只是指在房屋中发生的物质性活动，它可以发生在法律事务所、非营利机构、法庭或公司等。类似的，在独户住宅、多户住宅、标准化住宅或其他建筑中发生的居住用途也可以归类为居住活动

功能 Function	经济性用途或使用土地的机构类型 功能是指经济性的功能或使用土地的机构类型。每一类土地用途可以通过服务该用途的机构类型来定义。土地利用的术语,例如农业、商业、工业,都与机构相关。土地用途服务的经济功能也归于此维度;它与土地上的实际活动是相对独立的。机构可以在它们的建筑内有不同的活动,但只服务单一的功能。例如,两个地块如果都是服务于同一个机构,可以放在相同的功能类别,尽管一个是办公楼,另一个是工厂
结构类型 Structure-type	土地上建筑物的类型或构筑物的类型 结构是指土地上构筑物或建筑物的类型。土地利用的术语包含了结构的或建筑的特征,意味了空间的使用(在建筑中)或土地的使用(如果没有建筑)。土地利用术语,例如独户住宅、办公建筑、仓库、医疗建筑或高速路,都描述了结构的特征。尽管许多活动和功能都紧密联系某些结构,但也不总是这样。许多建筑都会超越原有用途适应新的使用。例如,一个独户居住结构可能被用作办公室
场地开发特征 Site development character	土地的完整物质性开发特征 场地的开发特征是指土地的完整物质性开发特征。它以一般的物质性术语描述了"土地上是什么"。对于大部分土地利用,它只是表达了场地是否已开发。但并不是所有在肉眼观察不到开发的场地都属于未开发,例如停车场和公共开放空间,通常都混合了活动、功能和结构。这个维度使用的分类描述了场地开发的整体特征
所有权 Ownership	土地的法定或半法定的所有权限制 所有权是指用途和土地权利之间的关系。由于大部分的土地用途要么公共要么私人,不会兼有,因此区分所有权特征看起来是轻而易举。然而,单独依赖功能性的特征会掩盖一些用途,诸如私人花园、私人体育场、私营监狱以及混合了公共和私人的所有权。此外,地役权和类似的法定机制也限制了土地利用的活动和功能。这个维度可以更精确地分类这些所有权特征

资料来源:American Planning Association. Land Based Classification Standards(LBCS)[EB/OL].[2012-12-01]. http://www.planning.org/lbcs/standards/

在具体查询地块信息时,可以通过五个维度的属性组合更全面地描述用地的情况。例如某个地块是私人所有、单个家庭、独立的住宅单元,宅址位于已建场地,具有明显的家庭生活行为,那么适用的代码将是:

行为 1100　家庭生活

结构 1110　独立单元

功能 1100　私人居住

场地 6000　已建设场地——有建筑

所有权 1100　私人所有——绝对支配权

（二）英国土地利用分类标准的发展

1) 面向开发控制的分类规则:开发活动和用途的分类维度

当美国仍然依赖功能分区为基础的区划法规来保护土地价值,实施土地开发控制时,英国早已认识到开发控制的相对独立性,并建立面向开发控制的一系列规则。英国的开发规则最初出现在 1919 年,但它的现代模式通过 1947 年的《城乡规划法》塑造出来①。这部法律授权中央事务大臣制定规则,放松或加紧开发控制,从而鼓励或限制某种开发形态。然而第一部《一般许可开发规则》(GPDO)(1948 年)很快就在 1950 年被修订,英国工党执政后,提倡给城市开发一定的自由度,减少中央政府的过分干预,以积极鼓励企业个人参与城市开发。为了解除管制,对于一些在规划中并不重要的小型工程可以不需要规划许可。凡是在 GPDO 范围内所列的开发类型,都可以免除开发许可的申请。1977 年 GPDO 的修订仍局限在住宅开发,到 1995 年的 GPDO 已经扩展到工业项目、农业建筑、商业建筑、矿业开发、娱乐公园、学院等 33 个方面,表 2-7 从开发活动的维度重编了 GPDO 的条目分类。

表 2-7　一般许可开发规则(GPDO)条目的分类编排

重编后开发活动的类别	GPDO 中的编号	GPDO 中开发活动的类型
工程性的操作	1	在住宅范围内的居住性开发
	6 和 7	农业和林业的建筑以及施工
	8	工业和仓库的开发
	31	建筑的拆毁
	2	小型施工
用途改变	3	用途的转变
临时用途	4	临时建筑和用途
	5	房车营地
	27	休闲组织成员使用土地
	28	在游乐场的开发

英国的开发规则以活动和用途作为分类维度。

---

① Thomas K. Development Control—Principles and Practice [M]. London & New York: Routledge Press, 1997:187

重编后开发活动的类别	GPDO 中的编号	GPDO 中开发活动的类型
公共设施	9	私人道路的维修
	10	服务设施的维修
	13	高速公路机构的开发
	17	法定承担人的开发
水务相关	14	排水团体的开发
	15	国家河流管理局的开发
	16	排污承担人的开发
技术设备	18	航空开发
	24	电信运营商的开发
	25	其他电信开发
	29	驾驶信息系统
	30	收费道路设施
	33	闭路电视摄像头
特别的团体	11	在本地法规下开发
	12	地方政府的开发
	26	英格兰历史建筑委员会的开发
	32	学校、学院、大学和医院
矿务工程	19	从属矿务工程的开发
	20	煤矿采掘开发
	21	在矿上的废物填埋
	22	矿物探勘
	23	从矿床搬移物资

资料来源：根据 Thomas K. Development Control—Principles and Practice [M]. London & New York：Routledge Press, 1997：187 改绘

　　另一方面，为适应开发控制的需求，《用途分类规则》（UCO）于 1987 年出台。UCO 是用途管理的重要依据，虽然 UCO 列出了一系列的用途类别，但其目的不是提供一个详细或综合的分类，而是基于用途之间的相容性，结合 GPDO 的第 3 部分"用途的转变"提出开发许可的规则（表 2-8）。

　　英国开发规则分类的目的是界定能够容忍的开发活动类型，避免活动产生的外部负效应。许可的依据是基于活动的特征和用途的相容性，是否

相容则源于经验的积累。为此英国结合其判例法的特点，通过大量的法庭案例判决对用途转变的边缘性情况或棘手的问题做出法律指引[①]。

表 2-8 用途分类规则(UCO)

类别	分类		GPDO 的规则
A	A1：商店(如零售、理发店、邮局、干洗店等)		除非增加独立的单元，其他用途改变都不允许
	A2：金融和专业服务设施		沿街面有橱窗展示的可以转变为 A1
	A3：餐厅和咖啡厅		允许转变为 A1 和 A2
	其他	汽车销售或展示的商店	允许转变到 A1
		自动洗衣店、汽车租赁店、加油站、废品店	不允许用途转变
B	B1：商务		面积不超过 235 m² 可以转为 B8
	B2：一般工业		面积不超过 235 m² 可以转为 B8 或 B1
	B3-7：特殊工业		不允许用途转变
	B8：仓储或物流		面积不超过 235 m² 可以转为 B1
C	C1：旅馆		不允许用途转变
	C2：有住宿功能的机构(如老年公寓、医院、寄宿学校)		不允许用途转变
	C3：住宅(一个家庭不超过 6 人)		不允许将一所住宅分为两个或更多的住宅
D	D1：无居住功能的机构(如诊所、博物馆、非寄宿学校、礼拜堂等)		不允许用途转变
	D2：集会和休闲(如游泳池、滑冰场、其他市内或室外的运动娱乐场所)		不允许用途转变
	其他，如剧院、娱乐中心		不允许用途转变

资料来源：根据 Use Classes Order 1987[EB/OL]．[2010-05-04]．http://www. legislation. gov. uk/改绘

2）土地用途和土地覆盖物分类标准[②]：用途和覆盖物的分类维度

1970 年代英国中央政府试图在国家层面进行土地利用分类标准的整合，但这个愿望一直未能实现。当时中央和地方政府共同编制《国家土

---

① 周剑云，戚冬瑾.谈开发规则在物业纠纷中的前置作用——英国开发控制的经验借鉴[J].国际城市规划，2008，23(2)：104-108

② 根据 Office of the Deputy Prime Minister. National Land Use Database：Land Use and Land Cover Classification Version 4. 4 [Z]，2006 综述。

地利用分类》(The National Land Use Classification,NLUC)的目标是设计一个土地利用分类标准来适应 1968 年《城乡规划法》所引介的新的开发规划,同时也为当时环境部着手的全国土地数据收集提供基础。这就要求每年从地方政府反馈土地利用的变化,按照 NLUC 的 15 个大类进行分类。然而,由于开发规划已经转型为战略性规划的方式,也无需通过国家层面统一的用地分类标准来指导规划的制定,因此来自地方政府的回应缓慢而不全,导致这项计划在 1970 年代末中止。随后,环境部在 1980 年代早期制定了《土地利用转变统计》(The Land Use Change Statistics,LUCS),它采用了土地用途和土地覆盖物两个分类的维度,目标进一步聚焦在为土地测量地图所记录的土地用途和土地覆盖物变化提供基础。

英国的副首相府于 2006 年重新又开发了一套新的《土地用途和土地覆盖物分类标准》(National Land Use Database:Land Use and Land Cover Classification,NLUD 4.4 版)①。**这套标准是属于记录与描述的分类方法,**它明确指出,土地用途与土地的活动或土地的社会经济功能相关,然而土地覆盖物与土地表面的物质种类或形态相关。**土地用途和土地覆盖物描绘了土地表面截然不同的维度,因此应分别定义和分类,避免模糊不清的解释。**其中土地用途共分为 13 个大类 41 个中类,大类包括:农业和渔业、林业、采矿、娱乐和休闲、交通、公用基础设施、居住、社区服务、零售、工业与商业、荒废地、防御工事、未利用地。土地覆盖物共分为 10 个大类 32 个中类,大类包括:庄稼地、草地、林地和灌木、荒野和沼泽、悬崖石壁、水域和湿地、海岸线、建筑物和构筑物、永久性地面(如道路、铁路)、普通地面。每一个分类都有清晰的名词解释,并且附带一个基于实际情况的描述性基准索引,对应具体的分类标准,帮助使用者解释具体应用分类标准时可能遇到的疑惑。

2.6.3　横断面分区渐成新趋势

从 1980 年代开始,美国许多传统的区划条例开始在全国范围内进行更新,重点是使区划条例更加简明清晰,重新检讨过于严格的土地用途分离。许多看上去无穷无尽的许可用途列表,被更加简洁、矩阵形式的通用用途表格所替代(例如:"一般零售业"取代了对特定零售商店和产品的详细列表)。同时提出特别分区的类型,采取更少的限制、更广的用途混合。

---

① 在 NLUD 中区分出 land use 和 land cover,其中前者指土地活动和社会经济功能,后者指土地表面的物质种类或形态,因此 land use 所包含的内涵与美国 LBCS 中土地利用的五种属性有所区别,为方便区分,本书将 NLUD 中的 land use 翻译为"土地用途"。

当这些"联合援助"(Band-Aids)尝试调整区划体系时，它们只取得有限的成功，许多社区仍不满意传统区划形成的场所特征和质量①。

与此同时，一群城市规划师和建筑师开始致力于复兴和推动可步行的、混合用途的、可持续的社区，提炼出传统区划之外的选择。精明条例(smart code)、形态条例(form-based code)的出现揭开了区划历史新的一页。**形态条例和传统区划的核心差异在于形态控制优先于用途管制**。它完全革新了传统区划进行土地用途分区的思路，将区划建立在空间组织原则的基础上，采取横断面的概念作为条例制定的参考基准。通用的横断面类型是从乡村到城市的**横断面分区(transect zones)**，主要综合了物质空间的开发强度、自然和建成环境的关系、分区内的用途复杂性来划分。连续的横断面序列被划分为六个不同的分区：自然保护区(T1)、郊野(T2)、郊区(T3)、一般城市地区(T4)、城市中心和城市核心(T5)以及特别分区(SD)。

横断面划分既是一种基于生态原则的城市规划方法，也是一种分析的工具，"断面方法是将一个地表平面进行线性的切割，随之对各种不同的系统和生境进行抽样、测量和分析。数据的收集是在区域内一个或多个断面上进行的(相当于地质学中的矿样)，以更好地理解样本生境中发生的人口和社会联系"②。

同时，横断面也是进行开发控制的基础。目前美国已有超过100个城市采用形态条例取代传统的区划条例。形态条例的理论主张，设计控制可以解决许多土地用途之间潜在的不协调性，规范的细节包括建筑影响公共空间的主要元素，例如建筑物的布局、高度、宽度以及界定公共空间的"临街面(frontage)"，以确保合适的场所能够聚集合适的城市要素。在形态条例中，每一个分区的用途列表控制在一页左右，同时确保适当的兼容用途。此外，形态条例还建议增加绩效标准的方法管理土地利用，例如商业可以运营的时间，商业的规模以及商业是否有车行通道等。

横断面的方法直接从空间形态(从自然环境到人工环境，从开放空间到地块特征再到建筑类型)的维度来实现理想的人居环境，跨越了传统的功能分区或开发强度的指标控制，可视作将土地利用规划、城市设计和建筑设计整合在一起的新的规划方法探索(关于横断面规划论述详见第四章)。

---

① Parolek D G，Parolek K，Crawford P C. Form-Based Codes：A Guide for Planners, Urban Designers, Municipalities, and Developers[M]. Hoboken, New Jersey：John Wiley & Sons, 2008：25

② Duany A，Talen E. Transect Planning[J]. Journal of the American Planning Association, 2002, 68(3)：245

2.6.4 土地利用分类需要理论框架解释

土地利用分类的多样化与规划所需解决的问题紧密结合。

回顾英美土地利用规划的发展历史,可以发现不同的历史阶段,土地利用分类各有其适应的目的和分类的维度(图 2-11)。土地利用分类的多样化与规划所需解决的问题是紧密结合的。19 世纪末美国自然保护运动中的土地是基于使用的适宜性进行评估分类。到了 20 世纪初,土地利用规划应用在农业中是为了振兴农业经济而对土地的自然要素和社会经济要素进行评估和规定性的分类。20 世纪早期城市规划以及区划在解决城市环境问题的手段上主要是通过土地用途分类的方法,土地用途分类实质是将同类用途集中在一个空间地域。它主要有两个目的:其一是将不同类用途在空间分离,从而避免各种活动行为在空间中的冲突,比如居住与工作场所的分离;其二是生产和生活相对集中,便于形成规模效应和配套使用公共设施。然而"土地用途"此时仍是一个含混的术语,随着城市活动的复杂性增加,单纯依赖土地用途的单一维度无法解释现实中复杂的行为和建筑类型。20 世纪后期美国土地利用分类标准的逐步改革揭示了土地利用可区分出活动、建筑类型、功能、场地、所有权等多维的属性;另一方面,当传统的物质性规划向多元形态转型时,生态保护目标、发展政策目标、开发管理目标等维度取代了传统的土地用途维度,成为土地利用分类的主要依据,直接反映规划编制者评价、干预和引导城市发展的主观愿望。进入 1990 年代以后,传统区划导致空间隔离和社会分层的现象愈加严重,美国开始寻找基于可持续发展思想的横断面分区方法,用途分区不再是首要目标,对混合用途的鼓励代替了单一用途的区分。

在英国,开发规划在 1960 年代就已经彻底向战略规划转型,因此土地利用分类标准一直没有在地方规划编制层面应用,用途分类规则(UCO)、一般开发规则(GDO)主要面向开发控制阶段的管理工作,分别从用途和开发活动两个维度进行分类。英国开发规则分类的目的是消除活动的冲突,要求建筑功能的协调。许可的依据是基于活动的特征和用途的相容性,是否相容则源于经验的积累。为此英国结合其判例法的特点,通过大量的法庭案例判决对用途转变的边缘性情况或棘手的问题做出法律指引。

由此可见,具体的土地利用分类与国家政治制度、历史发展背景、现实问题挑战、规划的思想和观念密切相关,不同历史阶段的土地利用规划和土地利用分类标准交织着不同的分类目的和分类维度,在复杂众多的分类类型和分类标准中,既有基于经验总结也有源于理论创新,但到目前为止仍缺乏统一系的分类体系能够对此进行清晰的梳理和分析。土地利用分类是规划的基础和前提,当前这种状态已经在理论层面上影响规划学科的发展,只有构建一个系统化的理论框架才能有助于规划师更全面地理解土地利用分类的方法和城乡规划的工具。在这里有一个关键的前提问题要回答——"什么是土地利用?"事实上,"土地利用"这个术语随着人类活动愈加复杂,随着人类改造和利用土地的目的愈加多样,其内涵在不断扩展,并被赋予越来越多的含义。借助语言学的方法剖析和理解这个术语,将有助于在理论层面构建土地利用分类体系的整体框架。

解释复杂的分类经验需要构建一个系统的理论框架。

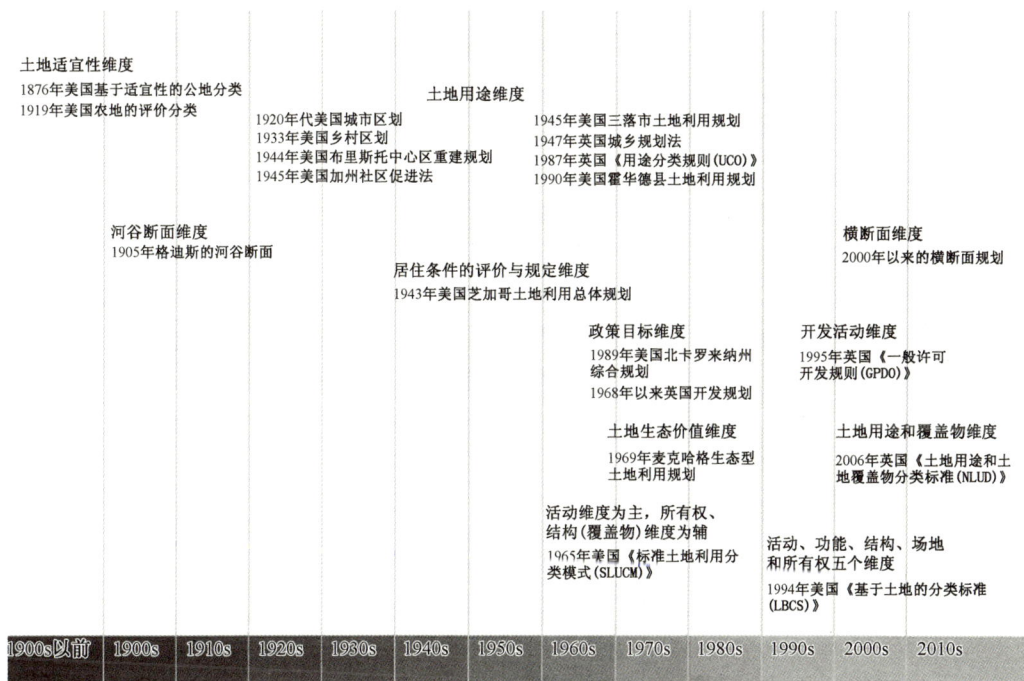

图 2-11　美、英土地利用分类历史的各种维度梳理

2.7　本章小结

（1）土地是复杂的混合物,与之对应的是综合性的概念,自然和社会经济是土地概念的两个基本层面。土地作为自然的存在物是被观察、记录和分析的客体,其自然特性不以人的意志为转移。同时土地作为人类生存的基础又是被使用的对象,土地利用分类投射了人类社会和经济的目标,在不同的目标下土地有不同的使用意义。

（2）土地分类的标准与分类的目的有关,对复杂地貌现象的分类是早期自然地理学的研究目标,描述性的分类方法可以实证,具有近代科学的特征,同时它是开放的系统,研究人员可以基于土地某个特征或关系进行分类,不同的分类研究有助于更深刻全面地认识客观世界。在应用地理学的研究中,土地分类是以特定目的为导向,作为土地评价和土地利用的基础。它从实际出发,反映土地的社会经济属性和一定的自然属性。由此,基于科学研究的土地分类向应用研究的土地利用分类转变。

(3)土地是城乡规划工作的对象,也是规划目标和愿景的载体,土地利用分类服务于规划工作,与城市发展和管理的需求密切相关,因此,土地利用分类是城乡规划的核心,城乡规划要么是创设土地利用分类,要么是将基于经验的用地类别落实到具体地块之中,或者二者兼而有之。回顾英美土地利用规划在 20 世纪的发展历史,可以发现土地利用分类体系与国家政治制度、历史发展背景、现实问题挑战以及规划思想和观念密切相关,不同类型的土地利用分类既有基于经验总结也有源于理论创新,到目前仍缺乏统一系统的分类体系可以对此进行清晰地梳理和分析。

(4)土地利用分类的历史研究给我国土地利用分类的分析评价提供了一个客观的尺度,但是中国和西方毕竟存在巨大的社会、经济、历史、文化以及城市发展阶段的差异,简单的类比借鉴难以获得实质性的参考意义,对土地利用分类的研究需要超越经验层面,需要借助理论方法对"土地利用"这个术语进行剖析,从而构建一个具有普适性和系统性的土地利用分类理论框架。

3 理论构建:多维意味着包容与灵活

通过土地利用分类的历史研究论述了土地利用分类与城乡规划的关系,即土地利用分类是城乡规划的基础、前提、工具和结果,是城乡规划的本质与核心。从规划成果的构成分析,土地利用规划是规划目标的载体,土地利用分类是规划目标的分解与落实,在这个意义上土地利用分类服从于规划工作的目标。

正如历史研究显示,规划目标的多样性、规划工作的复杂性导致实践中的土地利用分类十分混杂,例如英国的开发规则是基于开发活动的维度;美国的传统区划是基于功能的维度,即使是1960年代以后多元化的土地利用规划也是单维度的分类。这些分类的经验只能适用于某一种规划或适用于规划的某个阶段,如何统一复杂的土地利用分类体系,建构完整的土地利用分类框架,需要回到"规划"自身——即"规划"内在的整体性和逻辑性是建构土地利用分类体系完整结构的前提。

规划本身不是一门严格的科学。城乡规划作为多学科交叉的研究领域和实践领域,规划学科自身的内涵和边界都十分模糊。城乡规划实践涉及政治、经济、环境、生态、工程、社会等多个学科,这些学科在规划领域内是平行的,只有寻求更基本的学科——即哲学的范畴才能统一规划工作的基本问题。因此本章主要借鉴近代哲学的语言学研究理论,试图统一和解释规划工作的组成,在古滕贝格的规划语言学基础上,建构多维土地利用分类的理论框架。

3.1 语言学的视角

现代语言学始于瑞士语言学家费迪南德·德·索绪尔(Ferdinand de Saussure,1857—1913)。他注意到人类语言是一种非常复杂而且异质的现象。即使是一个简单的言语活动,也包含着要素独特的分布,并且可以从许多不同的甚至是互相冲突的角度去考虑。譬如人们可以研究通过嘴、声带和舌头发出声音的方式;人们可以考察声波的发出以及它们作用于听觉器官的方式;人们也可以着重于说话者所要表达的意图,重视他的言辞所指的外观世界;人们还可以分析是什么原因使说话者和听话者能够相互理解,找出他们赖以交流并且早已熟悉的语法和语义规则;或者,人们可以追溯语言的历史,看看这些特定的形式早在什么时候就得以

"规划"作为语言的一种具体形态,具有指示、评价、敦促三种功能。

通用。

面对所有这些语言的外观以及人们可能达成的不同看法,语言学家就必须询问自己何为其试图描述之物。索绪尔认为,语言是一个符号系统,声音只有当其用来表达或交流思想时才被以为是语言,否则,它们只能是噪音而已。为了交流思想,它们必须是惯例系统的一部分,必须是符号系统的一部分①。这里所谓的符号,就是形式和意义的联合,索绪尔称之为能指(signifier)和所指(signfied)(图 3-1)。尽管我们称其为能指和所指似乎是把它们看作是彼此分离的独立体,而实际上它们只有相互结合作为符号的组成成分才能够得以存在。

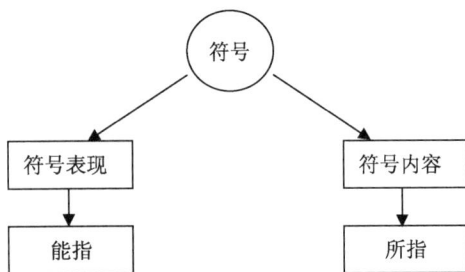

图 3-1　符号双面体

进一步分析,一个具体的人说话方式有两个组成部分:包括指向外部目标或事件——指示(reference)的组成部分以及试图评价对象和影响人的行为——表达(gesture)的组成部分。语言的指示和表达的组成部分不在乎使用了哪一个词,更在乎如何使用这些词。即使是一个简单的词也能完成语言的所有功能。例如,"火"一词以特定的方式说出来指出了一个目标事件,与此同时,它表达了关注、警告、呼救等等意图。

"规划"是一个概念,也是一个语言符号,而概念是建构在语言符号的基础之上,"规划"服从语言符号的一般规律,可以从语言符号角度对"规划"这个术语进行分析——同样,"规划"一词也包含了指示和表达两个组成部分。首先,要明确"规划"这个符号指示了什么? 这是城市结构理论(urban structure theory)的研究范畴;其次,"规划"这个符号表达了什么? 这是目标理论(goal theory)的研究范畴。城市结构理论回答规划"是"什么? 具体表现为"词与物(事)"的关系。同时,建构符号的目的是基于交流的表达,目标理论是研究"人与人"之间的关系,表达的主体是人,意义也是对人而言。类比语言学,表达的第一个层次是说出一种主观的判断(即评价),也就是针对说话者的意义;第二个层次是要求语言的接

---

① 费尔迪南·德·索绪尔.普通语言学教程[M].刘丽,译.北京:中国社会科学出版社,2009:90

受者按照说话人的要求去行动,即命令与控制。

美国规划师古滕贝格在 1960 年代提出,规划作为语言的一种具体形态,可以参考语言的三个基本功能——指示、评价、敦促(命令),发展出土地利用分类的三种模式[①],或称之土地利用分类的三种目的:"是什么"的指示模式——描述土地利用的现象;表达主观判断的评价模式——评价土地利用的效果;要求他人行动的规定模式——规范土地利用的方式。

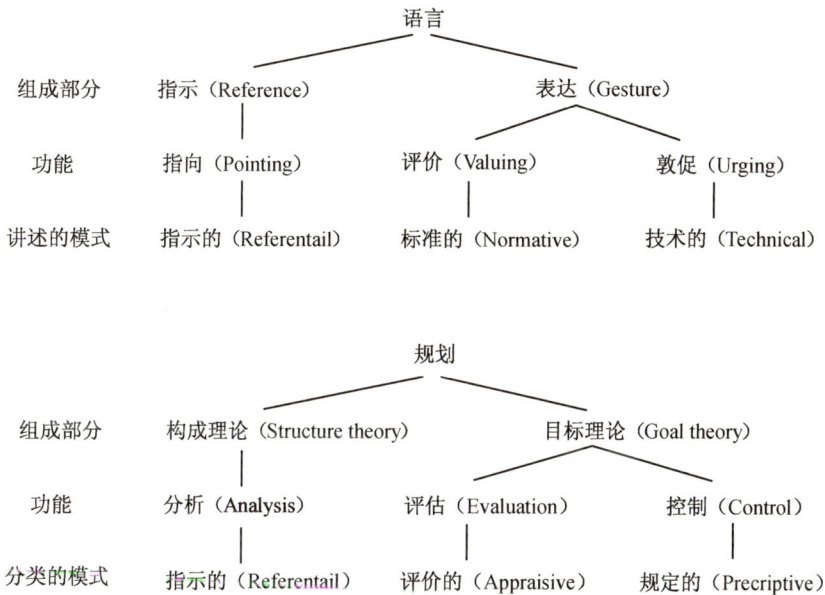

図 **语言**

组成部分	指示(Reference)	表达(Gesture)	
功能	指向(Pointing)	评价(Valuing)	敦促(Urging)
讲述的模式	指示的(Referentail)	标准的(Normative)	技术的(Technical)

规划

组成部分	构成理论(Structure theory)	目标理论(Goal theory)	
功能	分析(Analysis)	评估(Evaluation)	控制(Control)
分类的模式	指示的(Referentail)	评价的(Appraisive)	规定的(Precriptive)

图 3-2 语言与土地利用——结构性的比较

资料来源:根据 Guttenberg A Z. New Directions in Land Use Classification(1965)[M]// Guttenberg A Z. The Language of Planning. Urbana, IL: University of Illinois Press, 1993:27 改绘

3.2 土地利用分类的三种模式

由语言学推导出来的三种土地利用分类模式正好与格迪斯的规划方法一致,换而言之,可以用语言学理论解释规划理论。格迪斯曾在 1920 年代提出从事城市科学研究和城市规划的工作方法包括下列几个阶段:(1)调查;(2)分析;(3)规划。这是一个在逻辑上前后呼应的规划程序,即首先调查了解现状;然后对现状进行分析和评价,确定规划原则;最后编

---

① Guttenberg A Z. New Directions in Land Use Classification(1965)[M]// Guttenberg A Z. The Language of Planning. Urbana, IL: University of Illinois Press,1993:26

由语言学推导出来的三种土地利用分类模式与格迪斯的规划方法一致,因此可用语言学理论解释规划理论。

制规划落实规划的目标。在 20 世纪早期,格迪斯的方法代表了规划的全过程,1960 年代之后在理性过程规划理论下,规划被视为一个连续、循环的过程。这三个步骤被修订为规划过程的一个环节,但是这个环节依然是规划过程的核心环节,是规划的核心和基础,其他环节都是这个过程的补充与修订(图 3-3)。

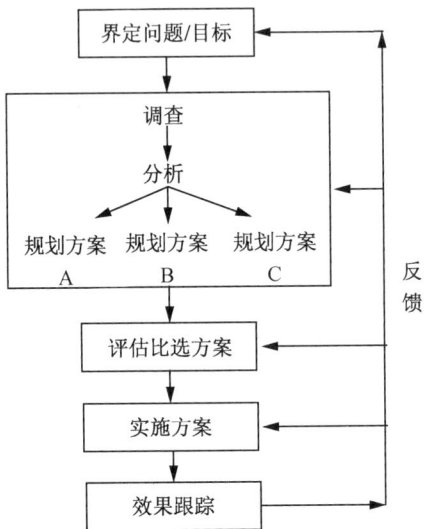

图 3-3 "调查—分析—规划"作为理性过程规划的核心

资料来源:根据尼格尔·泰勒.1945 年后西方城市规划理论的流变[M].李白玉,陈贞,译.北京:中国建筑工业出版社,2006:65 改绘

与"调查—分析—规划"相对应的土地利用分类模式分别是:调查对应指示的模式;分析对应评价的模式;规划对应规定的模式。这三种模式在语言学中是平行的三种类型,但在具体的规划语言中,这三种模式是工作过程的"递进"关系,前者是后者的基础,在 1960 年代之后修正为循环的关系,即"调查—分析—规划—实施—调查—分析(监测与评估)—规划(修正)"这样一个循环往复的过程。在这组关系中,调查是基础,即指示模式是规划的基础与关键,并且指示模式所描述的是现实的对象,为纳入新的事物,指示模式是可扩充的。分析是基于某个价值标准针对调查的对象进行评价与研究,因此评价模式的核心是价值,价值的特征是随评价主体和环境背景的变化而改变,因此评价模式也不是固定的。规划是在前两个阶段的基础上具体落实目标,规定模式是解决问题或实现目标的行动方法,不同类型、不同层次、不同背景的规划所面临的问题或构建的目标各不相同,因此具体采用的行动或控制手段通常是创设性的,即规定模式也是一个开放性的体系。

在一个循环的规划过程中，对前一次规划的实施效果进行监测可能会发现新的问题，为此需要重新检讨规划方案，即针对新的问题再次进行"调查—分析—规划"（图3-4），前一次规定模式分类的结果会影响下一轮指示模式分类的对象：比如前一次规划是以功能分区的方式来保障居住的空间质量，但由此衍生了社会阶层的空间隔离等问题，为了促进多样化的城市生活，在下一轮的指示模式中产生了新的维度——活动，通过对活动维度的调查、相容性评价，最后从活动相容性的维度进行规定模式的分类。

由此，规划过程的三个关键环节为语言学的三种模式提供了逻辑性的对应关系。适用于城乡规划或作为城乡规划基础的土地利用分类体系应当包含上述的三种模式，不同模式的分类均具有开放性和可扩展性的特点，结合描述对象的多重属性以及规划目标的多元化表达，土地利用分类呈现出多样化的类型，而三种模式则为解释多样化的土地利用分类提供了一个系统的理论框架。

三种模式
则为解释多样
化的土地利用
分类提供了一
个系统的理论
框架。

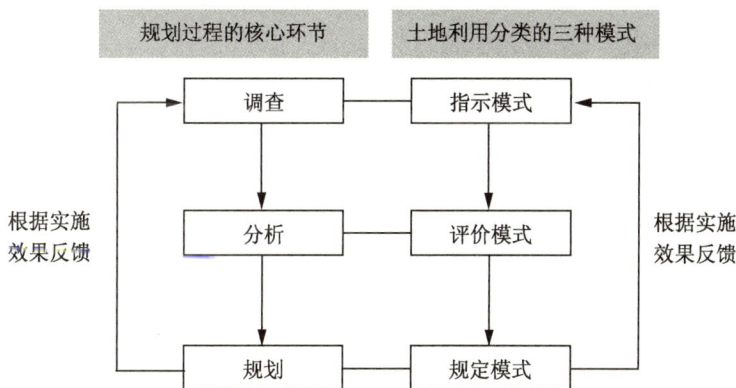

图3-4 "调查—分析—规划"过程对应土地利用分类的三种模式

3.2.1 指示模式

在规划展开调查之前，有一个关键的前提就是预先假定了存在某种原因或目的而需要进行这项调查。因此，在采用指示模式的分类方法时，首先要解答为什么要描述，是基于什么目的或什么问题来描述，对问题的界定决定着"指示的对象"。

在明确问题的基础上，调查就是寻找问题的客观存在。土地利用分类的指示模式本质上是客观事实的符号化过程，也即把现象符号化，将特定的现象和特定的符号关联起来。在描述事实的过程中，世界在不断地发生变化，对复杂世界产生了新的认识就不可能再用传统的符号，随着认

为适应新
事物的描述，
指示模式是一
个开放性的符
号体系。

识的深入需要创造新符号来指示所发现的新事实,因而描述新事实的符号就不断地创新,语言恰好有这种不断创新的能力,如果在语言的使用中规定只能用已有的符号,就无法适应新的事实和描述新的现象。所以,土地利用分类的指示模式作为语言形式必须是一个开放性和适应变化的符号体系。城市在土地利用过程中一定有新的事实、新的现象,需要用新的符号来对应这种新的对象,如果还沿用旧的符号来描述,只会造成符号和事实的混乱,无法推进学科的发展。例如我国城市用地分类标准正在面临这一困境,新的分类标准依然回避了土地或建筑用途混合使用的现实,没有尝试去清晰描述或界定混合使用的状态,而是试图用主要用途来代替现实中的混合用地[1],只会导致规划工作中的混乱(关于我国用地分类的困境详见第5章)。

3.2.2　评价模式

价值是多元的,因此评价模式并不固定。

如何把经济过程、法律关系和社会关系转译到能通过感官感知的物质世界是城市结构理论(Structure Theory)的基本任务。从公共利益的角度来控制这些关系是城市规划的目标。评价是确认、定义这些对象并进行控制的中间环节。

价值本不是固有的,而是依赖于某个对象或事件所处的背景进行解释。对于同一个对象或事件可能采取哪一种评估,这通常不是科学问题而是利益所使;这也是为什么运用评价性的分类往往被抗拒。指示模式是中立的——它仅仅是把对象进行分解;而评价模式是把对象投射到好或坏,合意或不合意,它触及各个方面的利益,价值和利益都可以伴随环境的变化而改变。

评价模式的核心是价值(它有何价值)。由于规划是由人来制定,人(或社会)的价值观不可避免地贯穿于规划的全过程。在规划工作中,评价模式的重点不在于科学地描述和分析土地的差异性和环境的经济社会特征,而是从人的角度来评价这些特征。然而人的价值是多元化的,价值观在不同的时代也存在差别,因此评价的标准总是不断地在特定利益间平衡,同时也伴随时间不断地变化。评价的结果最终反映在土地利用信息的选择以及用于描述这一信息的文字和修辞上。

例如美国在1940年代,面临工业化迅速推进背景下贫民窟引发的城

---

① 《城市用地分类与规划建设用地标准》(GB 50137—2011)条文说明的3.3.1提到:本分类没有采用划分"混合用地"地类的方法体现用地的兼容性,主要考虑"混合用地"这一概念含义不清。为反映现状中这种用地混合的实际情况,在分类时宜按土地使用的主要性质对其进行分别归类,而不宜笼统用一种"混合用地"来代替。

市居住问题时，美国公共健康协会出台了一部《衡量住房质量的评估方法》①，当时评估方法仅以单一标准为主导，即居住环境的改善。为了解决城市环境质量问题，在 1950、1960 年代美国进行大规模的城市更新行动，原有的社会结构被打散了，很多贫民窟赖以生存的小型商业和企业都被迫倒闭。与此同时，城市郊区住宅迅速蔓延，大型商业和办公园区开始搬迁到郊区。人们发现城市增长的影响不但涉及产业工人，还包括商业区的商人、土地所有者以及少数群体。结果，越来越多的利益群体对国家和城市的更新项目表达关注，对美国公共健康协会的运作机制不断产生抵触，要求其采取新的方式来看待原有的问题（居住问题），同时一些新的问题（如非居住性的更新）也在与政府磋商讨论的过程中产生。当利益矛盾尚未激化之前，房屋结构仅仅被视作人们的庇护所，并根据其对健康和安全的效果进行判断足矣。现在人们看待同样一个房屋结构，会更加关注其社会和经济的效益，需要同时兼顾其公共和私人的利益。

评价标准的确立是采取规划行动的前提，例如在城市更新规划中，对现状地块的评价决定了下一步将要采取的规划措施（例如保持原貌还是拆除重建），因此标准的划定至关重要。基于不同的立场，不同利益主体对地块的评价都可能存在差异，比如地块的使用者主要从建筑质量的标准进行评价；项目的投资者主要从经济功能的持久性考虑；社会公众更多从地块在使用过程中的社会影响来评价。这时就需要决策者考虑该项目对不同主体的影响，制定出各种评价标准的权重，只有综合权衡各种因素和利弊，才有可能提出较为公正合理的结论。

3.2.3　规定模式

土地利用不仅仅指向在土地上发生的某种活动或利用方式，它也意味着人们进行积极的规划，以固化规划愿景所产生的城市形态，因此需要土地利用分类的模式能回应这一功能。规定模式既不是从指示角度来描述土地利用，也不是在利益背景下分析，而是从规划的行动和控制的角度来规范土地利用，规定模式是城乡规划的核心和主体。

> 规定模式关注控制的对象和手段，因此也是开放性的。

规定模式主要是提出可以解决城市问题或实现规划目标的未来行动方法，这里的核心是实施，着眼于问题的解决。解决问题本质上是一项实际的活动，这与发现问题不同，发现问题属于理论性的活动，解决问题主要关心的是选择行动方法并确保其正确执行，而不是调查问题本质。

规定模式的分类维度包含了"规定的对象"和"规定的手段"两类要

---

① Guttenberg A Z. New Directions in Land Use Classification(1965)[M]// Guttenberg A Z. The Language of Planning. Urbana，IL：University of Illinois Press，1993：34

素。其中"规定的对象"是根据需要解决的问题或规划的目标而确定,因此这是一个开放性的分类维度,可以自行创设;"规定的手段"主要指政策和法规两种方式,两者的区别主要在于所采取行动的强制程度有所差别。政策作为规定手段的特点在于其具有包容性和弹性,它能通过文字说明充分阐述和解释规划的愿景和控制的目标,因此较易适应土地利用的多样性和混合性特点。法规则是透过国家强制力来执行,它界定了相关行为主体的权利,规定了规划决策时可选择的判断范围及标准。当规划以政策的方式运作时,主要拟定了可供选择的权变决策,决策者选择的范围可以根据自己对相关决策的评估而定。法规则定义了决策者可选择的方案,并限制了可采取的行动①。在具体的规划实践中,选择政策还是法规的手段,视每个国家的规划制度特点以及规划的目标而定。

例如美国的规划文化强调最大限度地保护个人财产权,区划以法规的手段限制了地块的使用功能、开发强度、建筑密度等;土地细分条例限制了土地被分割为宗地的形态和要求。相较而言,英国保持自由裁量式的开发控制体系,开发规划在地方层面依然保留政策性的用地分类方式,开发规划是开发控制决策的重要依据,但不是唯一依据,规划机构甚至可以在规划缺位的情况下,依据其他规划文件和实际的开发条件做出规划许可。

又比如根据不同的目标可选择相应的规定手段。以保护为目标进行空间管制,可提出"水源保护区""空气污染控制区""洪泛地管制区"等土地利用分区,划分出这些区域是要求下层次规划的编制以及在规划管理过程中强制执行管制的措施,以法定的手段来实现保护的目标;而以促进发展为目标进行空间引导,可提出"重点开发区""优先更新区""战略发展区"等土地利用分区,这些分区的目标能否实现并不完全可控,多以行动计划、政策激励等手段来推动规划的实施。

3.3 土地利用分类的多重维度

土地利用分类有多种划分维度,维度的选择以研究的对象和规划的目标为基础。

通过第 2 章的历史梳理,揭示了土地利用分类存在多样化的维度,不同维度的选择本质上是与规划的问题或目标相关。城市本身是一个综合而复杂的空间现象,包括了社会、经济、环境等相关方面的多重要素和多重属性,这些要素之间存在着广泛的、复杂的内在联系,因此土地利用分类表现出多种分异特性,可以有多种划分维度,维度的选择以研究的对象和规划的目标为基础。

---

① 路易斯·霍普金斯. 都市发展——制定计划的逻辑[M]. 赖世刚,译. 台湾:五南出版社,2006:51

例如1942年的芝加哥土地利用总体规划针对社区居住条件的问题，以居住质量和改善居住环境的目标作为分类维度，把社区区分为：衰退区、接近衰退区、保持原貌区、稳定区、发展重创区、逐步发展区、新增长区和空地8种类型，并拟定了各分区相应的规划政策和标准，这8类分区包含了评价和规定的分类模式。又如1960年代美国的土地分类规划（The Land Classification Plan）为了合理安排开发战略和开发时序，在规定模式的分类中主要从保护和开发的维度把土地划分为鼓励开发区以及不鼓励开发区。前者包含了已开发地区、过渡地区，后者包含了开放空间、乡村地区、环境敏感区。

在大量的规划实践中，功能维度依然是土地利用分类的主导依据，包括美国的传统区划、香港的土地用途分类以及我国的土地利用分类标准均是以功能作为分类标准。然而，什么是土地利用/土地用途（land use）？土地利用/土地用途是否就等同于功能？比如，一座厂房被闲置了，因为没有生产也就没有排放和干扰，那么毗邻的地块开展住宅建设是否仍需要适当的隔离？如果这个厂房被作为办公场所使用，是否属于商业办公功能？换而言之，土地的用途判断是依据建筑类型还是依据在建筑中实际发生的活动？关于这个问题，古滕贝格在1959年针对"土地利用"这个术语混乱使用的现象，就提出把土地利用区分为**可见的要素**（物质层面）和**潜藏的要素**（社会经济层面）①。其中可见要素包含了场地、建筑类型、活动、开发强度等维度；潜藏要素包含经济功能、所有权等维度。以上列举的维度在规划实践中经常出现，当发现新的维度后，可以进一步扩充土地利用分类体系。下面就这些维度做进一步解释。

3.3.1 场地开发状态

如果从土地利用的角度看，一块土地其中一个重要特征就是之上有什么？这属于土地一般可利用性的特征（如果不考虑土地的自然特征）。这块土地之上可能有一个构筑物，或什么也没有。如果有一个构筑物，该构筑物可能是临时的（物质性的，不是经济层面的意义），或者是永久的。但如果没有构筑物，这块土地并非就没有开发，它可以是以其他方式开发，例如耕地。因此基于一般物质性场地的开发特征可以给出以下分类：未开发土地、已开发的土地但没有构筑物、已开发的土地拥有临时性的构筑物（例如电塔）、已开发的土地拥有永久性的构筑物。

> 场地的开发状态是土地被利用的一般性特征。

① Guttenberg A Z. A Multiple Land Use Classification System [J]. Journal of the American Institute of Planners，1959，25（3）：143-150

3.3.2 建筑类型

建筑类型
的划分基于建
筑结构的特征
及建筑空间的
设计用途。

场地开发特征的分类描述或规定了土地是否有构筑物,这与地块的
一般可利用性有关。如果建构筑物是存在的,建筑的类型也是一个关键
的问题,因为它暗示了提供给地块使用者或潜在使用者可用的内部空间
的形态和数量。建筑类型可基于建筑结构的特征以及建筑空间的设计用
途(utility-designed for use)进行分类,例如医院建筑、办公建筑、联排住
宅、仓库等。

3.3.3 活动

活动的特
点和相容性是
规定模式需要
控制的对象。

建筑的类型限制了内部的活动,但并不能决定产生什么活动。活动
具有一定程度的适应性,例如住宅阁楼上的办公活动,家庭车库中萌芽的
工业活动等。现代的建筑设计有能力将几种不同种类的活动在水平和竖
向三维地有机交织一起,并且这种适当的混合使得人类活动更有活力。

在城市建成环境的管理中,对土地利用的管理本质上是对活动相容
性的管理,人类活动的平面分置可以通过功能分区来完成,而竖向的混合
则难以透过平面规划图纸充分表达,需要借助规则和说明。例如在"住改
商"的管理中,把底层住宅改为餐饮的功能是否获得许可,就视乎餐饮的
活动类型,如果一家是晚上 10 点打烊的咖啡店,另一家是经营到凌晨 2
点的酒吧,两种类型的餐饮活动与居住活动的相容性显然不同,此时对餐
饮活动的管理规则就应包括活动发生的时间、活动产生的噪音等因素,即
活动的特点。有些活动会产生有害或难闻的气味,有些活动会产生大量
交通或特定类型的交通,有些活动会召集整个区域的人群,有些活动的影
响并不能直接从环境中感受,有些是日间活动,有些是夜间活动……每一
个场地的活动特点包括了大小、范围、节奏以及对人的感受的物质性影响
等。活动的特点(或称为活动的外部性)正是许多规划法规(包括美国区
划、英国开发规则等)需要考虑的要素,也是规定模式中需要控制的对象。

3.3.4 开发强度

开发强度
描述土地之上
容量的集聚程
度。

开发强度是描述土地之上容量的集聚程度,如人口密度、建筑面积、
建筑高度、容积率等。开发强度可反映区位的差异和城市空间形态的变
化,例如城市总体规划中的密度分区即是从开发强度的维度对城市空间
进行控制,往往开发需求越旺盛的城市中心地区,建筑和人口的聚集程度
就越高,高层建筑的分布就越密集,城市发展的强度就越大。开发强度还
反映土地的经济效益,在环境因素允许的条件下,开发强度越高,土地的
经济效益越大。

3.3.5　功能(土地的经济效益)

　　古滕贝格把功能归类为潜藏的要素,即土地产生的经济效益。例如一个企业可以制造商品,或分配商品,或提供一项服务,它表现为经济的功能。功能与实际的活动或建筑类型是相对的,实际的活动或建筑类型可以观察到,而功能观察不到,例如两个人肩并肩坐着,都在打字,一人在打发票一人在打诗歌,他们都是进行同一个动作——打字,但执行不同的功能。共同的活动可以直接观察到,但不同的功能无法直接观察。

> 共同的活动可以直接观察到,但不同的功能无法直接观察。

　　对经济功能的理解在规划单元中最容易体现。例如在一个企业的用地范围里,包括了厂房、办公楼、员工宿舍等建筑,这些建筑中的活动类型明显不同,但它们都是服务于同一个企业。又比如有两个毗邻的仓库,活动类型是相同的或相似的,但一个是由制造业工厂管理,另一个是由批发公司管理,相应的,它们的经济功能就有所不同。

　　区分功能和活动的意义是明显的。规划分析的一个主要目标是要决定城市需要多少空间和为"活动"提供什么类型的设施,从而使其潜在的"经济功能"达到一定的水平。通过对地块的功能和活动进行详细列表,可以表现出每一个功能所使用的空间类型和空间总量,通过经济预测为空间和设施的需求预测提供基础。例如,从一个假定的批发贸易业的增额,预测商店、仓库和办公空间的总量。从这个角度分析,功能也可以作为一个独立的土地利用分类的维度,例如:制造业、批发贸易业、零售业等。美国传统区划所参照的标准产业分类(SIC)以及北美产业分类体系(NAICS)即是这个维度的分类。在一些城市的总体规划中,也经常会看到主导功能的分类,例如美国西雅图市总体规划划分出独户住宅区、多户住宅区、商业/混合用途、中心商业区、工业区等用地类型[①],日本横滨市土地利用规划区分了居住为主的复合用地、商业办公复合用地、工业为主的复合用地、大规模设施区等用地类型[②]。在宏观规划中对功能的规定主要是起到政策引导的作用,事实上,每一个功能分区都是具有包容性的政策分区,包含了细化的功能类型引导以及基于功能的相关开发要素规定。

3.3.6　所有权

　　所有权是潜藏在土地背后的法律关系,它指向土地利用和土地权利

---

　　①　City of Seattle Department of Planning&Development. City of Seattle Comprehensive Plan [EB/OL]. [2014-05-06]. http://www. seattle. gov/dpd/cityplanning/completeprojectslist/comprehensiveplan

　　②　徐颖. 日本用地分类体系的构成特征及其启示[J]. 国际城市规划,2012,27(6):22-29

所有权是潜藏在土地背后的法律关系。

之间的关系。由于大部分的土地利用功能要么属于公共,要么属于私人,要么属于集体,不会兼有,因此区分所有权特征看起来是轻而易举的。然而,单独依赖功能性的特征会忽略现实中的一些土地利用类型,例如私人公园、私人体育场、私人艺术馆以及混合了公共和私人所有权的用途。此外,地役权和类似的土地权利法定要求也限制了土地利用的活动和功能。因此,从土地利用的属性中区分出所有权也是有必要的。

3.4 土地利用分类的结构与空间层级

3.4.1 构建平行维度的分类结构

在具体应用分类学时,土地利用分类与其他自然科学领域的分类(如生物学、地质学等)最大差别在于,土地利用分类承载了人的多样化目的,目的不同导致差异化的分类维度。对于土地利用分类而言,更重要的特征在于这些不同的维度不存在等级上的差别,不同类型的规划各有其分类的维度以及分类所服务的目标。例如,以用途管制为目的的规划着重从功能的维度进行分类,以塑造城市空间形态特征为目标的规划则关注建筑形态维度的分类。因此,土地利用分类体系的建构更适宜采取"平行维度+树状分类结构",而不是采用"混合维度的树状分类结构"。关于这点,可以从逻辑学的角度进一步剖析。

从逻辑上理解,分类就是把一个种概念划分为若干属概念,种概念为之母项,属概念为之子项。而概念是反映对象的本质属性的思维形式。对于一个客观事物而言,属性分为本质属性和非本质属性。例如在地质研究中,矿物的化学组成和晶体结构是决定矿物一切性质的基本因素,是矿物的本质属性,而形状、大小、所有权等则是矿物的非本质属性。概念是抽象地反映对象的本质属性。概念具有内涵和外延两个逻辑特征。概念的内涵就是概念所反映的对象的本质属性,概念的外延是概念所反映的对象的综合,也就是概念所确指的对象的范围。划分就是明确概念外延的逻辑方法。由于一个事物具有不同的属性,所以划分所依据的维度可以有多个,对事物认识得越深入,划分的层级就越多,通常最重要的分异特性用在最高的分类等级上。同样以矿物为例,通过对已发现的3 000多种矿物进行比较,首先找出成分和结构的差异性和共同点,可区分为五大类矿物,在各大类中通过对矿物的阴离子或络合阴离子进行比较,可进一步划分出小类(图3-5)。

树状层级的分类适用于自然科学的研究。

一个科学的分类体系,划分的原则首先需要遵循穷尽性原则,即划分出的子项的外延之和,必须等于母项的外延;其次,每次划分都必须按照

矿物

自然元素　　硫化物　　卤化物　　氧化物及氢氧化物　　含氧盐

金属元素　非金属元素　简单硫化物　复硫化物　硫盐　氟化物　氯化物　溴化物等　简单氧化物　复氧化物　氢氧化物　硅酸盐　碳酸盐　硫酸盐　钨酸盐　磷酸盐　钼酸盐等

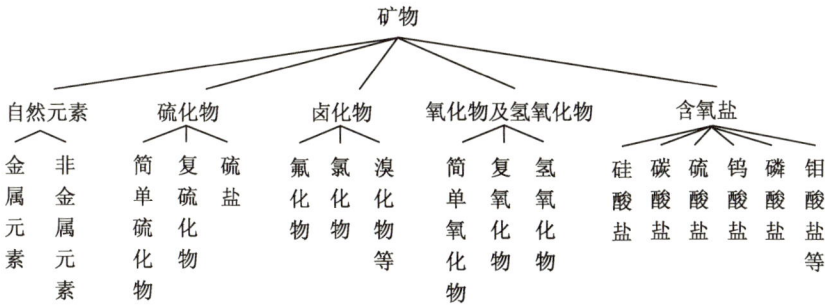

图 3-5　矿物的树状分类结构

资料来源:林康义,唐永强. 比较分类类比[M]. 沈阳:辽宁人民出版社,1985:21

同一标准进行,这样划分出来的各个子项的外延才会清楚明确;再者,各子项的外延应该互不相容,否则各子项就会相互交叉,模糊了类别的界限;最后,划分的层次要清楚,要求划分后的子项就是该母项邻近的种概念[①]。只要遵循以上原则,在自然科学的研究中就可以通过对客观对象进行树状层级的分类,从而解释和廓清对象的概念内涵,为系统地研究客观对象提供基础。

用于描述客观对象的树状分类结构是否也适用于土地利用分类中呢?这个问题是值得探究的。目前有不少国家和地区的用地分类体系也体现为树状分类结构,例如中国、德国、日本等。以日本为例,根据《都市计划法》和《建筑标准法》,土地利用分区在第一层级根据土地功能共分为居住、商业、工业 3 种类型,在第二层级中,居住用地根据建筑高度以及功能的混合程度区分为 7 种类型;商业用地根据商业的区位和规模分为 2 种类型;工业用地根据环境的外部性和功能的混合程度区分为 3 种类型(图 3-6)。如果从科学分类体系的角度评价,这个树状的分类结构并不严谨,例如第二层级的划分缺乏统一的标准,假如要编制一个以高度控制为目的的规划,居住用地的细分尚能胜任,但商业和工业用地的细分就缺少了建筑高度的维度;此外,这个分类体系显然没有穷尽所有的功能类型,比如日本现在流行的农业工厂,应该归类于工业用地还是农业用地呢? 因此,为了应对规划任务和目标的多样性,日本还设置了各种"其他特别用途区"和"城市设施分类"等。

事实上,除了日本以外,其他国家的土地利用分类体系同样也不是科学完美的,现实中各国的土地利用分类标准要么基于经验总结,要么基于习惯,要么基于控制的目的从而发展出单一维度或混合维度的分类体系,

土地利用分类异于自然科学的分类。

---

① 林康义,唐永强. 比较分类类比[M]. 沈阳:辽宁人民出版社,1985:45-56

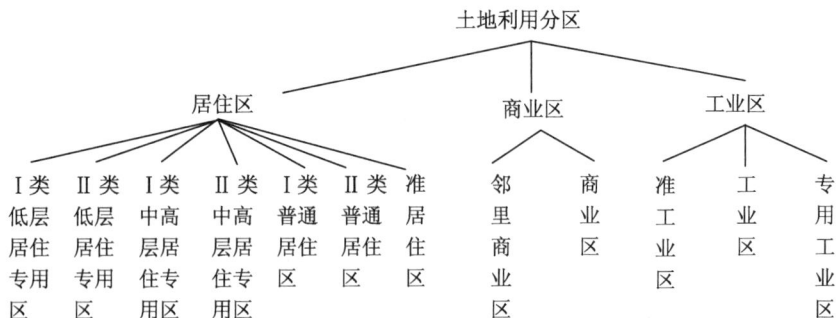

图 3-6 日本土地利用分区的树状分类结构

资料来源:根据徐颖.日本用地分类体系的构成特征及其启示[J].国际城市规划,2012,27
(6):24 改绘

但没有一个分类标准或者一个国家的土地利用分类体系能够穷尽"土地
利用"这个概念的全部内涵。其中关键的原因在于,"土地利用"并非一个
客观的对象,科学的分类体系是对已发现或已存在的事物进行比较后产
生的,例如矿物的分类是对已发现的 3 000 多种矿物进行详尽的比较,找
出矿物间在主导属性方面的共同点和差异点,才能对矿物进行正确的分
类。而"土地利用"这个对象兼具了客观和主观的特征,人的因素加入使
分类的维度和目的不可能穷尽,如针对不同问题进行调查的描述性分类;
以不同的标准进行评估的评价性分类;出于不同的目的进行控制的规定
性分类都是在不断地变化发展中。况且,对于不同类型的规划而言,其土
地利用的主导属性也不尽相同,即第一等级的分类维度是不同的,因此,
在土地利用分类体系中,难以通过一个树状的分类结构就适用于所有的
规划。

平行维度
的优势在于可
以根据需要对
维度进行选择
或组合,并具
有可扩充性。

为了解决土地利用分类体系合理性的问题,可以有两个途径:第一个
途径是根据经验创设一个可以扩充的平行维度的分类体系,为规划实践
提供分类规则或分类框架。维度的选择可以根据规划实践中常见的土地
利用属性进行总结,具体每一个维度的类型细分可以再采取树状结构的
形式,同时分类体系应保持开放性,在土地利用过程中若发现或创设了新
的属性,允许平行增加新的维度,扩充分类体系。平行维度的优势在于它
可以根据实际应用的需要对维度进行选择或组合,从而产生不同类型的
分类体系。目前美国规划协会出台的《基于土地的分类标准》(LBCS)以
及英国副首相府颁布的《土地用途和土地覆盖物分类标准》(NLUD 4.4
版)就是以平行维度对土地利用进行分类的具体实践。

第二个途径是为规划实践留有创设土地利用新类型的弹性空间。尽
管许多国家都会出台全国性的土地利用分类标准,但该标准不宜作为统一

的、强制性的规范约束具体的规划编制行为,许多在现实中产生的新的用地类型是技术规范或法律规则无法预见的。这里所建议的弹性空间包括在分类标准中增设混合用地或"×用地"(待补充的用地类型)以及授予地方政府创设用地分类体系的权利。例如德国联邦政府尽管通过《建设使用条例》规定了建设用地的分类,但这个分类列表只是一个大致的规定,具有相当的灵活性。每一个镇、区自治体都可以决定,在规划中要么全面采用条例中列出的土地利用功能类别;要么原则上采纳条例中的类别,并制定具有地区针对性的更为详细的分类,或者另行编制用地的功能类别①。

这两个途径在实践中可以综合使用,例如美国的 LBCS 作为一个平行维度的分类体系,保留了维度的可扩充性以及在各维度的细分中预留了待补充的用地类型。LBCS 并非全国统一执行的标准,只是美国规划协会推荐使用参考,各州各城市在具体的规划和区划制定中依然可以自行设定符合本地经验的用途分类体系。

3.4.2 辨析分类的尺度与层级

在各种城乡规划的图纸中,经常会看到"＊＊用地"(如居住用地)或"＊＊区"(如水源保护区)等区别,这意味着在城乡规划的土地利用分类中存在空间等级的概念。城乡规划根据规划的范围一般区分为三个层次:城市(包含乡村地域)、分区、地段②。规划的尺度不同,规划的内容和重点也有所不同,但基本规律是大尺度规划倾向于宏观层面的综合引导,规划形态表现为战略性的规划;小尺度规划倾向于土地利用和开发控制,规划形态表现为详细规划与设计。因此,在不同空间层次的规划中,土地利用分类适用的空间单元是有所区别的。

一般而言,城乡规划最小的土地利用分类单位是宗地(lot 或 parcel),所谓宗地是指土地产权人的权属界址范围内的地块。同一个土地使用者使用不相连接的若干地块时,则每一地块分别为一宗。在市场经济下,宗地是土地买卖、批租、开发的基本单元,欧美日等发达国家的用地规划、建设控制、审批管理都是建立在宗地的层面上。以美国为例,不仅区划的制订和管理,而且地价和地产税(property tax)的评估和管理,地籍(land ownership)和房地产过户交易的全部法律文件(deed and title records)的存档和保管,都是以宗地为单位进行③。因此,在进行现状调

> 土地利用分类标准不宜作为强制性的规范。

> 在不同空间层次的规划中,土地利用分类适用的空间单元有所区别。

---

① 阿尔伯斯. 城市规划理论与实践概论[M]. 吴唯佳,译. 北京:科学出版社,2000:110

② 也有一些国家的城乡规划是包含了跨越城市行政边界的区域规划,但区域规划并非本书讨论的重点,因此没有引入区域的概念。

③ 梁江,孙晖. 城市土地使用控制的重要层面:产权地块——美国分区规划的启示[J]. 城市规划,2000,24(6):40-42

查或者编制历史保护规划之时,土地利用分类的对象往往是落实到表达产权属性的宗地层次。但产权界线的细分或重组在城市开发建设过程中是不断出现的,规划编制之时难以预测未来的宗地边界,因此类似控制性详细规划、地方开发规划的土地利用分类对象通常会落实在由市政道路包围,相连宗地组成的街坊(block)层次,当然如果现状有产权地块,分类的空间单元也会落实到宗地。

在街坊层次以上再划分的空间单元则具有相当的灵活性,出于不同的目的和维度,有不同的空间划分方式。例如新加坡的开发指导规划(Development Guide Plan)将全国一共划分为 5 个规划区域(DGP Regions),继而再细分为 55 个规划分区(Planning Areas)单元,用地规模在 0.83~69.27 km² 不等[①]。这种分区的划分方式是以开发控制为目的,针对每个分区的特定发展条件制定用途区划、开发强度等开发指导细则,划分的维度是结合了行政区划、地理分界、主导功能等因素进行考虑。又如美国的北卡罗来纳州福赛斯综合规划(1989 年)是从控制城市增长的目的把县域范围内的土地划分为增长地区(短期)、增长地区(长期)、乡村地区、保护地区、城市地区、中心区、中央商务区,划分的维度包含了生态保护、发展时序、主导功能等。

在自然地理学中,区域的划分(如自然区划)是反映客观地域分异规律;而在城乡规划中,分区则是以人为因素为主导,分区之产生是源于研究或解决城市某些问题或实现城市发展某些目标而提出的一种策略,而且这个策略往往是包含了复合的维度,问题或目标改变,分区也随之变化。

3.5　多维土地利用分类体系的理论框架

首先区分三种分类模式,其次采用平行分类维度,最后可适用于不同空间层次。

　　一种土地利用分类可以对应一种专项规划类型,比如绿地系统规划、道路交通规划、公共设施规划、住房规划等;多维土地利用分类则可以对应综合规划类型,比如城市总体规划、详细规划等。无论哪种规划类型都遵循"调查—分析/研究—规划"的工作方法,其具体分类都可以概括为"指示、评价、规定"三种模式。土地利用分类的根本目的是服务于规划的调查、编制与管理,因此可以建构与规划体系相对应的多维土地利用平行分类的体系框架(表 3-1)。

---

① 王朝晖,师雁,孙翔.广州市城市规划管理图则编制研究——基于城市规划管理单元的新模式[J].城市规划,2003,27(12):41-47

表 3-1　多维土地利用平行分类的体系框架

分类的空间层级	分类的维度 （基于问题与目标）	分类的目的——三种模式		
		指示模式	评价模式	规定模式
	（可进一步扩充）	（具体类别）	（具体类别）	（具体类别）
土地利用分区 **适用于总体规划，面向片区** **土地利用分类** **适用于详细规划，面向宗地**	社会			
	经济			
	环境			
	开发与保护			
	形态			
	功能			
	场地开发			
	开发强度			
	建筑类型			
	活动			
	所有权			
	（可进一步扩充）			

　　首先,从语言学的角度,区分出与规划过程相对应的三种土地利用分类模式。语言有三个基本的功能——指向、评价、敦促(命令),相应地,土地利用分类作为具体的规划语言也有三种目的,或称之为三种模式,即"是什么"的指示模式——描述土地利用的现象;表达主观判断的评价模式——评价土地利用的效果;要求他人行动的规定模式——规范土地利用的方式。"调查—分析/研究—规划"的工作过程决定了三种模式之间的递进关系。尽管三种模式都不是封闭性的系统,但对于一个逻辑合理的理性规划而言,指示模式、评价模式和规定模式应基于共同的问题或围绕共同的目标,比如针对城市功能混杂、环境恶劣的问题,首先需要对土地利用现状的功能进行调查;从环境影响的角度对功能的效益进行评价和决策;最后基于提升环境质量的目标对用地的功能进行规定。对于专项规划而言,分类的维度可能是一维,但对于综合规划来说,目标的多样性导致分类的维度存在多种选择和组合。近代的系统规划理论强调城市是一个社会、经济、环境相互关联的有机体[①],城市规划走向综合性的规划,多样化的分类维度也需要在三种模式中落实传递,例如城市存在生态

---

　　① 尼格尔·泰勒.1945 年后西方城市规划理论的流变[M].李白玉,陈贞,译.北京:中国建筑工业出版社,2006:62

安全、经济发展、社会公平等问题,指示模式和评价模式针对这些问题应从多维的角度对土地利用进行描述和分析,但如果最后在规定模式中只包含了发展维度的分类,丢失了环境、社会等维度的规范内容,规划的实施效果终将偏离原初的目标。

其次,作为一个分类体系的理论框架,分类的维度应该是一个平行的结构关系。平行结构的特点在于两个方面:其一,它是可以不断扩充维度的弹性框架,维度划分是对土地利用这个对象进行观察、理解和规范的视角选择,维度划分越多,对土地利用的认识就越深入全面。规划实践中已有的维度多是基于问题和目标的经验总结,当城市在发展过程中出现新的问题或目标时,往往需要分类维度进行范式的转变,新的分类维度由此被创设和补充。其二,平行维度在具体的规划实践应用中,可以根据分类的需要灵活地进行平行组合或主从组合,这是树状结构的分类标准所不具备的优势。这也从另一个角度说明,若要建立土地利用分类标准作为规划工作的指引,平行结构较之树状结构更具适应性。

最后,这个分类体系可以适用于不同空间层次的城乡规划。一般而言,详细规划主要是规范和控制具体用地的开发建设,因此以宗地或街坊为对象进行用地分类;总体规划主要是对城市空间发展进行战略性的安排,分类的单元以城市片区为主。每一类片区内部具体的用地属性不一定完全一致,但从城市的范围来看,这类片区在特定的分类维度(如发展目标或主导功能)下是相似的,因此也适用分类方法进行研究和规范。

3.6　多维理论在规划实践的应用

多维土地利用分类体系为解释当代各种土地利用的分类实践建立了全面系统的理论框架,同时也为吸收不同分类维度的规划经验和改善规划工作方法提供了清晰的视角。以下结合美国和英国的土地利用分类标准以及规划类型具体分析多维土地利用分类的三种模式在规划工作中应用的实例。

3.6.1　指示模式的应用

由美国规划协会在 1994 年出台的《基于土地的分类标准》(LBCS)基本反映了土地利用分类的指示模式,它一共包括五个维度的分类体系:活动、功能、结构、场地和所有权,彼此之间是平行的关系,可以根据规划不同阶段以及不同类型规划的需要进行选择和组合。LBCS 包含了土地利用的多重维度,具有灵活选择和组合的特点,可用于描述或规定一个场地

指示模式的分类标准适用于规划的现状调查。

上或建筑内的混合用途。其中大部分区划条例在进行规定模式的分类时,倾向结合功能和结构的维度。而规划的现状调查进行指示模式分类时,可结合这五种维度的分类更清晰明确地描述现状的特点(表3-2)。

表3-2 美国 LBCS 的指示模式分类

指示模式的分类			
分类维度	具体类别(第一级)	分类维度	具体类别(第一级)
活动	居住活动	场地	自然状态下的场地
	购物、商业或贸易活动		正在开发的场地
	工业、制造业以及废物处理相关的活动		已开发的场地:谷物农场、牧场和林场等
	公共机构或基础设施相关的活动		已开发的场地:无建筑物和构筑物
	旅行或移动行为		已开发的场地:非建筑的构筑物
	大量人群集聚		已开发的场地:建筑
	休闲活动		已开发的场地:公园
	与自然资源相关的活动		不适合此维度
	非人类活动或不能归类的活动		未归类的场地开发特征
功能	居住或短期居住功能	所有权	无限制:私人所有权
	普通销售或服务		部分限制:地役权或其他使用限制
	制造业和批发服务		有限度的管制:租赁和其他租赁期的管制
	交通、通讯、信息和公用设施		公共管制:地方、州和联邦所有权
	艺术、娱乐和休闲		其他公共使用管制:区域、特别行政区等
	教育、公共管理、健康服务和其他机构服务		非营利所有权管制
	建造业		联合所有权特征:公共实体
	采矿和资源获取产业		联合所有权特征:公共、私人、非营利等
	农业、林业、渔业和狩猎		不适合此维度

续表 3-2

指示模式的分类			
分类维度	具体类别(第一级)	分类维度	具体类别(第一级)
结构	居住建筑		
	商业建筑和其他专门结构		
	公共聚集的建筑		
	机构或社区设施		
	交通相关的设施		
	公用设施和其他非建筑的构筑物		
	特殊的军事结构		
	农场建筑或农业设施		
	非构筑物的类型		

资料来源:根据 American Planning Association. Land Based Classification Standards(LBCS) [EB/OL]. [2012-12-01]. http://www. planning. org/lbcs/standards/改绘

英国的副首相府于 2006 年出台的《土地用途和土地覆盖物分类标准》(NLUD 4. 4 版)主要应用于地图测绘的数据收集。NLUD 并没有如同美国 LBCS 划分出更多的维度,它只是根据测绘工作的需要选择合适的维度进行描述,从土地利用分类的指示模式中分辨出土地利用的双重属性——土地用途和土地覆盖物,其中土地用途指土地活动和社会经济功能,土地覆盖物指土地表面的物质种类或形态(表 3-3)。

表 3-3　美国 LBCS 和英国 NLUD 的分类维度对比

LBCS 的分类维度	NLUD 的分类维度
活动	土地用途
功能	
结构	土地覆盖物
场地	
所有权	无

3.6.2　评价模式的应用

评价模式的核心是价值观,不同的发展阶段和不同的社会背景,规划所持的价值观会有所差异。早期土地利用规划是把土地资源作为可以无限攫取的对象,从适应人类经济发展和城市扩张的角度对土地资源进行

评价模式的分类实质是选择价值观的方法。

评价和分类。直到 1960—1970 年代,在环境危机的大背景下,可持续发展才逐步成为当代城市发展的核心价值观。

　　基于可持续发展观对土地利用进行适宜性评价的典型例子是麦克哈格(Ian McHarg)的生态规划。麦克哈格认为:"所有系统必须是以去寻找最为适应的环境为前提,去适应这个环境的同时自己使其更加适宜。'适宜环境'被定义为:在这里环境满足使用者最大的需求,人为适应环境做功最少。"①麦克哈格以环境科学知识为基础,通过叠图的方法分析各种环境因子并划定区域中最具环境敏感性的地区,以划出土地适宜性的高低,作为区域空间布局的前提。例如,他在进行纽约里士满园林大道的选址时,对区域的自然和社会因素进行评价,包括历史价值、水的价值、森林的价值、野生动物价值、风景价值、游憩价值、居住价值、公共事业机构价值、土地价值等等(图 3-7)。每种因素具有三个价值等级(表 3-4),都拍成透明的照片,叠加起来后就形成了复合的社会价值评价图。运用价

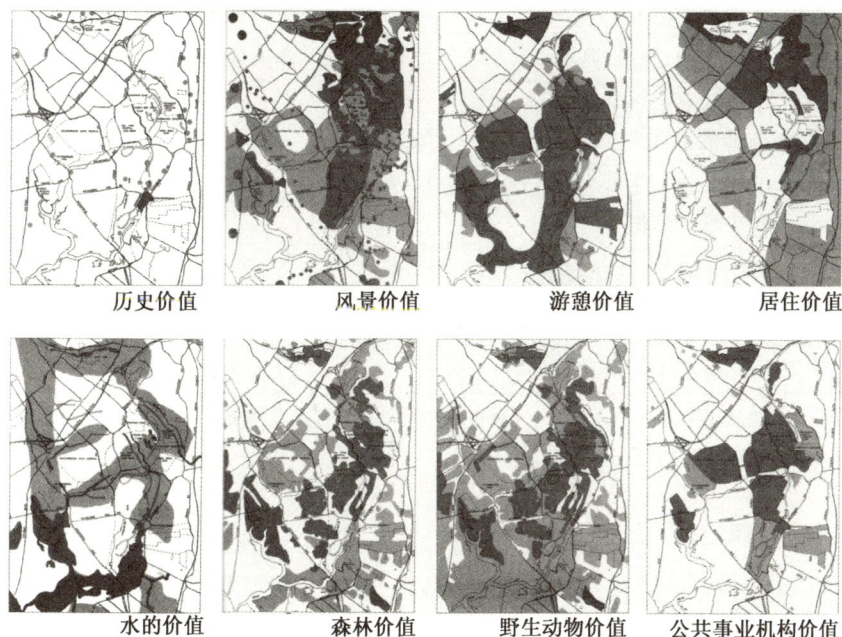

图 3-7　自然和社会因素价值评价图

资料来源:伊恩·伦诺克斯·麦克哈格.设计结合自然[M].芮经纬,译.天津:天津大学出版社,2011:48-49

值评价的方法实际上是一种选择性的方法,生态规划把社会发展过程和

---

① 　伊恩·伦诺克斯·麦克哈格.设计结合自然[M].芮经纬,译.天津:天津大学出版社,2011:545

自然演进过程均作为社会价值的考虑,目的是希望能找到社会损失最小而社会收益最大的方案。

表 3-4　麦克哈格生态规划的评价模式分类

评价模式的分类			
分类维度	具体类别	分类维度	具体类别
历史价值	里士满城有历史意义的地区	风景价值	具有各种风景要素的地区
	地标性文物古建保护地点		具有较高风景价值的空旷地区
	缺乏历史遗址的地区		风景价值低的城市化地区
游憩价值	公共绿地和公共事业机构用地	居住价值	市场价高于 50 000 美元
	潜力大的非城市化地区		市场价在 25 000～50 000 美元
	游憩潜力小的地区		市场价低于 25 000 美元
水的价值	湖泊、池塘、河流和沼泽	森林价值	高质量的森林和沼泽地
	主要的含水层和重要河流的集水区		其他现有的森林和沼泽地
	次要的含水层和城市化地区的河流		非森林地
野生动物价值	质量最好的栖息地	公共事业机构价值	价值最高
	质量一般的栖息地		价值中等
	质量差的栖息地		价值最低

资料来源:根据伊恩·伦诺克斯·麦克哈格.设计结合自然[M].芮经纬,译.天津:天津大学出版社,2011:48-49 改绘

3.6.3　规定模式的应用

不同国家规划体系的差异主要体现在土地利用分类规定模式的手段选择上。

规定模式既是解决问题的手段,也是表述规划愿景与目标的载体。不同国家规划体系的差异主要体现在土地利用分类规定模式的手段选择上。例如美国总体规划中的用地政策最终转译为区划对宗地各项属性的规定,使用法规的手段直接作为开发控制的依据,体现"控制性"规划体系的特点。英国"自由裁量式"的开发控制体系决定了开发规划并非规划许可的唯一依据,因此开发规划有别于美国的模式,并没有把用地政策向法规转译,相反是强化地块具体开发政策的深度和精度,为开发控制提供清晰的依据。同时开发规则从开发活动的维度结合许可的要求进行分类,作为通则式管理的依据。

（一）美国体系：用地政策向用地法规转译

美国的规划体系以"区划"为核心，区划编制是地方立法过程，不是单纯技术过程和行政过程。它作为城市管理的依据，所有开发行为都必须遵守，同时符合区划的开发行为也得到区划的保护，政府无权在区划之外附加任何条件。因此，土地利用规划中的用地分类需要与区划条例（或土地开发条例）的用地类别相匹配。只有将城市规划的内容全面而具体地转译为区划的内容，城市规划才有可能得到实施。尽管 1960 年代美国的土地利用总体规划开始强调规划政策的研究，但大多数时候，战略研究仅仅被视为综合理性规划在工具或手段上的拓展，而作为一个独立的、重要的规划分支的迹象并不明显，总体规划依然会保留土地利用规划图与区划的用途管制对接。

以美国西雅图总体规划①为例，该规划把市民一致认同的核心价值观归纳为 4 项，并将其作为总体规划的战略目标，包括：(1)加强社区的认同感与归属感；(2)环境保护；(3)经济机会和经济保障；(4)社会公平。围绕战略目标，总体规划引入"都市集合"(urban village)的概念，将用地、交通、住房、市政设施、公用设施和经济发展等各个要素紧密地联系成统一的整体。以 2005 年修订的总体规划为例，都市集合分为四种类型：都市中心、制造业/产业中心、核心型都市集合、居住型都市集合②（图 3-8）。针对每一个指定的集合，总体规划提供相关政策，引导其主要功能、特征、开发强度、增长的类型和程度，作为区划的指引。

为了推动都市集合战略落实，同时引导西雅图土地利用法规(Seattle's Land Use Code)的制定，土地利用规划是总体规划中的重要章节。在未来的土地利用图中划分了若干个土地用途的政策分区，包括独户住宅、多户住宅、商业/混合用途、中心商业区、工业、主要机构（图 3-9）。这些分区的维度以功能为主导，同时考虑了建筑形态和区位，与区划的用途分类有较好的对应性，总体规划针对每个分区均制定了具体的土地利用政策和目标（表 3-5）。

> 美国土地利用分类的规定模式中，用地政策最终转译为用地法规，直接作为开发控制的依据。

① 该规划全名是《可持续发展的西雅图：1994—2014 年增长管理规划》，于 1994 年出台，并于 1995 年、1997 年、2000 年、2005 年进行修编，补充完善相关内容。

② 都市中心是城市中密度最高的地区以及作为区域性的中心，提供多样化的混合用途、住房和就业机会。与都市中心一样，制造业/产业中心在区域层面指定，是重要的区域性资源，将推动城市的产业发展。核心型都市集合是实现住房与就业平衡的社区，通常密度比都市中心小。这些地区将关注于商品、服务的供应，提供社区的就业机会，无需与都市中心紧密联系。居住型都市集合主要为居民提供商品和服务，但不一定提供集中的就业。引自 City of Seattle Comprehensive Plan。

图例：
- 都市中心
- 核心型都市集合
- 居住型都市集合
- 制造业/产业中心

图 3-8　都市集合图(2004)

资料来源：City of Seattle Department of Planning&Development. City of Seattle Comprehensive Plan［EB/OL］．［2014－05－06］. http：//www. seattle. gov/dpd/cityplanning/completeprojectslist/comprehensiveplan

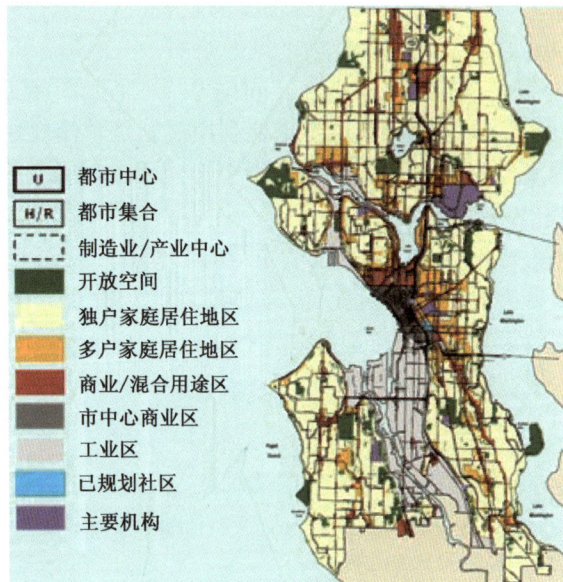

图例：
- U　都市中心
- H/R　都市集合
- 制造业/产业中心
- 开放空间
- 独户家庭居住地区
- 多户家庭居住地区
- 商业/混合用途区
- 市中心商业区
- 工业区
- 已规划社区
- 主要机构

图 3-9　未来土地利用图(2005)

资料来源：City of Seattle Department of Planning&Development. City of Seattle Comprehensive Plan［EB/OL］．［2014－05－06］. http：//www. seattle. gov/dpd/cityplanning/completeprojectslist/comprehensiveplan

表 3-5　西雅图总体规划未来土地利用图的规定模式分类

规定模式的分类		
分类维度	具体类别	规定手段——用地政策
功能＋建筑形态＋区位	独户家庭居住地区	有关用途、宗地面积、建筑体量、建筑高度的政策
	多户家庭居住地区	有关用途、密度限制、开放标准的政策
	商业/混合用途区	有关用途、户外活动、住房、密度限制、开放标准、高度、停车等政策
	市中心商业区	
	工业区	有关用途、开放标准等政策

　　规划特别提出,未来土地利用图只是一个展望,具体的区划位置由土地利用法规中的区划图(图 3-10)落实。土地利用法规作为实施规划的一个管制工具主要是规范开发以及现有建筑和土地的持续使用,在具体的法规条例中落实土地利用规划包含的目标和政策。

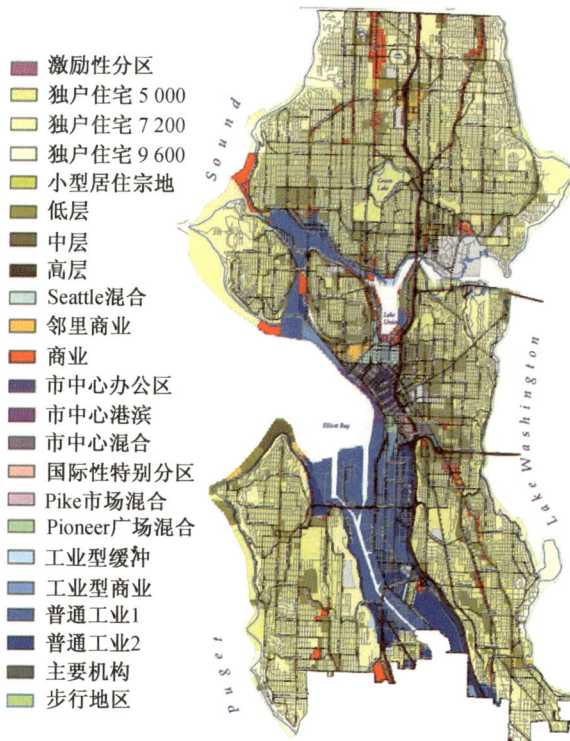

图例:
- 激励性分区
- 独户住宅 5 000
- 独户住宅 7 200
- 独户住宅 9 600
- 小型居住宗地
- 低层
- 中层
- 高层
- Seattle混合
- 邻里商业
- 商业
- 市中心办公区
- 市中心港滨
- 市中心混合
- 国际性特别分区
- Pike市场混合
- Pioneer广场混合
- 工业型缓冲
- 工业型商业
- 普通工业1
- 普通工业2
- 主要机构
- 步行地区

图 3-10　城市层面区划图(2012)

资料来源:City of Seattle Department of Planning&Development. City of Seattle Comprehensive Plan〔EB/OL〕.〔2014－05－06〕. http://www. seattle. gov/dpd/cityplanning/completeprojectslist/comprehensiveplan

　　西雅图的区划根据用地功能和建筑形态的组合维度,共分为四类基本用途,包括:工业、低层多户式住区、独户式住区、商业。基本用途的细分原则各不相同,例如工业用途的细分主要考虑与商业用途的相容性,以及与居住区的过渡关系;低层多户式住区的细分主要考虑所处区位与城市增长地区的关系;商业的细分主要考虑商业的规模以及步行的可达性。这些细分维度由西雅图区划自行创设,较好地反映土地利用规划中"提供多样化的混合用途和住房类型、鼓励公交和步行"等政策目标。此外,区划的控制指标体系与用地分类是配套生成的,由于四类基本用地的控制侧重点不同,相应的控制指标内容也有所差异。例如,工业用途控制的要素包括了工业活动的特点和商业用途的最大规模;居住用途强调建筑类型和建筑形态的控制;商业增加了临街面用途等(表3-6)。

表 3-6　西雅图区划的规定模式分类

规定模式的分类				
分类维度		具体类别		规定手段——土地利用法规
一级	二级	一级	二级	
功能＋建筑形态	工业和商业的关系	工业	普通工业1	典型土地用途、高度、商业用途的最大规模、容积率、退缩、主要气味源、强光
			普通工业2	
			工业缓冲	
			工业型商业(如研发)	
	区位	低层多户式住区	低层多户式住区1	三类住区结合建筑类型(村屋、单排房、联排房、公寓)形成矩阵,控制容积率、建筑密度、高度、退缩、立面高度
			低层多户式住区2	
			低层多户式住区3	
	宗地面积	独户式住区	宗地在5 000英亩以上住宅	建筑类型、宗地大小、建筑密度、高度控制、面宽与进深、院落、停车、景观
			宗地在7 200英亩以上住宅	
			宗地在9 600英亩以上住宅	
			小型宗地住宅	
	商业规模和步行可达性	商业	邻里型商业1	典型土地用途、建筑类型、临街面用途、商业用途的最大规模、停车
			邻里型商业2	
			邻里型商业3	
			步行商业区	
			商业1	
			商业2	

　　资料来源:根据 Seattle Zones(2012)[EB/OL].[2014-05-06]. http://www.seattle.gov/DPD/Planning/default.asp 自绘

以西雅图总体规划和区划为例,美国土地利用分类的规定模式中,用地政策最终转译为用地法规,直接作为开发控制的依据(图 3-11)。总体规划通过土地用途政策分区与区划的基本用途分类紧密呼应,区划的用途细分进一步落实用途政策的目标。区划在用途规定中,合并了功能和建筑形态两个维度进行用途分类,但针对每一类用途控制要素都有所差异。总体规划与区划的紧密关系,反映了美国"控制性(regulatory)"规划体系的特点,在成文宪法的约束下,规划控制不得不清晰地定义土地所有者的个人权利以及对这些权利的精确限制。与此同时,用地政策向用地法规转译的过程中,地方具有用地分类的决策权,因此,用地分类依然是一个开放性的体系,可以围绕规划的目标自行创设分类类别。

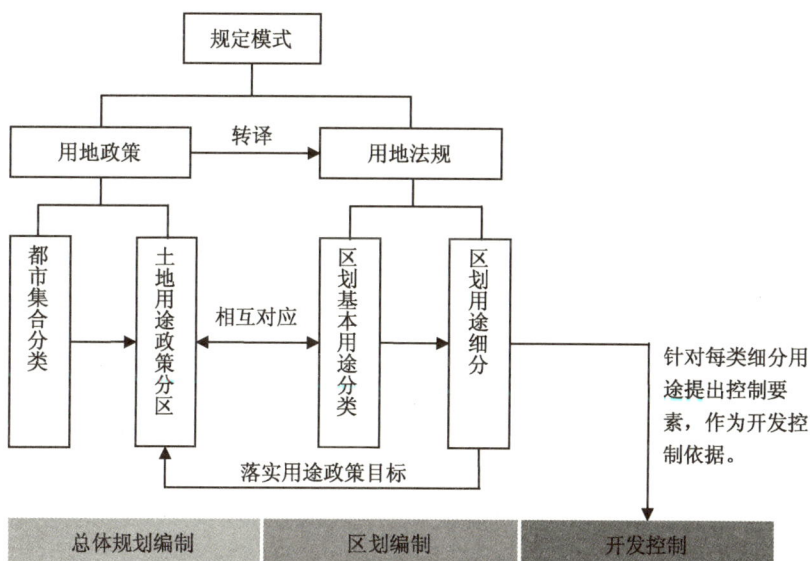

图 3-11　美国规划体系中规定模式的特点(以西雅图为例)

(二)英国体系:用地政策指导开发控制

英国自 1968 年建立战略规划体系以来,逐渐形成了全世界最综合的土地利用规划体系①。该体系突破了物质层面的土地开发和利用,涵盖了不同的政策领域(例如住房、健康、教育、交通等)以及覆盖不同的空间层次(全国、区域、次区域和地方),并通过不同的机构(中央政府部门、特设机构和地方当局)共同来实现社会和经济的变化。在这一个更

在英国的规划体系中,开发政策作为许可条件的主要依据,但非绝对依据。

---

① Bruton M, Nicholson D. Strategic Land Use Planning and the British Development Plan System [J]. The Town Planning Review, 1985, 56(1):21-41

大的框架中,土地利用规划只是其中一个工具,通过影响土地的开发和用途来实现社会经济发展目标。开发控制作为一个相对独立的系统并不依附于开发规划,开发规划与中央的政策指引相结合,作为开发控制决策的主要依据,但非绝对依据,地方规划机构被赋予了充分的自由裁量权,可以根据具体个案的特点进行全面综合的讨论和考虑,与此同时,政府针对土地利用过程中的各种开发行为制定了开发规则,以辅助日常的规划管理。

以大伦敦空间发展战略和大伦敦下属的哈克尼(Hackney)自治市地方发展大纲为例,可以分析英国的开发规划如何将规划目标转译为空间政策,并通过层层深化的用地政策提出开发控制的要求。大伦敦空间发展战略于 2004 年 2 月由大伦敦政府颁布。规划的愿景是把伦敦构建为"服务人民的城市、繁荣的城市、公平的城市、可达的城市、绿色的城市",并将这些愿景在规划中进一步转译为 6 个基础性目标[①]。针对不同的规划目标,有相应的政策主题对应,此外,"全面的空间政策"是承载所有目标的平台。它有别于传统土地利用规划的功能分区,是从空间层次和政策目标对区域进行分类,包括中央活动区(The Central Activities Zone)、机遇性增长地区(Opportunity Areas)、强化开发地区(Areas for Intensification)、更新地区(Areas for Regeneration)、城镇中心(Town Centre)、郊区(Suburban)、战略性工业选址(Strategic Industrial Locations)(图 3-12)。针对每一类型的地区,规划拟定了具体的政策[②]。次区域的划分则有助于落实具体的政策,伦敦一共分为中心区域、东部、北部、西部、南部 5 个次区域,其中哈克尼市位于伦敦的东部次区域(图 3-13)。

哈克尼是大伦敦的自治市,面对 2012 年伦敦奥运会带来的城市更新契机,哈克尼从 2010 年起编制起地方发展大纲。地方发展大纲由一系列规划文件组成(表 3-7)。

其中核心战略是为未来 15 年发展制定的战略性规划政策,同时也为其他的地方发展文件提供了政策指引。承接大伦敦规划的基础性目标,哈克尼的核心战略共包含 6 个主要目标:实现可持续增长;支持邻里和社区发展;具有活力和创造力的经济;提供更好的住宅;更清洁、更绿色和更

① 目标 1:在伦敦的增长边界内容纳增长,同时不侵蚀绿色空间;目标 2:将伦敦建成一个更适宜人们生活的城市;目标 3:使伦敦的经济增长基础雄厚且具有多样性,从而成为一个更繁荣的城市;目标 4:推进社会的融合,消除隔离和歧视;目标 5:提高伦敦的可达性;目标 6:将伦敦建成一个减少对气候变迁的影响,更具吸引力、设计得更精致的绿色城市。引自 The London Plan-Spatial Development Strategy for Greater London(February 2004)。

② 例如机遇性增长地区将能够提供至少 5 000 个就业岗位或 2 500 个家庭或两者兼而有之,并配套相应的其他功能,如商店、休闲设施和学校等。这些地区包括主要的"棕色地带"和那些拥有高密度增长潜力的地区。

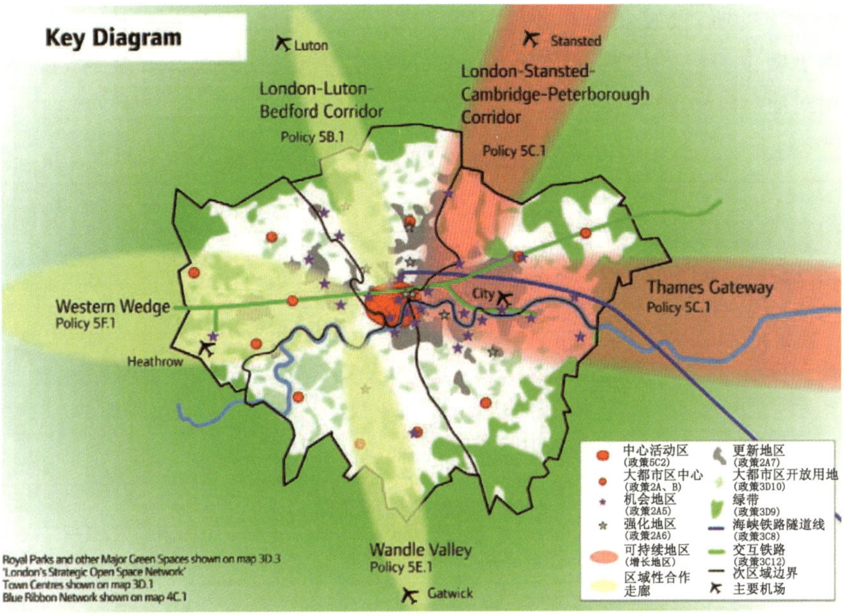

图 3-12　核心战略图

资料来源:Greater London Authority. The London Plan-Spatial Development Strategy for Greater London(February 2004)[EB/OL]. [2013-05-06]. http://www. london. gov. uk

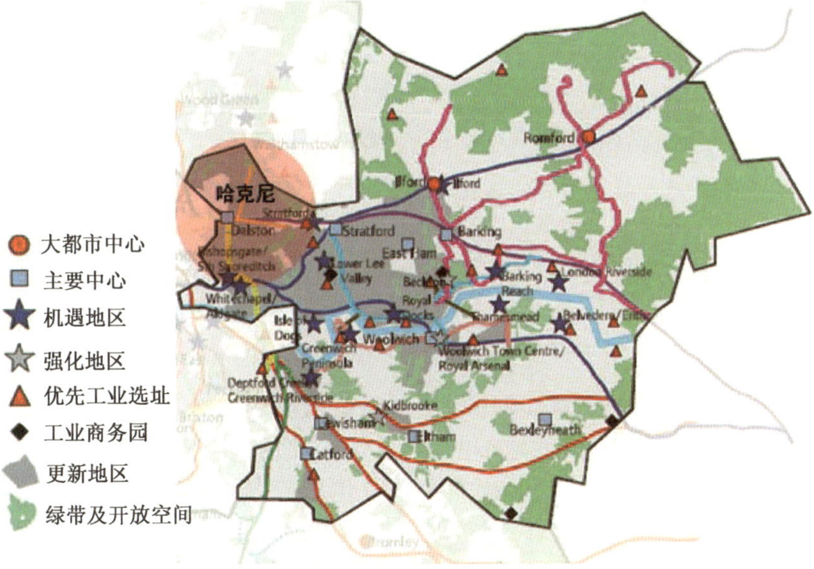

图 3-13　东部次区域战略地图

资料来源:Greater London Authority. The London Plan-Spatial Development Strategy for Greater London(February 2004)[EB/OL]. [2013-05-06]. http://www. london. gov. uk

安全的场所;气候变迁和环境可持续性。这6个目标在核心战略图中,相当于城市分区的维度,根据不同的维度区分出相关的片区,并与规划政策相对应(图3-14)。

表3-7 哈克尼地方发展大纲文件构成

地方规划(LPs) (即之前所指的开发 规划文件(DPDs))	核心战略
	开发管理地方规划
	场地分配地方规划
	地区行动规划
	北伦敦废物规划
辅助性规划文件 (SPDs)	南 Shoreditch 辅助性规划文件
	可支付住宅辅助性规划文件
	住宅扩建和改动辅助性规划文件
	规划得益辅助性规划文件
	建成环境可持续辅助性规划文件
	滨水开发辅助性规划文件
	公共领域设计指引
	街道景观辅助性规划文件
法定文件	地方开发计划——概述编制 LDF 的工作计划
	社区参与综述——概述公众参与规划的议会标准
	年度监测报告——监督地方开发计划的进度、政策是否符合区域或国家层面的目标
	实证研究——为 LDF 提供综合可靠的实证基础

资料来源:Local Development Framework (Hackney) [EB/OL]. [2013-05-06]. http://www. hackney. gov. uk/ep-local-development-framework-856. htm

开发管理地方规划(DMLP)则对核心战略的6个目标进一步深化和解释,为规划许可提供详细的、有具体标准的、推荐的开发政策。例如针对可持续增长的目标,提出的政策包括:高质量的可持续设计、对开发的影响和环境宜人性进行管理、推动健康生活、通过社区基础设施税和规划得益来落实基础设施供应、社会设施保障、文化娱乐休闲设施等(表3-8)。同时每一个政策都有详细的背景说明以及通过方框形式列出具体的标准。例如开发与宜人性的政策方框如表3-9所示:

实现可持续增长
- 战略交通设施
- 奥林匹克公园
- 中心活动区
- 地方行动规划

提供更好的住房
- 地产更新

具有活力和创造力的经济
- 主要城镇中心
- 地区城镇中心
- 主要商业立面
- 次级商业立面

- 地方商业中心
- 街市
- 主要就业地区
- 其他工业地区
- 战略性工业选址
- 本地重要的工业场地
- 北伦敦废物规划场地

更清洁、更绿色、更安全
- 保护地区
- 战略性视线背景区
- 考古优先区
- 绿线
- 绿廊
- 大都市开放土地

- 除宜人空间外的开放空间
- 潜在新的开发空间
- 重点自然保护区
- Lea Valley 区域公园
- 已登记的公园和花园

气候变化和环境可持续性
- 洪水分区2
- 洪水分区3a
- 洪水分区3b
- 重要的排水地区

图 3-14 核心战略图

资料来源：Core Strategy Hackney's strategic planning policies for 2010—2025 ［EB/OL］［2013-05-06］. ht-tp://www. hackney. gov. uk/ep-local-development-framework-856. htm

表 3-8　哈克尼开发管理规划的规定模式分类

规定模式的分类		
分类维度	具体类别	规定手段——开发管理政策
可持续增长	战略交通设施	高质量的设计;开发与宜人性;推动健康生活;开发商提供基础设施费与规划得益;保护与落实公共设施;艺术、文化和娱乐设施等
	奥林匹克公园	
	中心活动区	
	编制地方行动规划区	
经济的活力	主要城镇中心	城镇中心的新铁路开发;小型独立商铺;城镇中心商铺的用途改变;城镇中心以外商铺的用途改变;夜市经济用途;快餐与学校;街市;保留就业用地和首层功能;首层新的商业用途;可支付的工作场地;优先就业区的开发计划等
	地区城镇中心	
	地方商业中心	
	主要就业地区	
	其他工业地区等	
提供更好的住房	地产更新	新住房开发的一般方式;住宅用途的更改;可支付住宅的供应等
更清洁、更绿色、更安全	保护地区	管理文化遗产、广告、电信设施、开放空间和生活性天台;保护和强化已有的开放空间;住宅开发空间的管理;自然保护区;景观和树木管理等
	战略性视线背景区	
	大都市开放土地	
	考古优先区等	
气候变化与环境可持续性	洪水分区	主要居住开发的绩效指标;小型居住开发的可持续性标准;其他开发的可持续性标准;供暖和供冷;空气质量;洪水风险等
	重要排水地区	

表 3-9　开发与宜人性政策方框

DM2——开发与宜人性

开发项目必须适应其区位,确保设计不会对占有者和邻里造成负面影响。规划决策时关于宜人性的考虑包括项目开发可能产生的以下影响:

1. 视觉私密性和俯瞰效果;
2. 阴影遮挡和视野;
3. 阳光、日光以及人造光强度;
4. 震动、噪音、气味以及其他形式的污染;
5. 微气候条件;
6. 公路使用者的安全。

用途和开发所产生的个别和累积的宜人性影响,将是项目能否被接受的考虑因素

資料来源:根据 Development Management Local Plan, July 2012, Draft for Public Participation. Local Development Framework (Hackney) [EB/OL]. [2013-05-06]. http://www. hackney. gov. uk/ep-local-development-framework-856. htm摘录

地方行动规划（AAP）是一个综合性的空间战略，以协调开发和设计，反映地方未来发展的愿景。以哈克尼中心地区行动规划为例，该规划的目标是为地区的更新建立基础，确保其继续保持地区城镇中心的地位。所提议的计划回应了已有和未来社区的需求以及为至 2026 年的住房增长做出规划。AAP 特别关注实施，其形式就是一部总体规划（master plan），在土地用途的战略中以功能为维度区分出若干种用地类型，这些类型的界定紧密围绕规划的目标强调功能的混合以激发经济活力和提供就业机会（图 3-15）。与此同时，在规划文件中详细阐述了土地用途相关的开发政策（表 3-10）。

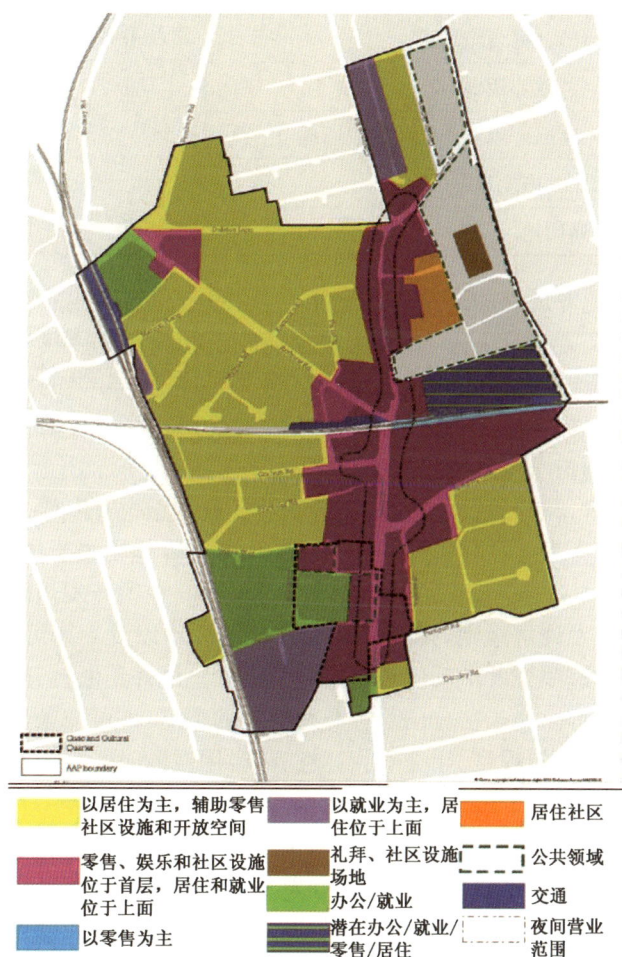

图 3-15　哈克尼中心地区行动规划之土地用途战略

资料来源：Hackney Central Area Action Plan [EB/OL]. [2013-05-06].
http://www. hackney. gov. uk/ep-local-development-framework-856. htm

表 3-10　哈克尼中心区行动规划土地利用战略的规定模式分类

规定模式的分类		
分类维度	具体类别	规定手段——土地用途政策
功能	以居住为主,辅助零售社区设施和开放空间的用地	提供就业机会政策;社区设施政策、发展零售业政策、新住房供应政策、混合式住房政策、住房密度和设计政策等
	零售、娱乐和社区设施位于首层,居住和就业位于上面的用地	
	以零售为主的用地	
	以就业为主,居住位于上面的用地	
	礼拜、社区设施场地	
	办公/就业用地	
	潜在办公/就业/零售/居住用地	
	居住社区用地	
	交通用地	

与美国地方规划的规定模式相比,英国的空间发展战略和地方发展大纲更加强调政策的手段,规划文本围绕广泛的城市发展目标阐述规划政策,规划图纸则是反映具体政策在空间上的转译。分类的维度体现了规划的战略目标,同时结合具体的用地政策或开发管理政策作为不同类型用地的规划指引或开发控制的依据。

开发规则构成通则式管理的基础。与此同时,在开发控制阶段,英国的开发规则结合开发活动和许可要求进行分类,作为通则式管理的依据。英国的开发规则主要包括《一般许可开发规则》(GPDO)《用途分类规则》(UCO)和《专项开发规则》(SDO)。其中《一般开发许可规则》列举了许可的开发活动以及不许可的情形,共有 33 部分。这些开发活动的类型是基于经验总结并不断补充完善,经过重新编排后,可以初步区分出 8 种开发活动的类型,许可的条件取决于工程性操作的规模与程度、用途的相容性、临时用途的时间以及开发活动的主体等(表 3-11)。

开发规则围绕开发活动以及许可要求所作的界定,共同构成了英国规划许可制度的基础,成为建设者、开发者以及政府机构判断是否构成开发活动,是否需要递交规划许可申请以及是否授予许可的前提条件。这种方式将带有普遍性的规划工作从具体规划编制项目中抽离出来,从而减少规划编制的工作量,提高工作效率和更专注地研究特殊问题。由案例式管理转向通则式管理,便于规划管理的公平、公正与公开,从而有效地提高规划管理工作的效率。

表 3-11　一般许可开发规则的规定模式分类

规定模式的分类		
分类维度	具体类别	规定手段——行政许可
开发活动	日常工程性的操作	根据工程性操作的规模和程度进行许可
	用途改变	根据用途的相容性进行许可
	临时用途的使用	根据临时用途的时间进行许可
	公共设施的开发	根据开发行为的主体和开发的规模程度进行许可
	水务相关的开发	
	技术设备的开发	
	特别团体的开发	
	矿物工程的运作	

　　总体而言,英国的规定模式更为灵活,案例法的传统和经验主义的哲学思想使英国的规划体系对于预先规定未来的开发行为是抱有怀疑的,开发控制具有充分的自由裁量权来实现多样化的规划目标并且适应不断变化的需求(图 3-16)。

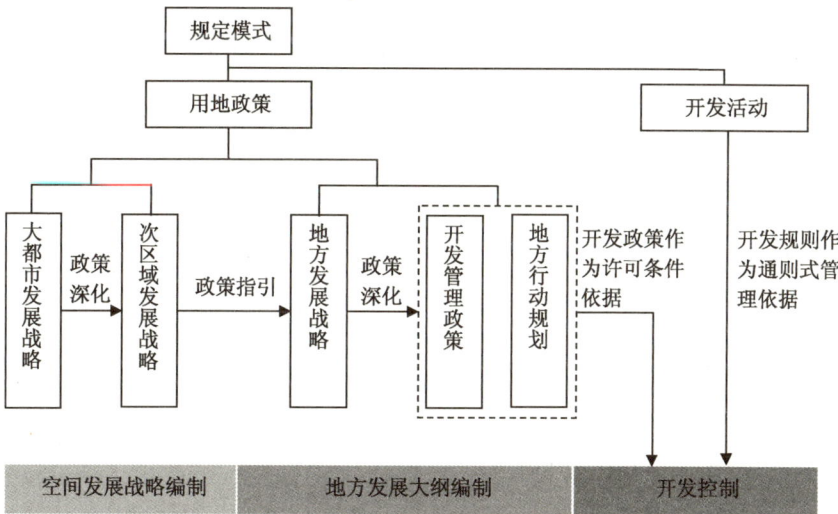

图 3-16　英国规划体系中规定模式的特点

(以大伦敦空间发展战略和哈克尼地方发展大纲为例)

3.7　本章小结

　　(1) 借鉴语言学的结构分析,指出"规划"这一术语包含了指示和表达两个组成部分,适用于城乡规划或作为城乡规划基础的土地利用分类体系由此可区分为指示性、评价性和规定性三种分类模式。规划过程的三个关键环节"调查—分析—规划"为语言学的三种模式提供了前后递进的逻辑性对应关系。调查是规划工作的基础,即指示性的土地利用分类是规划的基础和前提,指示模式的核心是事实,为纳入新的事物,指示模式是可扩充的;分析是在调查基础上进行评价和研究,评价模式的核心是价值,价值的特征是随评价主体和环境背景的变化而改变,因此评价模式的分类也不是固定的;规划是在前两个阶段的基础上具体落实目标,规定模式是解决问题或实现目标的行动方法,不同规划所面临的问题或构建的目标各不相同,因此具体采取的行动或控制手段通常是创设性的,即规定模式也是一个开放性的体系。

(2)从逻辑学的角度指出,科学的土地利用分类标准应建立可扩充的平行维度的分类体系,或为规划实践留有创设土地利用新类型的弹性空间。平行维度的分类体系适应了三种模式的开放性特点,在土地利用过程中若发现或创设了新的土地利用属性,则平行增加新的维度,扩充分类体系。平行维度的优势还在于它可以根据实际应用的需要对维度进行选择或组合,从而产生实践中不同的分类类型。

结合土地利用分类的三种模式、分类的维度以及分类体系的结构和空间层级可构建出一个系统的多维土地利用分类理论框架。

(3)多维理论为解释当代各种土地利用分类实践提供了清晰的视角。其中土地利用分类的规定模式是城乡规划的核心内容,不同国家规划体系的差异主要体现在规定模式的手段选择上。美国土地利用分类的规定模式中,总体规划中的用地政策最终转译为区划中的土地利用法规,直接作为开发控制的依据,体现"控制性"规划体系的特点。英国"自由裁量式"的开发控制体系决定了开发规划并非开发许可的唯一依据,地方规划通过强化开发政策表达的深度和精度,引导开发控制的决策。同时开发规则结合开发活动和许可要求进行分类,作为通则式管理的依据。总括而言,英美土地利用分类的规定模式中,分类维度存在较大的灵活性和包容性,较好地适应规划多样化的目标并有效地衔接开发控制。

4 范式转变：横断面规划的整体观

上一章从理论层面构建了多维土地利用分类体系，多样化的规划目标对应多重的土地利用分类维度。规划目标的确定依托于对未来愿景的价值判断，不同的发展阶段和不同的社会背景，规划所持的价值观会有所差异。当价值观发生改变后，土地利用分类会创设出新的维度，由此带动土地利用分类的范式转变。当前城市发展面临严峻的环境问题和生态问题，需要在土地利用的认知方法上寻求突破，为实现可持续的城市发展目标积累新的经验。

当价值观发生改变后，土地利用分类会创设出新的维度，由此带动土地利用分类的范式转变。

4.1 环境伦理的提出改变对土地的观念

人类对自然界的认识是建立正确的人地关系之基础。近代以来，随着科学技术的发展，人类改造自然的力量增强，人类中心主义作为一种关于人与自然关系的价值观长期占据核心地位。它把自然视作仅为人所用的客体，强调人的内在价值或内在目的，认为自然界都应无条件地服从于人类发展，特别是工业化的迅猛发展导致了日益严重的环境问题和生态危机。

生态危机的出现迫使人类重新思考人与自然之间的伦理关系。人们意识到：环境问题不仅仅是经济和技术问题，要想彻底消除环境危机，人类首先要在思想上树立以自然和人类可持续发展为标志的新的道德观，即环境伦理观念，通过对人与自然之间伦理关系的研究，为人类的经济活动提供新的价值导向。在环境伦理的思想发展中，生态中心论的观点是较为适中的，它的主要论断是人类应当把道德关怀的重点和伦理价值的范畴从生命个体扩展到自然界的整个生态系统。美国生物学家 A. 利奥波德（Leopold A.）的"大地伦理"思想指出：人类与大地是一个命运共同体；人类的伦理道德观念应从人与人、人与社会的关系扩大到人与大地之间的关系。人类的长远利益和发展是与大地共同体的完整和平衡密切相关的[①]。为此，土地不再被仅仅视为一个客体，一个动物、一棵树、甚至一条溪流都是一个存在之物，人类在进行土地利用的时候必须要考虑面向

环境伦理观念为人类的经济活动提供新的价值导向。

---

① 赵晓红. 从人类中心论到生态中心论——当代西方环境伦理思想评介[J]. 中共中央党校学报，2005(11)：35-38

自然的态度。

在两种不同的价值观背景下，古滕贝格把土地政策作为语言沟通的方式，提出了表 4-1。他认为，替土地说话(speaking of the land)是一种分类形态，与土地说话(speaking to the land)又是另一种分类形态。前一种其实长期存在于我们的规划实践中，把土地作为一个伴随人的愿望和目标而改变的客体，根据人类在土地上施加的力量进行系统的分类。例如从土地控制的维度可以区分出清除森林、排空洼地、灌溉沙漠、疏浚河道、拦河筑坝等等土地控制的类型。指导这些行动的目标分类可能包括开发、再开发、保护、保育、改造等。此外，在土地政策中可能还包含了其他各种各样的分类——美学的、伦理的、功能性的规则。而后一种分类形态——与土地说话——却是我们长期忽视的。[①]

古滕贝格的研究价值在于从伦理价值观的角度把土地政策区分为两种类型。然而，如何通过分类维度的变革，实现土地利用分类方法的范式转变，他的研究并没有给出具体的答案。

表 4-1 土地政策作为沟通方式(Land Policy as Communication)

替土地说话(土地作为客体)	与土地说话(土地作为主体)
把自然分为具体的对象； 对对象进行命名、计算、绘图、记载； 把金钱的或其他使用的价值归于客体； 规定施加于客体的行动	把自然视作人类的生命共同体，并直接称呼； 自然出于自身目的而发生的各种行为方式； 与其他物种分享地球(荒野也是一种土地用途)；为动物辩护；关爱野生生物(饲养、救援动物)；以运动员精神面对竞争

资料来源：Guttenberg A Z. The Elements of Land Policy(1984)[M]// Guttenberg A Z. The Language of Planning. Urbana, IL：University of Illinois Press,1993：24

4.2 分类方法的范式转变

倚重功能维度的规定催生了城市空间的异化现象。

前一章介绍的土地利用分类的三种模式均是开放性的体系，可以根据差异化的价值观或规划目标选择不同的维度进行描述、评价或规定。对于一个综合性的规划而言，土地利用分类需要包含多重的维度方能反映规划复杂的目标，然而在实践中规划的实施往往倚重于某类维度的规定(如功能的维度或开发强度的维度)作为落实规划目标的工具，并在特

---

① Guttenberg A Z. The Elements of Land Policy(1984)[M]// Guttenberg A Z. The Language of Planning. Urbana, IL：University of Illinois Press,1993：24

定的城市发展背景下催生了城市空间的异化现象——如美国传统功能区划导致社会隔离、郊区蔓延、公共空间失落、城乡失衡等问题。针对新的问题，需要重新检讨分类维度的设定，价值观和研究视野的转变将引起一系列具体方法上的变化。

　　人与自然关系的探索是近代地理学产生的起源和发展的基础。当人类重新调整人地关系的伦理价值时，城乡规划可以从地理学中汲取有价值的养分。地理学研究人类在地表活动的特点、差异以及形成特点和差异的原因。而城乡规划是根据人类活动需求的差异以及相互联系，在空间分配上予以"优化"配置。但一直以来，地理学在规划中的应用呈现城乡分野的状态，在城市规划层面，主要应用于城市总体规划、区域规划等；而在乡村规划中，则主要指导农业种植区的划分，地理学关于人地关系的全景视野一直未能在城乡统筹规划中实现。当城乡规划在空间分配上出现困境时，回顾地理学的思想或许会获得新的灵感和启示。1990年代以后，美国新城市主义提出的"横断面规划"便是在这方面的尝试（图4-1）。尽管横断面规划仍在探索阶段，但它提出的城乡视野是当今城乡规划所欠缺的，它重新回到地理学的背景寻找物质形态规划的根基。

> 地理学从事物现象进行整体把握的思考角度，为解决传统分类维度的局限性提供了参考。

自然地区　郊野地区　郊区地区　一般城市地区城市中心地区城市核心地区

图4-1　横断面规划中的典型的城乡分区模式

资料来源：http://www.transect.org/natural_img.html[EB/OL].［2012-12-02］

　　地理学的最高目标是探查人与自然环境以及与生物之间的关系，从而获得关于人类居住地以及人地关系更符合逻辑、更有用的知识。地理学一直有从整体考虑问题的传统，对地理位置的重要性、事物之间空间关系的研究是地理学特有的技能。这种思考的角度，即从事物的现象进行整体把握为解决传统分类维度的局限性提供了参考。横断面规划采用整

> 横断面规划采用整体性的方法从地理景观呈现的横断面形态进行土地利用分类。

体性的方法从土地利用的现象——地理景观(包含自然景观和人工景观)呈现的**横断面**形态进行土地利用分类,摆脱了以往对土地利用属性的割裂分析。它汲取了地理学中的横断面思想,以现象学的思考方式直观描述、评价分析和规定城乡空间形态的各种类型,通过横断面分区建立起地方性和特征性的尺度,把土地利用分类的三种模式有效地整合在一起,实现了土地利用分类方法的范式转变(图 4-2)。

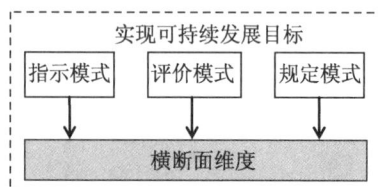

图 4-2 横断面维度整合土地利用分类的三种模式

4.3 横断面规划的产生背景及概念内涵

横断面规划[①]并非新生的概念,其蕴含的区域生态思想已在某些规划项目中进行过探索,其立足的理论基础,即新城市主义和精明增长的理念也在美国普及近 30 年,经过多年的理论研究和实践积累,新城市主义理论的倡导者逐步形成适用于城乡空间的横断面规划方法,并通过建立以类型学为基础的方法来调查、分析和规范开发,以实现可持续发展的理想空间形态。

4.3.1 横断面规划的产生背景

(一)生态规划中的生态分区

1960—1970 年代是可持续发展思想萌生和探索性发展的时代。其中以麦克哈格及其在 1969 年的著作《设计结合自然》一书最具代表性[②]。作者整合了各种环境科学包括气象学、地质学、物理海洋学、表面地质学、地形学、地下水及表面水文学、土壤学、植物学及动物学等知识,综合论述如何处理人类聚落发展与自然价值之间的关系。其规划方法一反以往城市规划中功能分区的做法,强调土地利用规划应遵从自然固有的价值和

---

① "横断面规划"这一概念译自 Transect Planing(Andres Duany, Emily Talen,2002),在本书中采用是为了方便概括所有以横断面分区为研究方法的规划类型。横断面分区的方法可以适用于不同空间层面的规划编制,并最终通过"基于形态的土地开发条例"来取代传统的区划。通常开发条例的名称为"精明条例(Smart Code)"或"形态条例(Form-Based Code)"。

② 伊恩·伦诺克斯·麦克哈格. 设计结合自然[M]. 芮经纬,译. 天津:天津大学出版社,2011

自然的过程(图4-3)，对后来的规划实践产生深远影响。

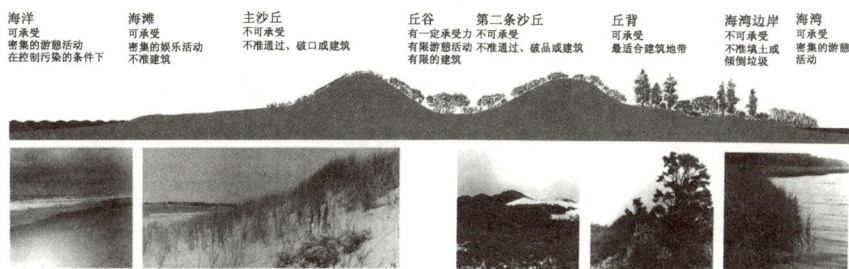

图4-3 麦克哈格以滨海沙丘为例的生态分区

资料来源：伊恩·伦诺克斯·麦克哈格.设计结合自然[M].芮经纬,译.天津：天津大学出版社,2011:20

1976年出版的《萨尼伯尔报告》(The Sanibel Report)①就是把生态规划的思想与总体规划整合在一起的优秀案例。萨尼伯尔是美国佛罗里达州的一个海岛小城市，它位于墨西哥港湾，岛上生态资源丰富，拥有沙滩、沙丘、湿地、红树林以及天然的山脊。尽管居民只有6 000余人，但每年吸引了数以万计的游客过夜。当1970年代中期城市政府准备制定城市综合规划时，萨尼伯尔的一个保护基金(SCCF)针对整个岛屿的自然生态系统组织编写了《萨尼伯尔报告》。报告主要包含了四部分内容：(1)分析岛屿的生态系统；(2)确定基本的生态分区；(3)分析每个生态分区的条件；(4)提出保护生态系统和生态资源的管理要求及建议。从报告描绘的三张关键性图纸(见图4-4～图4-6)可以梳理出，生态分区调查属于土地利用分类的指示模式；生态分区功能是从生态价值的角度对各个分区进行评价，归于评价模式；生态分区管理指引则是实现生态目标的规定模式。这三种模式均建立在统一的生态分区基础上，有效地贯彻了生态规划的目标。

报告的内容最终被整合到1976年的《萨尼伯尔规划》(The Sanibel Plan)，并一直被用于后来各版总体规划的自然要素考虑中。尽管总体规划建立在生态规划的基础上，最后规定的模式仍然是以土地功能分区作为管理的依据(见第2章,图2-9)，这也揭示了生态规划方法之局限性。生态规划倡导的尊重自然、结合自然之价值观无疑是当代以及未来人类社会发展之主流；但另一方面，其以环境限制为基调的方法，实质是一种"防卫性规划"②——即将各种自然资源或环境因子依照其价值权重来综

（如何在尊重环境的前提下处理人类集聚空间的分布以及土地利用的问题，需要从其他方法和角度进行突破。）

---

① Clark J. The Sanibel Report(1976)[EB/OL]. [2013-07-08]. http://www.sccf.org/content/122/SCCF-and-The-Sanibel-Report.aspx

② 杨沛儒.国外生态城市的规划历程1900—1990[J].现代城市研究,2005(2-3):27-37

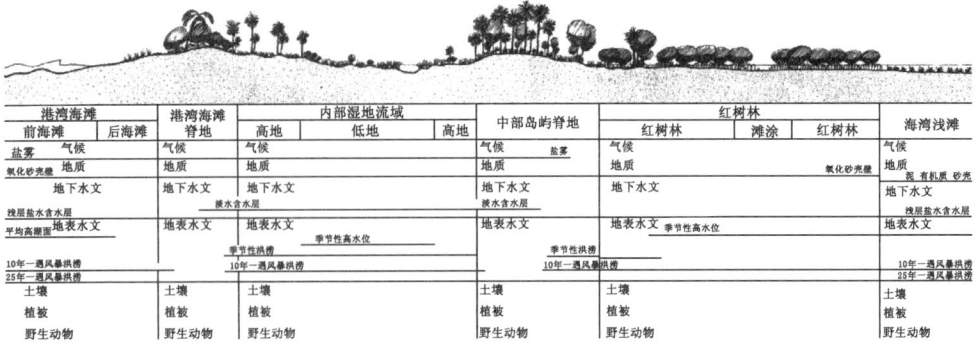

港湾海滩		港湾海滩脊地	内部湿地流域			中部岛屿脊地	红树林			海湾浅滩
前海滩	后海滩		高地	低地	高地		红树林	滩涂	红树林	
盐雾		气候	气候			气候 盐雾	气候			气候
氧化砂壳壁		地质	地质			地质	地质		氧化砂壳壁	地质 泥 有机质 砂壳
浅层盐水含水层		地下水文	地下水文 淡水含水层			地下水文 淡水含水层	地下水文			地下水文 浅层盐水含水层
平均高潮位		地表水文	地表水文			地表水文	地表水文 季节性高水位			地表水文
			季节性洪涝			季节性洪涝				
10年一遇风暴洪涝		10年一遇风暴洪涝				10年一遇风暴洪涝				10年一遇风暴洪涝
25年一遇风暴洪涝										25年一遇风暴洪涝
土壤		土壤	土壤			土壤	土壤			土壤
植被		植被	植被			植被	植被			植被
野生动物		野生动物	野生动物			野生动物	野生动物			野生动物

图 4-4 生态分区调查(指示模式)

资料来源:Clark J. The Sanibel Report(1976)[EB/OL].[2013-07-08].http://www.sccf.org/content/122/SCCF-and-The-Sanibel-Report.aspx

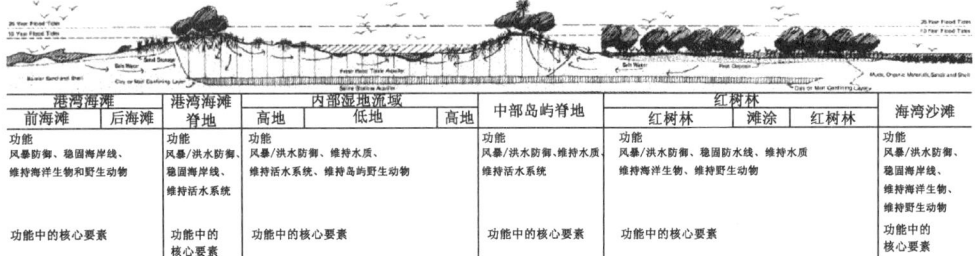

港湾海滩		港湾海滩脊地	内部湿地流域			中部岛屿脊地	红树林			海湾沙滩
前海滩	后海滩		高地	低地	高地		红树林	滩涂	红树林	
功能		功能	功能			功能	功能			功能
风暴防御、稳固海岸线、维持海洋生物和野生动物		风暴/洪水防御、稳固海岸线、维持活水系统	风暴/洪水防御、维持水质、维持活水系统、维持岛屿野生动物			风暴/洪水防御、维持水质、维持活水系统	风暴/洪水防御、稳固防浪线、维持水质			风暴/洪水防御、稳固海岸线、维持海洋生物、维持野生动物
功能中的核心要素		功能中的核心要素	功能中的核心要素			功能中的核心要素	功能中的核心要素			功能中的核心要素

图 4-5 生态分区功能(评价模式)

资料来源:Clark J. The Sanibel Report(1976)[EB/OL].[2013-07-08].http://www.sccf.org/content/122/SCCF-and-The-Sanibel-Report.aspx

港湾海滩		港湾海滩脊地	内部湿地流域			中部岛屿脊地	红树林			海湾沙滩
前海滩	后海滩		高地	低地	高地		红树林	滩涂	红树林	
管理指引		管理指引	管理指引			管理指引	管理指引			管理指引
风暴防御和稳固海岸线		风暴/洪水防御和稳固海岸线	洪水防御 (略)			洪水防御 (略)	风暴防御的稳固海岸线 (略)			风暴防御和稳固海岸线
-前海滩禁止任何开发建设		维持水质 (略)	维持水质 (略)			维持水质 (略)	维持水质 (略)			维持海洋生物和野生动物 (略)
-后海滩禁止对沙滩通道累止任何建设		维持活水系统 (略)	维持活水系统 (略)			维持活水系统 (略)	维持海洋生物和野生动物 (略)			
-禁止建设任何海防构筑或抛石的移动			维持岛屿野生动物 (略)							
-后海滩的澳洲松柏置换为原生沙丘植被										
维持海洋生物和野生动物										
-维持海洋对沙滩的通道										
-静止排放未处理的污水										
-限制径流从已开发地区流向海滩										

图 4-6 生态分区管理指引(规定模式)

资料来源:Clark J. The Sanibel Report(1976)[EB/OL].[2013-07-08].http://www.sccf.org/content/122/SCCF-and-The-Sanibel-Report.aspx

合评估与区划，以避免人类活动对于高环境敏感度的地区产生干扰或破坏。然而，当广袤的区域多已成为建成区或城市地区之时，如何在尊重环境的前提下处理人类集聚空间的分布以及土地利用的问题，需要从其他方法和角度进行突破。

（二）基于建筑类型的形态控制探索

当美国公共机构的规划师在 1980 年代仍然流水作业式地编制传统区划时，一群规划师和建筑师开始反思郊区化蔓延带来的问题。始于 1980 年代到 1990 年代初的新城市主义运动是"二战"以来试图以设计力量影响建造环境的最重大的一次努力。新城市主义者对 1950 年代后的郊区化现象及郊区生活方式作出了反思，认为是建造方式的问题造成了环境和城市公共生活质量退化，因此开始从物质空间入手寻找改革城市的途径[①]。他们把目光投向了历史城镇的优秀传统，致力于复兴和推动可步行的、混合用途的、可持续的社区。他们倡导对现有区划系统进行全面检讨，规划方法从开发规模和强度的多样性着眼，更甚于土地用途的差异。

> 新城市主义试图从物质空间入手寻找改革城市的途径。

加利福尼亚是最早应用以形态为基础的区划方法的几个州之一，其他地方还包括爱荷华州的爱荷华、伊利诺伊州的芝加哥和弗吉尼亚州的阿灵顿县等[②]。由新城市主义者的主要人物 DPZ（Duany Plater-Zyberk）夫妇制定的佛罗里达州海滨城开发规则（Development Code for Seaside, Florida）是其中一个应用了"形态条例"的典型案例（见图 4-7），它被视为与 1980 年代的区划模式的理性决裂。海滨城的规划设计月标是建立一个类似 1920 年代以前的传统美国城镇，其场所特征源于对公共空间形态的控制，通过建筑类型列表来规范地块开发（图 4-8）。该规则出现的时代正值以往只关注建筑个体的现代主义建设方式被几位学者进行严厉抨击，例如科林·罗（Colin Rown）用图底关系分析城市，提供了对公共空间、街道和广场的几何形状及质量的清晰认识；克里尔（Leon Krier）恢复了对步行尺度、街道对景和公共与私人建筑合适关系的理解。其理论导向是把建筑作为一种类型，通过多种模式的集结，形成具有特征的公共空间，从而与每一个建筑标新立异的意图决裂。城市化的组织原则是形成肌理（fabric）和纪念建筑（monument），私人住宅作为城市代表性纪念建筑的背景，通过对高质量的公共空间控制来实现理想的城市效果。

---

① 单皓. 美国新城市主义[J]. 建筑师，2003(3)：4-19
② Parolek D G, Parolek K, Crawford P C. Form-Based Codes: A Guide for Planners, Urban Designers, Municipalities, and Developers[M]. Hoboken, New Jersey: John Wiley & Sons, 2008

图 4-7 海滨城建成实景

资料来源：http://www.dpz.com/Practice/7903．［2012-02-15］

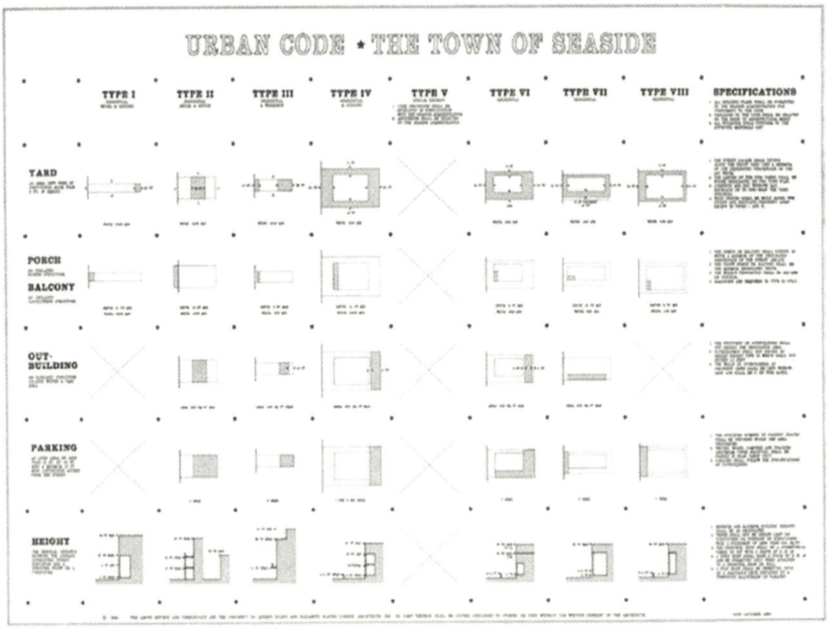

图 4-8 海滨城设计控制规则

资料来源：http://www.dpz.com/Practice/7903．［2012-02-15］

(三) 横断面规划产生

海滨城案例是基于 DPZ 发展的一套"传统邻里建造方式(TND,Tradi-
tional Neighborhood Development)"建设起来的,一些城市和县也以传统邻
里开发规则的形式采纳了形态条例。1999 年,由 DPZ 负责的《新城市主义
词典》(The Lexicon of the New Urbanism)编撰完成①,表明新城市主义的规
划控制体系初步确立。在这个词典中,他们借用了地理学的"横断面(tran-
sect)"概念来组织术语之间的理论体系,认为人居环境和自然环境一样也存
在一种渐变的规律,在剖面上表现的是一系列随城市化强度(urban intensi-
ty)的提高,空间相应地从乡村(rural)向城市(urban)过渡的人居环境带。
横断面规划的一个核心概念是创作"仿真的环境"。这个名字来自虚拟现实
的概念,通过一个特定的环境模拟真实的存在。当这些虚拟环境成功时,这
种仿真—虚拟模型就如同真实的环境。参与者能够成功地在虚拟空间中
"仿真",如同真实处于此境,这种效果部分是基于如何选择和组织构成一个
特定类型环境的所有要素。横断面的逻辑也是类似的,它试图创造一种在
某个环境中的仿真体验,基于真实的本地特征,指定和组织构成该环境的要
素,还原场地的本质。正如计算机科学家可以编制程序设计虚拟环境,让人
感觉真实自然,横断面规划的设计师也可以指定不同的开发强度,使之适应
当地环境。在横断面规划中,核心的任务是寻找仿真环境的主要特点,而不
是像林奇(1976)一样去寻找区域的"感觉"。一旦这些特点被发现,将应用
横断面规划原则来矫正乡村和城市要素的错配(图 4-9)。②

> 横断面规
> 划的核心任务
> 是寻找仿真环
> 境的主要特
> 点。一旦这些
> 特点被发现,
> 将应用横断面
> 规划原则来矫
> 正乡村和城市
> 要素的错配。

随着新世纪的到来,横断面规划的实践继续推进,作为实施新城市主
义思想更好的工具,它适用于各种尺度和背景的规划项目,如:绿地
(greenfield)、棕地(brownfield)、填充式开发(infill)以及公共和私人项
目。这些方法起初有不同的名字,包括"传统邻里开发规则(traditional
neighborhood development ordinances)"和"形态条例(form codes)",但
在 2001 年,怀恩特(Carol Wyant)作为芝加哥区划条例修改案的顾问时,
提出"基于形态的条例(form-based codes)"的定义,至今以来成为通用名
词③。尽管芝加哥没有完全采纳怀恩特的建议,却促成了形态条例协会
(Form-Based Codes Institute)于 2004 年成立,该协会作为非营利组织致
力于形态条例的研究和推广。与此同时,DPZ 在 2003 年发布了《精明条

---

① 2002 年,Duany Plater-Zyberk & Company 将 The Lexicon of the New Urbanism 更新到 3.2 版本

② Duany A,Talen E. Transect Planning[J]. Journal of the American Planning Association,2002,68(3):247

③ 2001 年,芝加哥决定修改 1957 年的区划条例,Carol Wyant 连同 Peter Katz,Geoffrey Ferrell 和 Steve Price
在一次汇报中建议芝加哥抛弃传统的区划条例,改用图形语言或类型学的条例形式。尽管芝加哥没有采纳该建议,
但"基于形态的条例(form-based codes)"一词界定了多年来这批规划师所进行的工作。为简述起见,下文将"form-
based codes"简称为"形态条例"。

例》(Smart Code),《精明条例》是一个基于"横断面"系统发展出来的普适性控制规则,是一个结合了精明增长和新城市主义原则的形态条例。其包含的内容自上而下从区域规划到建筑标识覆盖了整个人居环境①。到2009年为止,已经有超过100个美国城市和县把《精明条例》结合本地情况进行校准,其中有25个城市已经采纳《精明条例》作为控制规则。

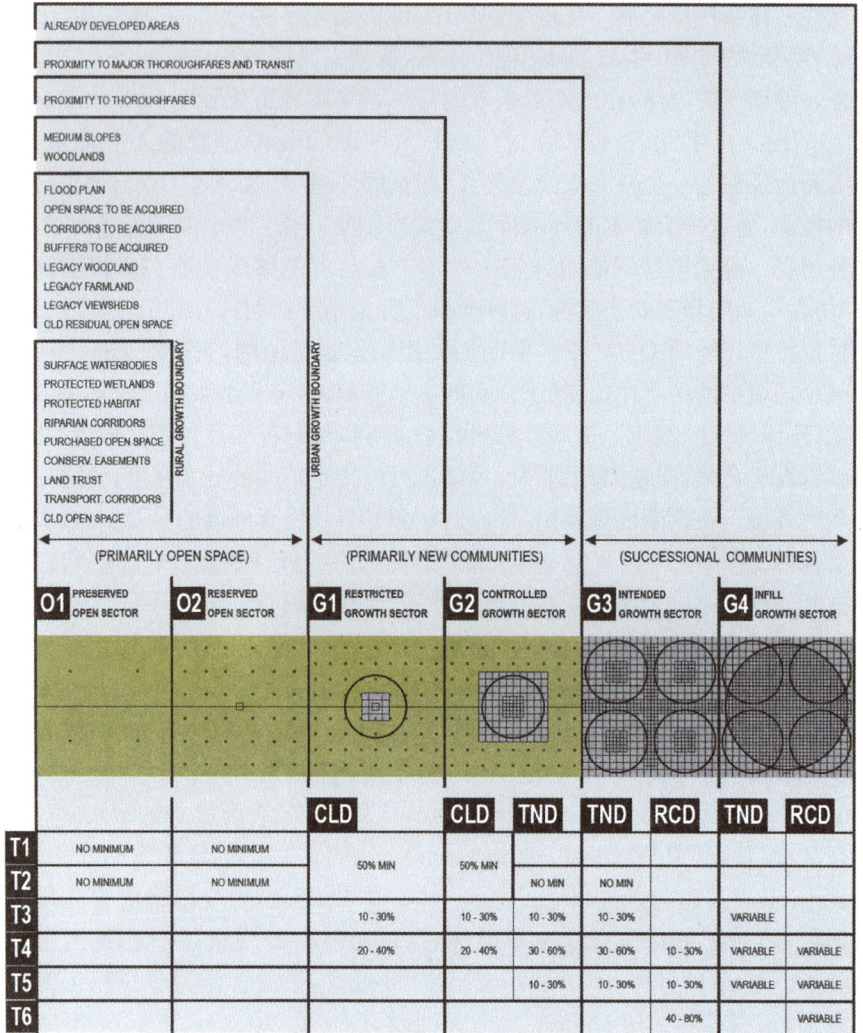

图 4-9 城乡之间的横断面

资料来源:Smart Code 9.0[EB/OL]. http://www.smartcodecentral.org/.[2012-03-05]

---

① 《精明条例》已于2009年更新至9.0版本。

4.3.2 横断面规划的概念内涵

(一) 基于现象学的地景分类

横断面是一个源于地理学的概念,跨越区域的各个截面显示一系列的环境变化。对于人居环境,这个穿越的截面可以反映从乡野到城市的一系列变化,明确不同程度的城市化特征。

横断面规划和传统土地利用规划最大的区别在于前者将构成环境的所有物质性要素(建筑、地块、土地利用、街道、基础设施、植被、地形等)视作一个整体,根据该环境的整体特征进行分类,而不仅仅依据土地利用的功能分区(见图4-10)。某个分区的定义是通过它与其他分区的联系来确定,没有一个断面分区是孤立存在,本质上就是要找出一种合适的空间要素分配方法,塑造理想的人居环境。其研究的视野把对土地的认识从土地利用的各种抽象概念再次回归到地理景观(或称作"场景")。这种认识的角度可以从现象学进行解释。

> 横断面研究的视野把对土地的认识从土地利用的各种抽象概念再次回归到整体性的地理景观,并可从现象学进行解释。

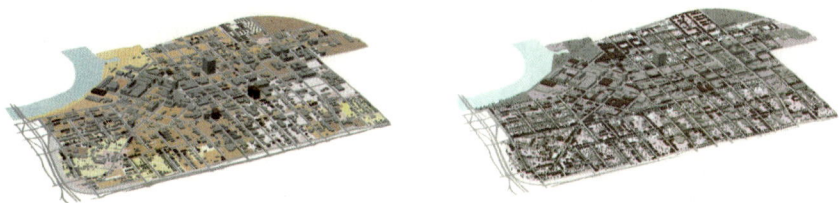

图4-10　蒙哥马利(Montgomery)根据传统区划(左)和横断面规划(右)建成效果对比

资料来源:Parolek D G, Parolek K, Crawford P C. Form-Based Codes:A Guide for Planners, Urban Designers, Municipalities, and Developers[M]. Hoboken, New Jersey:John Wiley & Sons,2008:202-203

哲学根源于一种对象性的思想方式,即把世界作为一个客观对象来对待。因而,哲学是建立在科学认识的基础之上,通过观察、分析、推理、研究的方式来认识世界,掌握世界的规律。人们所能获得的确定的知识形态是因果性的知识,作为一种追根求源的知识,对哲学和科学来说是共同的。苏格拉底在经验知识之外,提出理念性知识。"理念"是一种思想性、概念性的知识,在于探索事物之共同本质,最初和"种""属"的特征分不开,所以亚里士多德才说苏格拉底关于"理念"和"定义"的概念是"归纳"出来的;而按照胡塞尔从现象学的角度来解释,所谓"理念"则不是先有个别感觉然后"归纳"出来的,而是早于具体感觉"直接""命名"的,因而"理念"是最为本源性的、最为纯粹的知识。"世界"就是它向我们显示的那个样子,"事物"的"背后"并没有什么其他的东西存在,因此"回到事物本身",就是"回到现象本身"。

从现象学的基本立场看,一切经验性、对象性、所指性的关系,都可以归结于"物"的关系或"概念"的关系,这种"关系"或者可以"证实",或者可以"证明";但现象学所谓的"意义"的关系,则既不能"证实"也不能"证明",而只能"解释"。本源性"语言""语词"的"意义",既非实物对象镜子般的"映像",也非主体制定出来的"概念",而是"事物"本身的"显现"①。正如"横断面"的意义,并非照搬地理学所解释的自然横断面,也非新城市主义者想象出来的"理念",而是要回到基于地方性的场所本身,由场所的特点"显现"出当地"横断面"的意义。这种意义是可以被解释而不需要被证实。

现象学一个最基本的原则在于:"世界"不仅仅是我的"对象",因为我原本是"世界"的一个部分,主体和客体原本是"同一的",世界如何呈现在我们面前,是和"我们"如何对待"世界"相应的。现象学正是这样"本质地"看"世界",看"万物",这是"＊＊",而不是先分析了这个"＊＊"的各种"属性"以后再"综合"起来的②。正如我们对土地利用的认识,分析的方法是把土地利用区分出功能、开发强度、用地面积等各种属性,从黄色用地可以对应到住宅用地,从用地面积、容积率可以对应到未来的建设总量,但我们永远无法把二维的土地利用属性以及数字指标完全对应到未来的物质空间环境。在住宅用地上可能会发生办公的活动,在同一个容积率下可能会出现瘦高的体量,也可能出现扁平的体量,因此二维的功能分区以及指标化的形态控制不可避免地出现困境。我们所触、所视、所听的物质空间环境是以三维的形态来呈现其意义,因而从塑造理想的物质空间环境之目标看,也必须从直观(直觉)来把握其实质。正因如此,横断面规划的出现具有现象学的意义。

(二)横断面蕴含的区域生态思想

横断面规划的思想背景源于广阔的区域性议题及区域的可持续发展观念。横断面规划认为城市和自然环境之间存在深刻的联系,并且通过应用生态原则来推动这种联系。因此,它与生态设计有一些相似之处——在生存的过程中对生态产生最小的负面影响。要实现这个目标,主要通过设计、特别是通过选择合适的要素和可再生能源,以及通过对生态基底保持敏感性来实现。另一个方法是基于景观生态,应用生态原则编制更好的规划,推动自然保护,协助土地利用管理。例如,生态斑块(规模、数量、位置)、边缘和边界(结构、边界形态)或廊道(屏障、连续)是土地利用规划的重要内涵。

横断面规划借鉴了四个生态原则创造性地应用于城乡空间。

---

① 叶秀山.思·史·诗——现象学和存在哲学研究[M].北京:人民出版社,2010:82
② 叶秀山.思·史·诗——现象学和存在哲学研究[M].北京:人民出版社,2010:8

然而横断面规划在应用生态原则时与生态设计稍有不同,它更关注人类聚居地的规划和城市地区的设计,借鉴了四个生态原则创造性地应用于城乡空间①。

1) 栖息地的连续性

第一个生态原则是栖息地的连续性,对生态学家而言是指生态系统。科学家观察到自然界的生态系统拥有某种空间的秩序,从草原到林地,或从冻土带到山麓都呈现出一系列的生态多样性(图 4-11)。横断面参考了这个原则,创造了一系列不同城市密度的人类栖息地,根据区位的不同类型提供多样化的环境。

不同城市密度的人类栖息地存在连续性。

图 4-11 连续的生态系统

资料来源:http://www.transect.org/natural_img.html.[2012-06-18]

2) 特定的地区存在内部的关联

横断面整合的第二个生态原则是在一个特定的地区存在内部的相互联系——生物体和它们的物质环境之间存在功能上的联系。生态体系的多元化决定了要素和背景是相关联的,而非孤立、单一的维度,最重要的原则是内部关联性。横断面采用类似的原则强调城市化的元素——建筑、地块、街道、用途和它们的物质环境之间的联系,在横断面体系中,建成要素以合适的方式与它们的物质性区位联系在一起。例如在最乡野的地方要求最低密度,小型、分散的建筑,深的后退,小路小径和开放性洼地,不规则种植;在最城市化的地区,要求更高密度,更大、拼合的建筑,浅的后退,街道和巷道,规则的种植。从乡村到城市,城市的密度和复杂性不断提升,自然要素的密度和复杂性不断下降(表 4-2)。

建成要素以合适的方式与它们的物质性区位联系在一起。

---

① Duany A,Talen E. Transect Planning[J]. Journal of the American Planning Association,2002,68(3):249-251

表 4-2　精明条例中各分区的物质要素特征

分区图例	分区描述	分区特征
T1	T1 自然地区（natural） 由接近或恢复野生状态的土地构成，包括因地形、水文或植被原因不适宜居住的土地	一般特征：自然景观结合一些农业用地； 建筑布局：不适用； 临街面类型：不适用； 典型建筑高度：不适用； 市民空间类型：公园、绿道
T2	T2 郊野地区（rural） 由开放的或耕作的或稀疏居住的土地构成，包括林地、农地、草地和可灌溉的沙地	一般特征：主要是农用的林地、湿地和分散的建筑； 建筑布局：多种类型的建筑退缩； 临街面类型：不适用； 典型建筑高度：1～2层； 市民空间类型：公园、绿道
T3	T3 郊区地区（sub-urban） 尽管类似于传统的低密度郊区住宅区，但在允许的住宅数量上有所差别。有较深的退缩距离进行自然种植，街坊可能较大，道路依照地形不规则走向	一般特征：草地和风景优美的场地环绕独户式住宅，偶尔有步行道； 建筑布局：正面和侧院有较大的，不同尺寸的退缩； 临街面类型：门廊、栅栏、自然的树木种植； 典型建筑高度：1～2层，局部3层； 市民空间类型：公园、绿道
T4	T4 一般城市地区（general urban） 以住宅为主的城市肌理。混合用途通常限制在街道角落。它拥有大量的建筑类型：独立式、侧院式、联排式。退缩和景观多样化。街道界定了中等尺度的街坊	一般特征：联排式住宅和小型公寓，分散的商业活动，景观和建筑协调，提供步行道； 建筑布局：正面和侧院有较浅到中等尺寸的退缩； 临街面类型：门廊、栅栏、前院； 典型建筑高度：2～3层，有少量较高的混合用途建筑； 市民空间类型：广场、绿地

续表 4-2

分区图例	分区描述	分区特征
T5	**T5 城市中心地区（urban center）** 拥有更高密度的混合建筑，建筑类型包括零售、办公、联排住宅和公寓。以线形的街道为主，有宽阔的步行道，连续的行道树，建筑立面紧密相对	一般特征：商业混合联排式住宅、更大的公寓住宅、办公、工作场所、市政建筑；以联排式建筑主导；公共道路种植行道树；连续的步行道； 建筑布局：较浅的退缩或没有退缩，街墙由建筑界定； 临街面类型：商业立面，连廊； 典型建筑高度：3～5 层，有一些变化； 市民空间类型：公园、集市广场和市政广场，中等尺度的景观
T6	**T6 城市核心地区（urban core）** 类似市中心区，包括最高的建筑，最大的多样性，最独特的市政建筑，最少的自然状态，连续的行道树（有时甚至没有）	一般特征：中到高密度的娱乐、市政、文化和混合用途建筑。联排式建筑形成连续的街墙；公共道路种植行道树；最大量的步行和车行活动。 建筑布局：较浅的退缩或没有，街墙由建筑界定。 临街面类型：前院、商业立面、连廊、拱廊。 典型建筑高度：4 层以上，有少量较矮建筑。 市民空间类型：公园、集市广场和市政广场，中等尺度的景观

资料来源：Smart Code 8.0[EB/OL]. http://www.smartcodecentral.org/.[2012-03-05]

3）栖息地的内部多样性

第三个生态原则与前两个相关，就是每一个栖息地都需要一定程度的内部多样性。在自然生态体系中不同类型的栖息地展现了不同要素的混合，满足一系列不同的物种。生态学家指其为"复杂性"。这个概念可以应用到人类环境，横断面规划强调只有通过要素的完整多样性才能真正满足居住的偏好。不成功的环境是庞大的，缺乏内部多样性以及整体性。在规划人类环境时，要仿效这项原则需要理解当地环境在过去或目前是如何体现内在协调性的。

> 只有通过要素的完整多样性才能真正满足居住的偏好。

4）运作方式对应空间尺度

最后一项生态原则是在不同空间尺度同时但以不同方式运作。在自然界，有一股连续的能量流穿越多重尺度，"一个嵌套的连贯的层次，从有机体到行星，每一个都清晰表达了它自身的设计完整性"①。这意味着在

> 关注多重空间尺度的物质性要素，整合跨越不同尺度的设计。

① Van der Ryn S, Cowan S. Ecological Design [M], Washington, DC: Island Press, 1995: 127

生态设计中,在为解决环境问题设计最合适的方法时,应考虑尺度。例如,在一个细微的尺度,聚居地可能表现出碎片化,然而在一个巨大的尺度中,可能表现为整体性,而每一个情况都需要不同的干预策略。这个原则也要求设计方法应跨越多重尺度,设计的解决方案应如同自然界一样,回应尺度之间的内在联系,而不是每次只应用在一个尺度。横断面规划处理尺度问题时,首先要关注不同要素有不同范围的影响,例如:一条高速公路应服务或联系广阔的地理范围,而一条狭窄的居住区街道则是针对更小的范围。其次横断面要整合跨越不同尺度的设计,把完整的村落、村庄、城镇、城市和区域联系起来。

横断面规划与生态系统进行类比的思想,提供了一个新的方式提炼自然与人居环境之间的关系,从而强化它们的内在联系,这在美国城市郊区化蔓延不断蚕食乡村土地的背景下是非常重要的,因为大部分的城市开发都没有设想它与自然环境之间的关系。在实践中,横断面分区展现了对自然条件的一系列回应:在更乡野的地区,绿色基础设施被优先考虑,因此乡野的横断面分区勾画的土地应被永久保护或预留未来使用。相反,在另一个极端——城市核心,应优先考虑城市空间的质量,在城市的横断面分区,开发的主要考虑是强化城市肌理,也就意味着自然的特征应服从于城市的处理方式,如果从一个更宏观的层面看,它不应被视为环境的不敏感性,而更应被视作最终为了保护自然资源。

4.4 横断面规划的制定过程

尽管横断面规划的产生源于对区划的反思,但横断面规划的内容远比区划丰富。一直以来,美国综合规划与区划是相对分离的。区划主要在土地利用的模式和形态上发挥作用,但它只是针对某个地块和某座建筑,既不关注地理空间上的关联也缺少时间的长远维度。另一方面,长期性的综合规划远离传统的区划,它是以更抽象的方式来指引整体的城市模式,其规范的手段很少依赖强制性的法规。由于区划缺乏长远的愿景,而长期性的规划缺乏具体的实施工具,规划与区划在制度层面的分离反映了城市空间形态和具体开发模式的分离,结果导致美国的空间模式是难以辨别和紊乱的,狭隘地应用区划条例,产生了一系列城市蔓延和社会隔离等问题。

横断面规
划的制定贯穿
了现状调查、
规划设计和开
发控制三个阶
段。

横断面规划的出现正是为此提供了一个解决方法——直接整合并贯穿了现状调查、规划设计和开发控制三个阶段(图4-12)。它既是一个地理上的空间模式体系,把建成环境各组成部分的要素:建筑、地块、土地功能、公共空间等整合在一起,为收集土地利用信息提供分类标准;也可以为制定区域范围的土地利用规划提供空间设计构想;最后还能在最基础的管制层面运作,通过基于物质空间的形态条例来规定具体的城市形态。其制定过程是以愿景设计和"现场设计会(charrette)"为中心,围绕公众参与展开。高质量的城市设计以及通过"现场设计会"的参与式规划方法使横断面规划的制定形成"有效的循环"[①]。社区通过公众参与建立规划议题以及对未来开发形态的期许,形态控制基于社会共识而获得法律效力。横断面规划主要的过程包括图 4-12 所示的三个阶段:

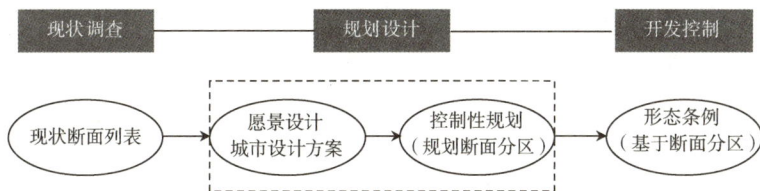

图 4-12 横断面规划以断面分区整合规划过程

4.4.1 记录整理归纳现状断面列表

横断面规划与传统土地利用规划及区划的区别之一在于以"地方性"和"特征性"为准则。通过保持地方特色、减少或消除缺乏个性或品质的发展,从而强化规划地区的独特性。大多数地区的独特性不是建立在建筑风格上,而是建立在城市和社区的形式上。这些形式包括宗地的大小,通廊的设计和布局,公共空间的特征、品质和位置,建筑的规模、类型以及与自然条件的关系。在调研阶段仔细地记录以上情况,有助于横断面规划的编制能基于地方的特色,并加强这些独特的品质。这项工作包含了宏观和微观尺度的透彻分析。

> 地方的独特性建立在城市和社区的形式上。

在宏观层次需要考虑的基本要素是邻里(neighborhood)、分区(district)和通廊(corridor)。这些要素能巩固并加强邻里、城镇、城市和开放空间的整体框架。当记录和处理好现状条件信息后,就要确定规划地区现状断面图(图 4-13),为微观尺度的记录做准备。

在微观层次需要考虑的要素包括街道、建筑物(形式、布局、临街面、类型和用途)、宗地和街坊以及市民空间(公园和广场)。这些微观尺度的细节将为形态条例的初稿提供详细的测量资料。微观层次的调研采取类似生态取样的方法,沿着断面记录和分析样本街区的人居环境和建筑环境的典型情况,最终形成现状每个断面级别的形态要素列表(图 4-14)。

---

① Parolek D G, Parolek K, Crawford P C. Form-Based Codes: A Guide for Planners, Urban Designers, Municipalities, and Developers[M]. Hoboken, New Jersey: John Wiley & Sons, 2008: 81

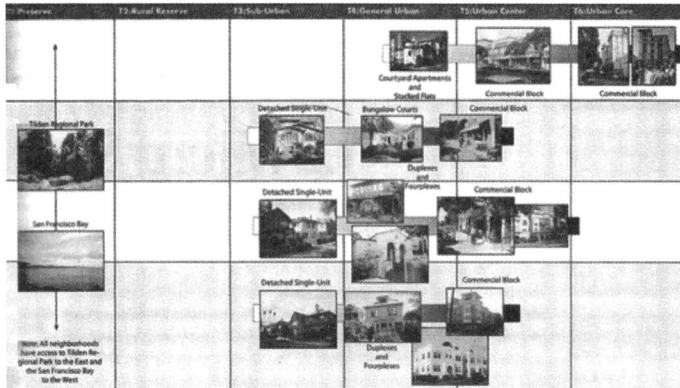

图 4-13　现状断面图

资料来源：Parolek D G，Parolek K，Crawford P C. Form-Based Codes：A Guide for Planners，Urban Designers，Municipalities，and Developers [M]. Hoboken，New Jersey：John Wiley & Sons，2008：125

	T3		T4		T5	
	Typical Mid-block	Typical Corner	Typical Mid-block	Typical Corner	Typical Mid-block	Typical Corner
City						
Width of Largest Historic Building			120' Apartment Bldg			
Block						
Perimeter Length		1530'		1600'		1600'
Length (Primary Street)		525'		400'		400'
Depth (Secondary Street)		240'		400'		400'
Shape		R		R		R
On-street parking spaces within 1/4-mile radius		250		200		200
Length of Building at Front BTL from Corner						
Left End of Block				80'		100'
Right End of Block				100'		100'
Building Placement						
Lot Size						
Width	45'-50'	50'-60'	25'	30'	75'-125'	75-125
Depth	110'	110'	100'	100'	100'-150'	100'-150'
Square Footage	5,500	6,600	2,500	3,000	12,500	12,500±
Distance From	P	P	P	P	P	P
Location of lot	M	C	M	C	M	C
If it is a corner lot, where does the building face?		P	—	P	—	P
Front (Main Body of Building)	15'-20'	15'-20'	5'	5'	0'	0'
Side Street (Main Body of Building)		15'-20'	—	5'	0'	0'
Left Side, Main Building	8'	8'-10'	0'	0'	0'	0'
Right Side, Main Building						
Left Side, Ancillary Building	0'-60'	0'	0'	0'	—	—
Right Side, Ancillary Building						
Rear, Main Building	40'	40'	40'	40'	—	—
Adjacent Use/Transect Level	T4	T4	T4 & T5	T4 & T5	—	—
Rear, Ancillary Building	6'-8'	6'-8'	6'	6'	—	—
Length of Building at Façade Line (BTL)						
Front	80%-100%	50%-80%	100%	100%	80%-100%	80%-100%
Side Street, Main Building	—	30%-35%	—	70%		90%-100%
Side Street, Ancillary Building	—	100%	—	70%		
Width of Building/Lot Width (%)						
Front	35%-55%	35%-50%	100%	80%-100%	80%-100%	80%-100%
Side Street	60%	60%	—	70%	—	80%-100%

图 4-14　现状断面列表

资料来源：Parolek D G，Parolek K，Crawford P C. Form-Based Codes：A Guide for Planners，Urban Designers，Municipalities，and Developers[M]. Hoboken，New Jersey：John Wiley & Sons，2008：134

4.4.2 愿景设计图示断面分区

基于文件整理收集到的信息,设计团队和相关利益者将共同创造出规划地区未来的详细愿景。记录整理阶段的成果是愿景设计的基础,因此调研成果需要呈现给规划所有的参与者,以开始愿景的讨论。愿景设计的工作始于对地区形态框架的图示规划,并编制实现愿景所必要的断面分区和微观要素。图示规划是用来建立初步控制性规划(Preliminary Regulating Plan)控制区的实际位置和边界,它显示了社区的设想布局,包括邻里、分区和通廊的位置,根据项目的范围和规模还可添加其他要素,如通道、市民空间和建筑物。图示规划完成后,就要基于现状断面列表创建每个断面分区的愿景表单(图4-15),在愿景的讨论中可调整价值

愿景设计始于图示规划,并编制实现愿景所必要的断面分区和微观要素。

T5: Town Core

Description
The primary intent of this zone is to enhance the vibrant, pedestrian-oriented character of First Street. The physical form and uses are regulated to reflect the urban character of the historic shopfront buildings.

Use Types
Ground Floor | Service, Retail, Recreation, Education & Public Assembly
Upper Floors | Residential or Service

Building Types
Commercial Block, Ancillary Building

Frontage Types
Gallery, Shopfront, Awning, Forecourt

图4-15 断面分区愿景表单

资料来源:Parolek D G, Parolek K, Crawford P C. Form-Based Codes: A Guide for Planners, Urban Designers, Municipalities, and Developers[M]. Hoboken, New Jersey: John Wiley & Sons,2008:150

观和规范的要素,列出适宜的用途类型、建筑类型和临街面类型,也可以增加必要的类型以反映社区期望的愿景。

4.4.3 基于断面分区编制形态条例

控制性规划和断面控制列表是形态条例的主要内容。

在图示规划和愿景表单完成后,将要继续制定控制性规划、横断面分区规则、微观要素规则和开发审查流程,这些内容将纳入形态条例当中。控制性规划是形态条例的核心组成部分,它确定横断面分区的具体位置。同时,最初在断面分区愿景表单上描述的要素需要用详细的规定进一步明确,形成断面控制列表,列出每个断面分区的各项规则,例如:建筑布局、建筑形态、临街面类型、停车等要求(图4-16)。根据规划地区的大小以及城市设计成果的差异,还可以增加微观要素控制列表。

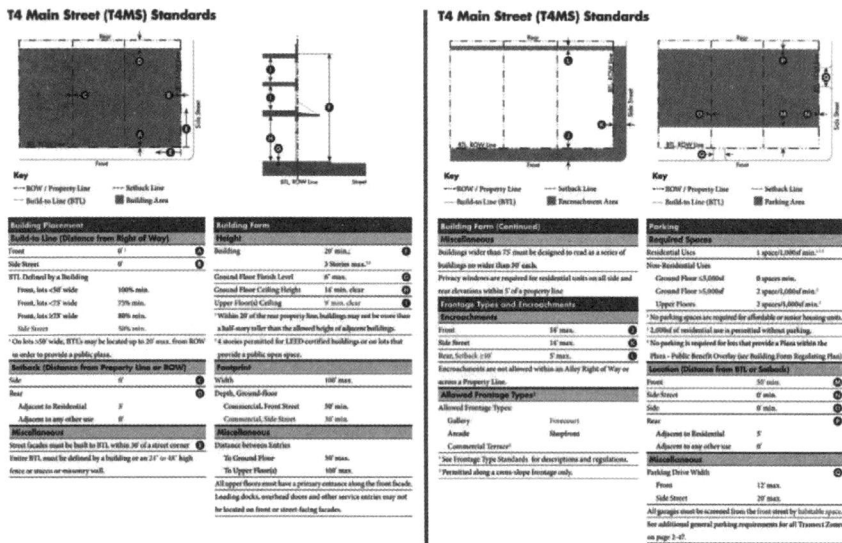

图 4-16　断面分区控制列表

资料来源:http://opticosdesign.com/category/form-based-codes/.[2013-08-09]

愿景设计和条例编制的过程是以"现场设计会(charrette)"①为中心。在数天的现场设计会中形成了控制性规划的初步版本,形态条例的草案以及未来空间形态的渲染图。伴随着现场设计会的热情,形态条例可以更快写入法律,从而减少不可避免的口诛笔伐的过程。最后基于社区的

---

① 19世纪巴黎美术学院的学生交图时,那些赶往各个分散的工作室逐一收图的货车被称为charrette,用charrette一词来称呼现场设计会是形容其工作的快速和密集。charrette一般时间为一周到十天,现场工作结束后,设计师将成果带回事务所进一步完善。引自单皓.美国新城市主义[J].建筑师,2003(03)

愿景,还会起草开发申请的审查过程以及制定实施社区愿景的激励手段。

4.5 横断面规划的实例

制定横断面规划有两个来源:一个是好的城市形态,另一个是"区域的本土特征"。因此并不存在一个固定的横断面,实践中会创造出许多基于当地建筑传统和地方城市形态的横断面类型。横断面理论主要是提出了一个组织断面分区之间关系的规则——在城市化的过程中,形态和功能要适合当地背景;对所处的横断面位置要保持敏感性;同时保持分区之间过渡平缓。以下介绍的两个案例分别在区域层面和城市片区层面使用横断面作为组织原则,针对各自的规划目标,进行横断面规划的探索。

> 组织断面分区之间关系的规则——形态和功能适合当地背景;对所处区位保持敏感性;同时保持分区之间过渡平缓。

4.5.1 城镇、村庄和乡村——佛罗里达州圣露西综合规划修订

城镇、村庄和乡村——佛罗里达州圣露西(St. Lucie)综合规划[①](Towns,Villages and Countryside(TVC),Comprehensive Plan Amendments,以下简称TVC)是一个区域层面的综合规划,主要结合横断面规划方法针对圣露西北部地区进行综合规划的修订。规划范围28平方英里(约合72.5平方千米),2005年人口为24.1万人。该规划是2006年由海岸保护区域规划委员会(以下简称TCRPC)制定。

在过去的发展中,圣露西的景观正经历快速变化。南部地区不断吸引从南佛罗里达州拥挤地区迁徙过来的人群以及北部州份和整个佛罗里达州的退休人员,导致土地价格不断升高、未开发用地供应下降。与此同时,分散在圣露西的柑橘种植的土地生产能力由于国际竞争、不确定的收成、柑橘虫害以及严重的价格波动而逐步下降。此外,该县的一部分农业用地中,区划已经指定相对高的居住密度鼓励了部分土地主把农业用地转为居住用途。过去几十年的发展浪潮模糊了甚至破坏了许多社区的特征。农业、自然栖息地和乡村社区都被同质化抹杀,蔓延式的发展导致道路拥挤,通达性降低,开放空间匮乏,住宅与城市生活、办公、零售用途分离。如果不纠正这个方向,圣露西将屈从于这种增长模式。

TCRPC作为一个公共机构,与圣露西签订咨询合同,制定了最初的发展愿景。TVC规划是为实施这个愿景而编制。TVC作为圣露西综合规划的补充,是针对特别地区未来增长的主动规划。规划把农业保护和有限的城市开发结合在一起,在保护乡村特征的同时能适应其未来增长

---

① Treasure Coast Regional Planning Council. Towns,Villages and Countryside(TVC)Comprehensive Plan Amendments[EB/OL]. (2006-05-05)[2012-07-21]. http://www.stlucieco.gov/planning/tvc.htm

（表 4-3），并采用横断面分区的方法构建了土地开发条例的基础。

表 4-3 城镇、村庄和乡村（圣露西综合规划修订）内容框架

战略目标、战术目标及政策

战略目标 3.1①：建立一个开发框架鼓励可持续的住区模式，保护圣露西的乡村特征，保护和强化自然环境，提高市民的生活质量。

• 战术目标 3.1.1：确保在现有农业地区新的开发是可预期的，同时能回应圣露西市民的愿景。

• 战术目标 3.1.2：创造一个激励性的政策框架，把增长限制在 TVC 地区，建立可持续的发展模式，同时维护社区的乡村特色，改善市民的生活质量。

• 战术目标 3.1.3：提供激励机制，把潜在的开发从城市服务边界（USB）以外的地区重新分配到 USB 以内合适的地区。

• 战术目标 3.1.4：限制城市服务边界以外土地开发来阻止郊区蔓延，建立一个紧凑、混合使用、人行优先的城镇和村庄体系。

• 战术目标 3.1.5：提供可观数量的土地用于景观和乡村，为社区预留出土地用于公共休闲地区，维护和改善地区乡野、农业的质量，通过土地的使用改善自然和建成环境的健康。

• 战术目标 3.1.6：创造一个水道体系作为地区内综合水管理的基石，支持南佛罗里达水管理行政区的目标以及圣露西保护要素的目标和政策，提供一个线性的区域公园空间。

• 战术目标 3.1.7：创造一个可转移开发权的计划，从而保证在城镇、村庄和乡村中有足够数量的开放空间。

• 战术目标 3.1.8：适应未来零售业的需求，作为邻里结构成功的、可行的和重要的组成部分，迎合社区的需求和愿望，同时提供一个市场收益的比率。

• 战术目标 3.1.9：确保新开发的同时建立一个平衡和完整的交通体系，推动理想的可持续的增长模式，同时保护和强化地区的乡村特征。

• 战术目标 3.1.10：把县定位为一个具有竞争力的商业环境，无论在区域还是国家层面，为可持续的经济发展创造条件，推动高工资、高质量的就业机会

资料来源：Treasure Coast Regional Planning Council. Towns, Villages and Countryside (TVC)Comprehensive Plan Amendments[EB/OL]. (2006-05-05) [2012-07-21]. http://www.stlucieco.gov/planning/tvc.htm

在城镇和村庄划分了两类横断面分区，六类次分区，每个横断面分区分别控制了用途、建筑类型、地块布局、街道类型等。

TVC 的实施手段包括了两个法规：一个是基于形态的土地开发条例，另一个是关于开发权转移程序的规则，以确保对乡村的保护。事实上，圣露西县在 1990 年已经采纳了一个统一的土地开发条例，有效地整合了所有的土地开发法规，包括区划、次分条例以及标识物法规。新的 TVC 土地开发条例（St. Lucie County, Florida Towns, Villages and Countryside Land Development Regulations. September, 2007）使这个整合的法规更加流畅②。首先，新条例在原有区划基础上（主要按住宅类型

① 由于 TVC 是对原综合规划进行修订，目标的编号遵循原规划的排序。

② St. Lucie County, Florida Towns, Villages and Countryside Land Development Regulations[EB/OL]. (2007-09)[2012-07-21]. http://www.formbasedcodes.org/files/StLucieFL_TVC_FBC.pdf

和功能分区)增加了三个区划分区,包括 PTV(规划的城镇或村庄)、PCS(规划的乡村次分区)以及 PRW(规划的零售/工作地点)。PTV 的土地组织原则主要是基于横断面类型,横断面类型直接控制了街道类型和地块类型,进而控制了建筑物的布置和密度。其中邻里横断面分区包括了四个次分区:核心、中心、一般地区和边缘。邻里周边的乡村横断面分区包括了两个次分区:外围和乡野(图 4-17)。每个横断面分区控制的内容包括了用途、建筑类型、地块布局、街道类型等物质性要素,并在规划图中落实了它们具体的位置。以邻里分区为例,其定义的描述是:

图 4-17 城市—乡村横断面

资料来源:Treasure Coast Regional Planning Council. Towns,Villages and Countryside (TVC)Comprehensive Plan Amendments[EB/OL]. (2006-05-05) [2012-07-21]. http://www. stlucieco. gov/planning/tvc. htm:figure 3-6

• 邻里边缘:主要是一个独立的独户家庭地区,有较大的地块,较低的密度。

• 一般地区:是在邻里中一个更大的地区,允许一些小型的商业,主要保留住宅的特征。混合着不同大小的地块的独户住宅,附带联排住宅、公寓、提供床铺早餐的民宿以及一些生活工作一体的单元。

• 邻里中心:是可识别的公共或市政中心的形态。公共或市政中心可以是公共的广场、工业、绿地或商业广场,结合学校、图书馆、博物馆、礼拜场地、社区中心、农民市场或小规模的邻里零售用途。邻里中心为社区提供一个自然的集聚场所,由建筑正面界定空间,同时能提供天然的监视,保障场所安全。中心是紧凑的、多层的联排建筑,能适应一系列用途。商店结合上层的办公或公寓,生活工作一体的单元以及更高密度的住宅类型都适合在邻里中心。邻里中心是在步行范围以内,对所有邻里居民都是可达的。

• 邻里核心:邻里核心是横断面中最密集的、最活跃的分区,至少由两个邻里支撑,通常沿一条主要大道或在一个主要的交叉口。邻里核心有最密集的零售和办公用途,可以包括定向的工业就业用途(见图 4-18)。

与其他小型地区直接编制了具体的控制性规划不同,未来新城镇或乡村的开发者将要分别起草控制性规划。这些规划必须符合形态条例的

"核心"横断面

目标：核心区的开发是最高强度，横断面中最为城市化的分区。建筑通常是连排并沿着地块正立面建，创造了连续的街道立面并提高了可步行性。商业和公共用途应在核心区产生；公寓及居住/工作混合的建筑构成住宅的主要类型。核心分区必须位于周边居住地区的步行距离内。

许可的地块类型：在核心横断面分区（参考3.01.03.EE.2.e）

- 混合用途建筑地块
- 零售建筑地块
- 公寓建筑地块
- 居住/工作建筑地块
- 公共建筑地块

建筑类型和地块的布局：在核心横断面分区（参考3.01.03.EE.2.f）

开发标准：在核心横断面分区（参考3.01.03.EE.2.g）

许可的用途：在核心横断面分区（参考3.01.03.EE.2.h）

许可的街道类型：在核心横断面分区（参考3.01.03.EE.2.i）

- 主要街道
- 林荫大道地块
- 林荫路
- 巷道
- 小径

街道景观标准：在核心横断面分区（参考3.01.03.EE.2.j）

核心横断面分区在控制性规划范例中标识出来。

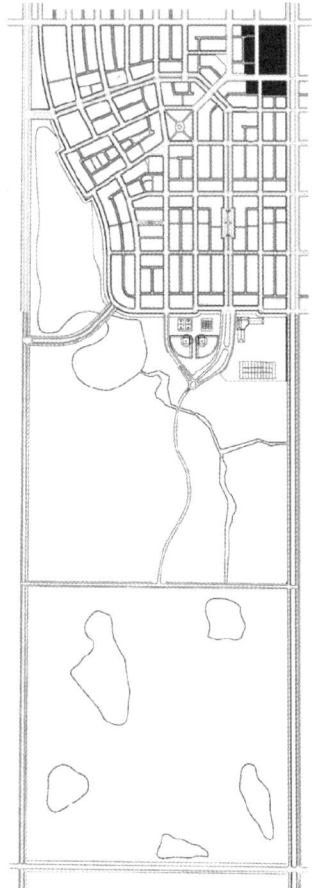

图4-18　邻里核心横断面的开发标准

资料来源：St. Lucie County，Florida Towns，Villages and Countryside Land Development Regulations[EB/OL]．（2007-09）[2012-07-21]．http://www.formbasedcodes.org/files/StLucieFL_TVC_FBC.pdf：18

要求，同时通过再分区过程获得县的审批许可。每个规划必须把完整的地块归类到城市或乡村的横断面分区，同时表达完整的街道网络以及所有地块建议的建筑类型。

新的模式提供了11种可以接受的街道类型以及11种可接受的地块（建筑）类型（表4-4，图4-19）。城市设计师有权额外增加其他类型，但每一个类型都应能方便地在法规描述的标准类型中找到比照。条例对地块面积的上限有严格的标准，并要求创造适宜尺度的街道网络。条例特别

表 4-4 横断面分区允许的地块和街道类型

地块类型	乡村		邻里			
	乡野	外围	边缘	一般地区	中心	核心
混合用途建筑地块					×	×
零售建筑地块					×	×
公寓楼建筑地块				×	×	×
居住/工作建筑地块				×	×	×
公寓住宅地块				×	×	
联排住宅地块				×	×	
农舍住宅地块				×	×	
侧院式住宅地块				×	×	
四周围院式住宅地块		×	×			
庄园式住宅地块		×	×			
市政建筑地块		×	×	×	×	
乡村地带	×	×				

街道类型	乡村		邻里			
	乡野	外围	边缘	一般地区	中心	核心
主要街道					×	×
林荫大道	×	×	×	×	×	×
林荫路				×	×	×
东西大街				×	×	
南北大街				×	×	
边缘区道路			×			
景观路	×	×				
乡村路	×	×				
小路				×	×	×
小巷					×	×
小径	×	×	×	×	×	×

资料来源:同图 4-18

混合用途建筑地块（MU）

这些图表描绘了地块尺寸和三维要求

高度:

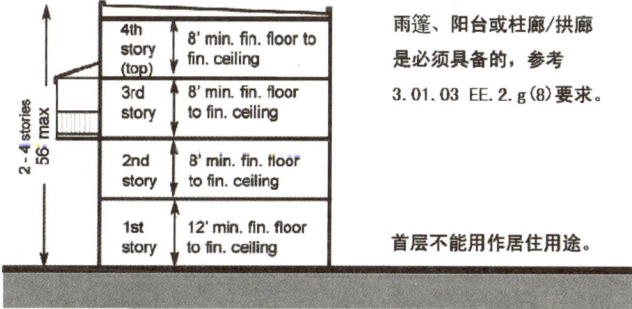

楼层	层高
4th story (top)	8' min. fin. floor to fin. ceiling
3rd story	8' min. fin. floor to fin. ceiling
2nd story	8' min. fin. floor to fin. ceiling
1st story	12' min. fin. floor to fin. ceiling

2 - 4 stories / 56' max

雨篷、阳台或柱廊/拱廊是必须具备的,参考 3.01.03 EE.2.g(8)要求。

首层不能用作居住用途。

建筑布置:

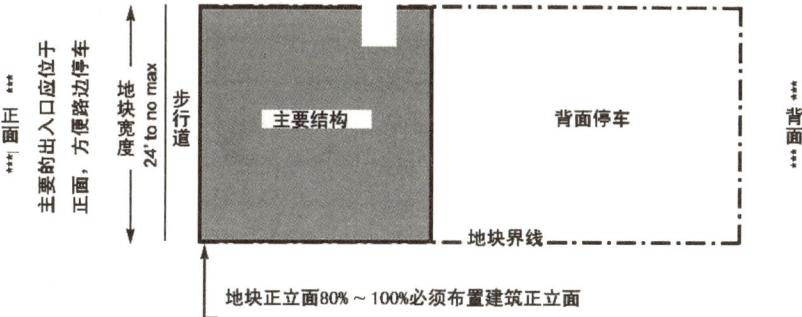

主要结构 / 背面停车 / 地块界线

步行道 / 地块宽度 24' to no max

主要的出入口应位于正面,方便路边停车

正面 / ***背面***

地块正立面80%～100%必须布置建筑正立面

图 4-19 地块建筑形态和布局标准示意

资料来源:同图 4-18

关注到乡村地区,通过把开发权转移到已有的城市地区或新的城镇或村庄,保护了 60%～75% 的乡村景观,农业用途得以连续地保留下来,避免城市开发的压力。这项措施对于保护当地的柑橘树林以及农业用途和生物群落都有重要的意义。

4.5.2　加利福尼亚州圣安娜市区复兴详细规划

圣安娜(Santa Ana)市是加利福尼亚州奥兰治县人口密度最高的城市。为了在市区重建已荒废的 3 个区和 3 个街道,并解决出入县城的交通,2008年该市编制了一个 447 英亩(约 180 公顷)的城市核心区复兴规划[Santa-Ana Renaissance Specific Plan(Draft),2007][1]。这部规划同样以横断面作为组织原则,基于空间形态特征区分出 7 个形态分区,形态条例包含了控制性规划、用途标准、建筑类型标准、街道网络标识和开放空间标准(表 4-5)。

形态条例包含了控制性规划、用途标准、建筑类型标准、街道网络标识和开放空间标准,对应 7 个形态分区分别提出相应的标准。

表 4-5　圣安娜市区复兴详细规划内容框架

第一章　简介	第二章　形态与特征
1.1　规划目标 1.2　规划机构 1.3　该规划与其他规划及文件的关系 1.4　区位和边界 1.5　规划层面的现状条件 1.6　地方层面的物质空间现状 1.7　公众参与与规划编制 1.8　规划层面的政策 1.9　规划大纲	2.1　圣安娜核心区的愿景和规划 2.2　开放空间网络 　　2.2.1　集市、广场、绿地和公园 　　2.2.2　街道植被和街道景观 　　2.2.3　环境管理 2.3　机动性规划 　　2.3.1　环境敏感方案(CSS) 　　2.3.2　连通性 　　2.3.3　街道设计 　　2.3.4　街道网络规划 　　2.3.5　停车 　　2.3.6　转乘、步行和自行车
第三章　实施	第四章　法规
3.1　规划行动方案 　　3.1.1　机动性和转乘 　　3.1.2　历史保护和可适应性的再利用 　　3.1.3　就业 　　3.1.4　共享停车 　　3.1.5　住房 　　3.1.6　公共领域 　　3.1.7　文化	4.1　法规的适用范围 4.2　控制性规划和分区 4.3　用途标准 4.4　城市标准 4.5　建筑标准 4.6　标识标准 4.7　地块次分和开放空间标准 4.8　街道和道路网络标准 4.9　术语标准

资料来源:Moule & Polyzoides Architects and Urbanists. Santa Ana Renaissance Specific Plan(Draft)[EB/OL]. (2007-10-8) [2011-04-02]. http:// www. ci. santa-ana. ca. us

---

① 　Moule & Polyzoides Architects and Urbanists. Santa Ana Renaissance Specific Plan(Draft)[EB/OL]. (2007-10-8) [2011-04-02]. http:// www. ci. santa-ana. ca. us

规划首先详细调查现状的空间形态特征并进行分类,在此基础上通过"现场设计会"与当地居民共同描绘了城市设计的愿景(图4-20)以及控制性规划。与以往区划把城市按照居住、商业、工业、公共机构的用途进行分区不同,控制性规划在城市设计方案的基础上以城市空间形态的特征取代了土地功能分区,建立土地划分基础,直接反映每个分区的功能与形态的相互关系(图4-21,表4-6)。比如城市型邻里2(UN-2)分区是指以居住为主导用途的地区,能适应多种住宅类型,同时兼容一些居家式工作、社区商业;城市型邻里1(UN-1)分区是指以居住为主导用途的地区,能适应多种住宅类型低密度开发;居住/工业区(R/I)则是该城市独特的区域,混合了工业用途和基于工业发展起来的独户住宅地区。根据不同的形态分区,形态条例给出了从建筑形态和布局到停车、用途、公共空间、标识和灯光,甚至绿色建筑、运输和暴雨管理等的控制标准。其中用途分类不再是指导规划编制,而是面向规划管理的过程,用途管理结合了开发许可的要求做出矩阵表列,成为用地管理的清晰依据(表4-7)。

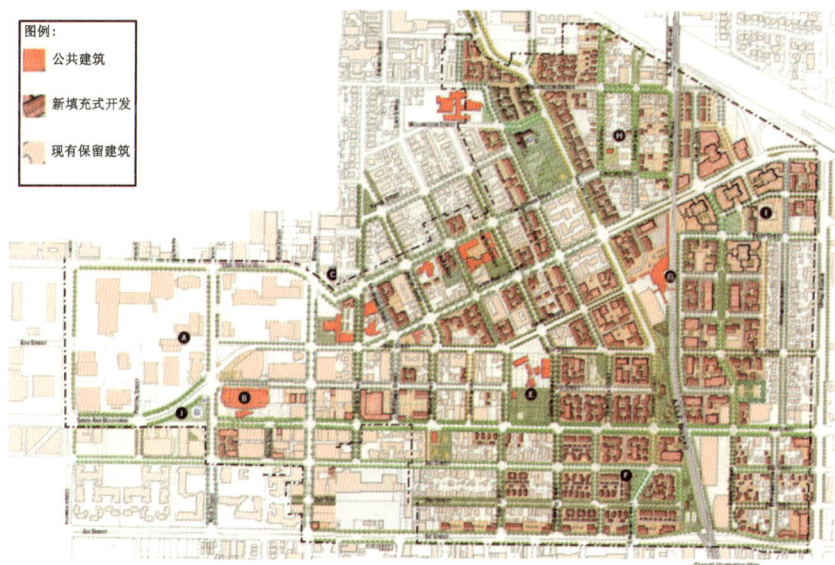

图4-20 城市设计方案

资料来源:Moule & Polyzoides Architects and Urbanists. Santa Ana Renaissance Specific Plan(Draft)[EB/OL]. (2007-10-8) [2011-04-02]. http:// www. ci. santa-ana. ca. us

建筑类型标准在现状调研的基础上提出了12种建筑类型,包括带裙房的塔楼、板楼、混合式庭院、商业街区、多层公寓、庭院住宅、工业厂房、生活工作两用、联排式、两居/三居/四居以及独栋的住宅(见图4-22)。在建筑类型标准的开头,以表格形式罗列了每个分区允许建设的建筑类型。而每个建筑类型都有一个页面说明这一类型的具体要求,包括地块最小的宽度、出入口、停车场、服务设施、开放空间、景观、立面、建设规模和体量。详尽的标准使得建筑类型成为形态管制的首要内容。

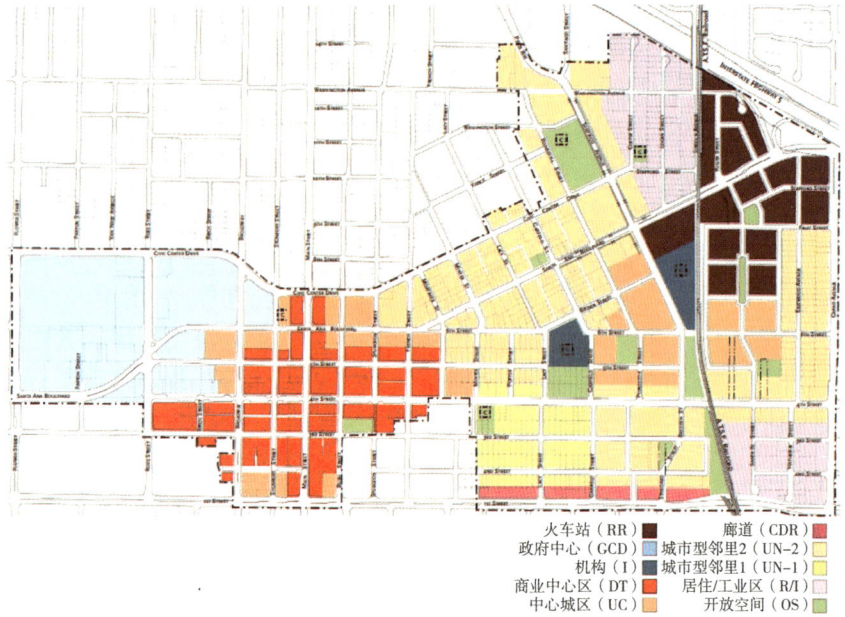

图 4-21　控制性规划图

资料来源:Moule & Polyzoides Architects and Urbanists. Santa Ana Renaissance Specific Plan(Draft)[EB/OL]. (2007-10-8) [2011-04-02]. http:// www. ci. santa-ana. ca. us

表 4-6　分区编码

RR	火车站分区	UN-2	城市型邻里 2
DT	商业中心区	UN-1	城市型邻里 1
UC	中心城区	R/I	居住/工业区
CDR	廊道		

资料来源:Moule & Polyzoides Architects and Urbanists. Santa Ana Renaissance Specific Plan (Draft)[EB/OL]. (2007-10-8) [2011-04-02]. http:// www. ci. santa-ana. ca. us

表 4-7　允许的土地利用以及结合分区的许可要求

土地利用类型	根据分区的要求获得许可						
	RR	DT	UC	CDR	UN-2	UN-1	R/I
居住用途							
家庭职业(住家经营),酒精类贩卖除外	P(1)	P(1)	P(1)	—	P	P	P

132

续表 4-7

土地利用类型	根据分区的要求获得许可						
	RR	DT	UC	CDR	UN-2	UN-1	R/I
居家式工作	LUC	LUC	LUC	LUC	CUP	CUP	CUP
混合用途建筑的住宅部分	P(1)	P(1)	P(1)	P(1)	P	P	P
底层住宅	—	—	—	—	P	P	P
护理院	CUP	CUP	CUP	CUP	CUP	CUP	CUP
有楼宇管理的住宅用途	—	P(1)	P(1)	P(1)	P	P	P
车房/第二住宅、独户住宅	—	—	—	—	P	P	P
多户建筑	CUP	CUP	CUP	CUP	CUP	CUP	CUP
混合用途建筑	CUP	CUP	CUP	CUP	CUP	—	CUP
娱乐、教育和集会							
在 0:00—7:00 之间营业	CUP	CUP	CUP	CUP	CUP	CUP	CUP
社区集会	P(1)	CUP	CUP	P	CUP	CUP	CUP
健康/健身设施	—	—	P	P	CUP	—	—
室内娱乐设施——商业性/台球	CUP	CUP	CUP	CUP	—	—	—
图书馆、博物馆	—	P	P	P	P	—	—
学校——公立或私立	—	CUP(1)	CUP	P	CUP	CUP	—
工作室——艺术、舞蹈、武术等	P	P	P	P	CUP	CUP	—
影剧院、电影院或表演艺术	P	P	P	—	—	—	—
网吧	LUC	LUC	LUC	LUC	LUC	—	LUC
零售							
古董或收藏品商店	P	P	CUP	—	—	—	—
酒吧、酒馆、夜总会、现场表演	CUP	CUP	CUP	CUP			
建材及景观材料的销售	—	—	—	—	—	—	CUP
一般零售，以下的除外:	P	P	P	P	P(2)	—	—
酒精饮料销售	CUP	CUP	CUP	CUP			CUP
自动或电动汽车服务	—	—	—	CUP			
自动或电动汽车维修	—	—	—	—	—	—	CUP
首层每个承租人面积超过 20 000 平方英尺	CUP	CUP	CUP	—	CUP	—	

土地利用类型	根据分区的要求获得许可						
	RR	DT	UC	CDR	UN-2	UN-1	R/I
在 0:00—7:00 之间营业	CUP	CUP	CUP	CUP	CUP	—	CUP
饮食店	P	P	P	P	P(2)	—	P
在 0:00—5:00 之间营业	CUP	CUP	CUP	CUP	CUP	—	CUP

注:许可的类型——"P",许可用途;"LUC",要求土地利用认证;"CUP",有条件许可;"—",不允许的用途。"(1)",只允许在二层或以上,或在底层临街面后面出现该用途。"(2)",只允许作为垂直混合项目的一部分,上面部分楼宇作为居住用途。

资料来源:同图 4-20

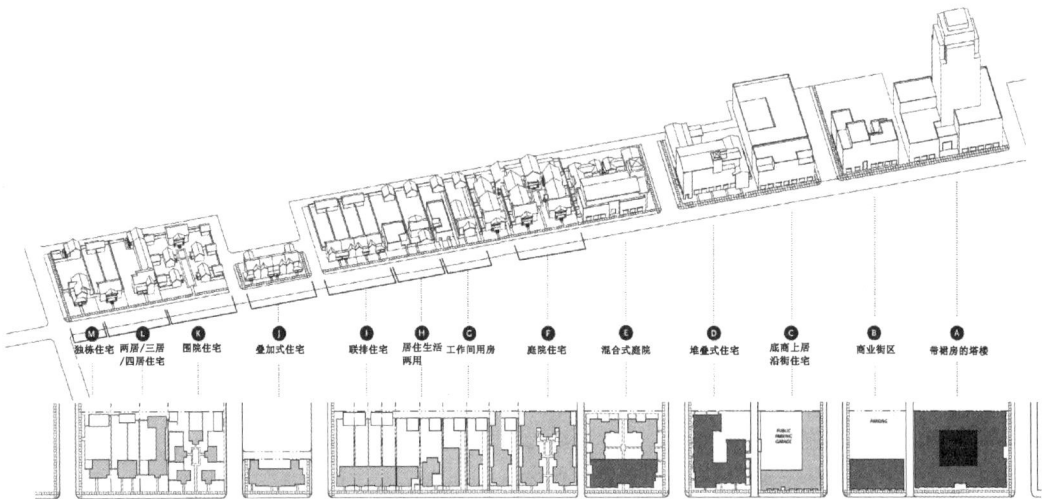

图 4-22　建筑类型标准

资料来源:Moule & Polyzoides Architects and Urbanists. Santa Ana Renaissance Specific Plan(Draft)[EB/OL]. (2007-10-8)[2011-04-02]. http:// www. ci. santa-ana. ca. us

4.6　本章小结

(1) 环境伦理的改变引起土地利用分类方法的转变。横断面规划采用整体性的观念从土地利用的现象——地理景观(包含自然景观和人工景观)呈现的横断面形态进行土地利用分类,打破了传统土地利用分类维度的局限性。它汲取了地理学中的横断面思想,以现象学的思考方式直观描述、评价分析和规定城乡空间形态的各种类型,通过横断面分区建立起地方性和特征性的尺度,把土地利用分类的三种模式对应规划过程有效地整合在一起,实现了土地利用分类方法的范式转变。

　　（2）横断面规划的思想背景源于广阔的区域性议题及区域的可持续发展观念。地理景观是人与自然关系的反映，城乡横断面表现了人与自然关系的梯度。基于横断面的形态分类体现某一种人地关系的刻度，将发展目标转译为某一种形态实质是规定某一种具体的人地关系，是生态伦理价值的具体表现。因此横断面规划是应对生态环境问题的一种综合性规划工具。然而横断面规划在应用生态原则时异于生态规划，它更关注人类聚居地的规划和城市地区的设计，借鉴了四个生态原则创造性地应用于城乡空间。每一个横断面分区的定义是通过它与其他分区的联系来确定的，本质上就是要找出一种合适的空间要素分配方法，塑造理想的人居环境。

　　（3）横断面的类型不存在固定的模式，制定横断面规划有两个来源：一个是好的城市形态，另一个是"区域的本土特征"。例如在佛罗里达州圣露西县综合规划修订中，强调农业保护和有限的城市开发相结合，划分乡村和邻里两类横断面分区，并通过基于形态的土地开发条例落实规划目标。而在加利福尼亚州圣安娜市区复兴详细规划中，则是以当地城市空间形态特征来建立横断面分区的基础，形态条例包含了从用途、建筑类型到开放空间、标识、街网系统等更丰富的内容。

5 现实反思:封闭体系的桎梏与 地方性的探索

基于土地利用分类的历史、理论与实践的研究,本章首先回顾和梳理我国土地利用分类体系的历史背景和特点,然后重点讨论城市用地分类标准存在的问题和困境,运用多维土地利用分类理论进行分析与反思,可以清晰地揭示其"封闭性"和"单一性"的特征:第一,我国土地利用分类标准依然保留树状分级结构,从逻辑学的角度分析,该结构存在类别的有限性和封闭性,难以涵盖新生的土地利用类型;第二,分类依据混淆了土地利用分类的多重维度,以模糊含混的单一维度"主要使用性质"以概之,导致其在全面描述现状以及规定土地利用属性时存在局限;第三,在我国规划制度背景下,城市用地分类标准是规划调查、编制和管理的依据,导致城乡规划的方法局限于封闭单一的手段,无法应对多元化的规划目标和多样化的挑战。

为了解决国家标准与现实相脱离的问题与困境,地方实践也在积极探索创新的规划编制方法和城市规划标准,试图弥补国家标准的不足。这些自下而上的探索尽管未能突破上层的制度框架,却反映了地方规划发展的真实需求,为我国土地利用分类标准未来的调整完善提供实践经验。

5.1 土地利用分类的历史背景与特点

我国土地
利用分类存在
两套体系。

我国的土地规划主要由土地利用总体规划和城乡规划构成。根据《土地管理法》和《城乡规划法》的解释,两类规划分别由国土部门和住建部门这两个平等级别的政府部门进行管理。通过设置两个平行的政府部门来行使土地规划的权力主要达到部门权力制衡的目的,由此也形成我国土地利用分类的两套体系——国土部门应用的土地资源分类出于耕地保护的目的,侧重于农用地的细分;住建部门应用的城市用地分类面向城市发展,侧重于建设用地的细分。

源于计划经济时期的《土地利用现状分类》和《城市用地分类与规划建设用地标准》(以下简称《城市用地分类标准》)主要落实国家对土地现状资源调查和城市用地管控的目标,适用于针对土地利用的描述或规定,前者属于土地利用分类的指示模式,后者属于指示模式和规定模式的结合。进入市场经济后,中央在面对多元利益格局的挑战下,为了保护公共空间资源,通过出台《土地利用总体规划编制规程》和《城市规划编制办法》加强土地利用的空间管制,以强制性的内容明确两类规划需要划分的管制区域,并由此进一步强化了我国土地利用分类自上而下管控的特征。另一方面,我国土地利用分类主要关注现状的土地资源和规划的建设用地,对于存量土地上的开发活动仍然重视不足,至今在国家和地方层面依然缺少针对不同类型开发活动的管理规则,难以满足当前复杂建成环境的管理需求。我国土地利用具体的分类标准和分类模式见表5-1。

表5-1　我国土地利用分类体系与相应模式

分类(区)标准	分类模式	分类维度	适用规划
土地利用现状分类	指示模式	一级类:土地用途; 二级类:经营特点＋利用方式＋覆盖特征	土地利用总体规划
土地利用总体规划编制规程	规定模式	土地规划用途; 土地用途区(基本农田保护区、一般农地区、城镇村建设用地区、独立工矿区等); 建设用地空间管制(允许建设区、有条件建设区、限制建设区、禁止建设区等)	
城市用地分类标准	指示模式、规定模式	土地使用的主要性质	城乡规划
城市规划编制办法	规定模式	空间管制(禁建区、限建区、适建区等); 控制开发(基本农田保护区、风景名胜区、生态敏感区等); 土地使用强度管制(密度一区、密度二区等)	

资料来源:自绘

5.1.1　土地利用分类标准脱胎于计划经济时期

(一)《土地利用现状分类》

我国两个主要的土地利用分类标准均脱胎于计划经济时期,但两者的适用面有较大的区别。《土地利用现状分类》起源于农业区划工作,1960年代我国以农业地理作为地理学应用的突破口,投入巨大的力量开

《土地利用现状分类》一级类主要按土地用途,二级类按经营特点、利用方式和覆盖特征进行续分。

展农业区划工作,这项实践在社会上取得一定反响,整体思路和方法主要围绕农业地域类型的描述。1984年9月全国农业区划委员会颁布的《土地利用现状调查技术规程》依据土地的用途、经营特点、利用方式和覆盖特征等因素将全国土地分为耕地、园地、林地等8个一级地类,二级按土地利用的主导产品或具体功能分为46个地类,并可按实际情况进行三、四级分类,为全国土地利用现状调查提供了分类依据[①]。1986年3月,国务院进行土地管理体制改革,成立国家土地管理局,统一管理全国土地,同年6月,全国人大常委会通过并公布了《土地管理法》。为进一步摸清城镇土地的状况,国家土地管理局于1989年发布,又于1993年6月修订的《城镇地籍调查规程》依据土地用途将城镇用地分为商业金融业、工业仓储、市政等10个一级地类,24个二级地类。城镇土地的分类是对土地利用现状分类中"城镇"的进一步划分,从而形成一套为土地利用现状调查和城镇地籍调查、土地登记服务的土地利用分类体系。以上两个土地分类标准是两套标准,并没有把城乡统一起来,尤其在分类的概念内涵和应用上存在差异性。

2001年8月国土资源部在以上两套标准基础上,制定了城乡统一的《土地分类(试行)》。其后,国土资源部在《土地分类(试行)》基础上又制定了《全国土地分类(过渡期间适用)》的过渡分类标准,沿用至2007年。[②] 然而这套分类标准依然只能说是行业标准,因为当时国土、农业、林业、建设、水利、交通等相关部门,按照部门的职能分工和管理需求,分别建立了不同的土地调查、统计分类体系。2007年8月,国家质量监督检验检疫总局和中国国家标准化管理委员会联合发布《土地利用现状分类》,标志着我国土地资源分类第一次拥有了全国统一的国家标准。

《土地利用现状分类》采用一级、二级两个层次的分类体系,共分12个一级类、57个二级类(表5-2)。根据标准的解释,其分类原则是对土地利用现状类型进行归纳和划分。一是区分"类型"和"区域",按照类型的唯一性进行划分,不依"区域"确定"类型";二是按照土地用途、经营特点、利用方式和覆盖特征四个主要指标进行分类,一级类主要按土地用途,二级类按经营特点、利用方式和覆盖特征进行续分,所采用的指标具有唯一性;三是体现城乡一体化原则,按照统一的指标,城乡土地同时划分,实现了土地分类的"全覆盖"。

---

① 李树国,马仁会. 对我国土地利用分类体系的探讨[J]. 中国土地科学,2000,14(1):39-40

② 门雁冰. 土地利用现状分类思考[J]. 国土资源情报,2011(5):40-46

表5-2 土地利用现状分类

一级类	二级类	三大类	一级类	二级类	三大类
01 耕地	011 水田	农用地	09 特殊用地	091 军事设施用地	建设用地
	012 水浇地			092 使领馆用地	
	013 旱地			093 监教场所用地	
02 园地	021 果园			094 宗教用地	
	022 茶园			095 殡葬用地	
	023 其他园地		10 交通运输用地	101 铁路用地	
03 林地	031 有林地			102 公路用地	
	032 灌木林地			103 街巷用地	
	033 其他林地			104 农村道路	农用地
04 草地	041 天然牧草地			105 机场用地	建设用地
	042 人工牧草地			106 港口码头用地	
	043 其他草地	未利用地		107 管道运输用地	
05 商服用地	051 批发零售用地	建设用地	11 水域及水利设施用地	111 河流水面	未利用地
	052 住宿餐饮用地			112 湖泊水面	
	053 商务金融用地			113 水库水面	建设用地
	054 其他商服用地			114 坑塘水面	农用地
06 工矿仓储用地	061 工业用地			115 沿海滩涂	建设用地
	062 采矿用地			116 内陆滩涂	
	063 仓储用地			117 沟渠	农用地
07 住宅用地	071 城镇住宅用地			118 水工建筑用地	建设用地
	072 农村宅基地			119 冰川及永久积雪	未利用地
08 公共管理与公共服务用地	081 机关团体用地		12 其他土地	121 空闲地	建设用地
	082 新闻出版用地			122 设施农用地	农用地
	083 科教用地			123 田坎	
	084 医卫慈善用地			124 盐碱地	未利用地
	085 文体娱乐用地			125 沼泽地	
	086 公共设施用地			126 沙地	
	087 公园与绿地			127 裸地	
	088 风景名胜设施用地				

资料来源：中华人民共和国质量监督检验检疫总局和中国国家标准化管理委员会. 土地利用现状分类：GB/T 21010—2007 [S]. 北京：中国建筑工业出版社，2007

尽管该标准存在树状结构的局限性，但其主要适用于土地调查，面临的困境并不如《城市用地分类标准》突出。

该分类标准对 1984—1989 年、2001 年试行、2002 年过渡期适用等三种分类进行了综合反映,增加了现阶段需求因素,整体并没有发生本质变化。尽管该标准的树状结构和划分原则存在逻辑结构的局限①,但由于其主要适用于国土资源部门所开展的全国土地调查和土地利用总体规划的前期调查,因此面临的困境并不如《城市用地分类标准》突出②。相较而言,《城市用地分类标准》作为城乡规划的技术标准,其自身结构的缺陷对当前城乡规划工作的影响更为深刻。

(二)《城市用地分类标准》

我国现代城市规划从 1950 年代开始出现。计划经济时期的城市规划实质是建设规划,所有的规划设计、规划管理都是围绕着工业建设的目标进行。在缺乏学科背景、技术人才的情况下,国家引入了苏联的建设规划模式,并沿用了总体规划—详细规划两层次规划编制体系。总体规划的编制内容包括:(1)确定城市性质;(2)拟定近期和远期人口发展规模;(3)选择城市发展用地,合理划分功能分区,解决工业、居住、配套等一系列功能布局的协调性问题;(4)拟定各项用地的经济技术指标,并作为详细规划编制的依据。这个阶段,总体规划对于城市用地的分类并没有明确的标准,根据经验一般分为居住、工业、仓储、道路、绿化等用途(图 5-1),而详细规划的深度则类似当前直接指导城市建设的修建性详细规划,采用一整套规划定额指标,对建设标准进行控制。因此,城市规划是按照国民经济计划中的项目安排和数字指标进行空间落实,实质是国民经济计划的具体化和空间化,是国家管理社会与城市发展的行政手段之一。

1978 年实施改革开放政策以后,规划制度改革很重要的一个背景是土地利用制度的变革。当国家经济建设引入外资企业后,企业作为建设主体,打破了单纯由政府作为单一建设主体的模式,土地由无偿使用转变为有偿出让。1982 年,上海虹桥开发区为适应外资建设的要求,编制了土地出让规划,首次采用八项指标对用地建设进行规划控制,成为控制性详细规划的雏形。到了 1980 年代后期,当计划经济的管理方式发生全面变化后,中央为了加强对地方政府的城市管理,变建设项目控制为土地控制,一方面要求城市总体规划工作深化,并配套更深入更具体的分区规划,完善"城市规划"这个计划经济最重要的管理手段;另一方面,适应经

左侧边注: 计划经济时期的城市规划实质是国民经济计划的具体化和空间化。

左侧边注: 控规的出现是适应土地出让制度的建立和规划管理方式的转变。

---

① 关于树状结构的局限性将在 5.2.1 节论述。可作比较的是,英国《土地用途和土地覆盖物分类标准》同样只适用于现状土地调查,但已有意识地区分土地用途和土地覆盖物两个平行维度进行分类(见 2.6.2 论述)。

② 与城乡规划相比,土地利用总体规划的目标较为明确,即管控非农建设以保护农田。农业用途的分类也远不如城市用途分类复杂,该观点在 2.3.1 节已做论述。

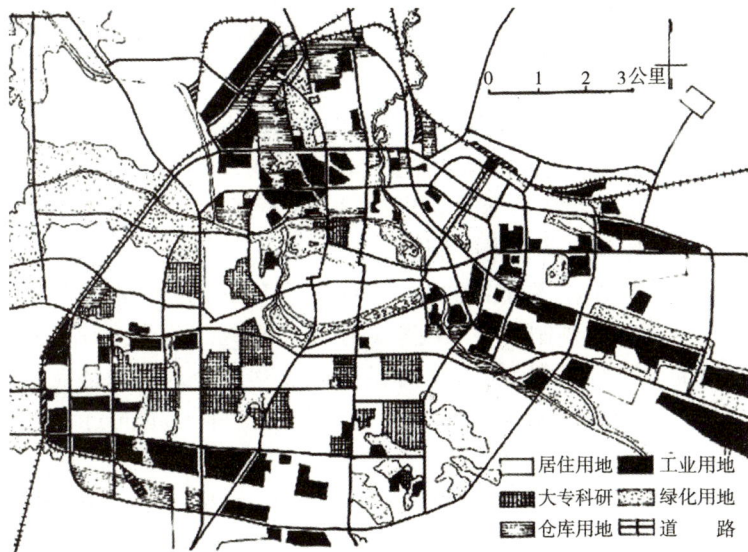

图 5-1　合肥市"一五"时期城市总体规划

资料来源：http://img5.imgtn.bdimg.com/it/u＝2724548100,1088970473&fm＝23&gp＝0.jpg.［2013-08-02］

济管理方式的转变，赋予地方政府更大自主权，由建设项目的计划管理向经济发展的指标管理转变，控制性详细规划正是在此背景下产生，成为从总体规划到修建性详细规划的有效过渡。1986 年，上海市城市规划设计研究院承担了《上海市土地利用区划管理研究》课题，对国内外土地利用区划管理情况进行了深入研究，并在此基础上编制了《城市土地利用区划管理法规》，对城市土地分类、建筑用途分类标准以及综合指标体系中的各种名词做了详细阐述。1989 年，上海市出台了《上海市城市规划管理技术规定（土地利用建筑管理）》，其中城市土地利用区划分类包括：绿地、旷地、城市发展控制用地，居住用地，公共活动中心用地，工业用地，仓储用地，大专、科研、设计用地，市政公用设施用地，并据此确立适建建筑范围和建筑容量指标。上海的土地利用区划分类可视作后来《城市用地分类标准》的雏形，而且在此分类中已经意识到土地用途与建筑类型的区别，这是后来国标没有正视的问题。

上海土地利用区划区分了土地用途和建筑类型。

1989 年 12 月 26 日，全国人大常务委员会通过《中华人民共和国城市规划法》，标志城市规划步入法制管理的轨道。为了配合《城市规划法》的施行，城市总体规划编制迫切需要一套法律化的标准规范，以利于国家的宏观控制。因此 1991 年 3 月 1 日国务院和建设部推出了《城市用地分类与规划建设用地标准》（GBJ 137—1990）（以下简称"旧国标"）。旧国标的分类是依

为规范总规编制，配合《城市规划法》，出台旧国标。

据土地利用的主要性质进行划分和归类,但对于什么是主要性质,主要性质的构成包括哪些要素并没有严格说明,因此在具体的中类和小类划分上可发现分类的依据体现为经验的归纳,缺乏对分类标准统一性的科学要求。旧国标未设"混合用地"(或称"综合用地")类。对此解释是"由于城市用地类别多,从排列组合看,可以有各种组合的混合用地";"在我国大量中小城市管理水平不高的条件下,笼统提出一种含义不清的'混合用地'可能会带来建设上的混乱和环境质量的恶化。"①

旧国标诞生于中共十四大确立社会主义市场经济体制之前的两年。由于这种重大体制转换的决策对于城市规划工作者来说是难以估计和想象的,所以旧国标的主体内容仍然延续了计划经济体制的思维体系,是从计划经济体制的城市规划编制胚胎中诞生的过渡性历史产物②。

自1992年邓小平南方谈话确立向市场经济转型以后,中国的社会经济开始了巨大而深刻的变换,城市建设出现了越来越多的问题。为了应对这些新的问题,国家不断调整完善城市规划的法律法规。2008年,我国实行新的《城乡规划法》,规范的对象从城市面向城乡。随后,相关的规划法规也开始进入调整修订周期。住房和城乡建设部与中华人民共和国国家质量监督检验检疫总局于2010年12月24日联合发布《城市用地分类与规划建设用地标准》(GB 50137—2011)(以下简称"新国标"),并于2012年1月1日起实施。

新国标涵盖城乡地域,但分类原则依然以"主要性质"进行树状划分。

新国标时隔20余年后颁布,提出了覆盖整个市(县)行政区域的城乡用地分类体系。该分类体系强调与其他标准衔接,例如《土地利用现状分类》《城市绿地分类标准》,将市(县)域内的全部土地划分为建设用地和非建设用地两大类别(表5-3),适用于市(县)域层面的规划调查、编制和管理工作。从土地利用分类的三种模式进行分析,其具体的应用包括了指示模式和规定模式。尽管新国标在编制理念上有所进步,但在分类的方法和原则上依然延续旧国标的思路,按照土地利用含混不清的原则——即"主要性质"进行树状结构的划分,并且在中类和小类的划分上存在标准不统一的现象。针对实践中不可避免的混合用地现象,新国标的解说提出"在分类时宜按土地利用的主要性质对其进行分别归类,而不宜笼统用一种'混合用地'来代替",这种方式在实践中将面临诸多困境。

---

① 蒋大卫.关于《城市用地分类与规划建设用地标准》[J].城市规划,1990(1):5-7
② 曹传新.对《城市用地分类与规划建设用地标准》的透视和反思[J].规划师,2002,18(10):58-61

表 5-3 　城乡用地分类与《中华人民共和国土地管理法》"三大类"对照表

《中华人民共和国土地管理法》三大类	城乡用地分类类别		
	大类	中类	小类
农用地	E 非建设用地	E1 水域	E13 坑塘沟渠
		E2 农林用地	
建设用地	H 建设用地	H1 城乡居民点建设用地	H11 城市建设用地
			H12 镇建设用地
			H13 乡建设用地
			H14 村庄建设用地
		H2 区域交通设施用地	H21 铁路用地
			H22 公路用地
			H23 港口用地
			H24 机场用地
			H25 管道运输用地
		H3 区域公用设施用地	
		H4 特殊用地	H41 军事用地
			H42 安保用地
		H5 采矿用地	
		H6 其他建设用地	
	E 非建设用地	E1 水域	E12 水库
		E3 其他非建设用地	E31 空闲地
未利用地	E 非建设用地	E1 水域	E11 自然水域
		E3 其他非建设用地	E32 其他未利用地

资料来源：中华人民共和国住房和城乡建设部. 城市用地分类与规划建设用地标准：GB50137—2011 [S]. 北京：中国建筑工业出版社，2011

5.1.2　以规定模式的分类要求强化自上而下的管控

（一）《土地利用总体规划编制规程》

土地利用总体规划是国家实行土地用途管制的基础，《土地管理法》规定了土地利用总体规划编制的核心原则：严格控制非农业建设占用农用地；控制建设用地总量；提高土地利用率和保护耕地。为了规范土地利用规划的编制内容，落实土地用途管制，我国第三轮土地利用总体规划编制分类体

为落实土地用途管制，出台土规编制规程，引入"土地规划用途分类""土地用途分区""建设用地空间管制"等概念。

系采用了《关于印发市县乡级土地利用总体规划基础转换与各类用地布局指导意见(试行)的通知》(国土资厅发〔2009〕10 号文)和2010 年发布的《土地利用总体规划编制规程》确定的规划分类体系①。在编制规程中,引入了"土地规划用途分类""土地用途分区""建设用地空间管制"等概念。

　　1)土地规划用途分类

　　土地规划用途分类(land use classification for planning)是根据土地利用总体规划编制和实施管理的需要,在现行土地利用现状调查的基础上,将有关地类进行归并或调整所形成的土地规划用途类别。土地规划用途分类采用三级分类体系:一级类 3 个;二级类 10 个;三级类中,建设用地分为 14 个,农用地和其他土地可根据需要划分(表5-4)。

表 5-4　土地规划用途分类

一级类	二级类	三级类	一级类	二级类	三级类
农用地	耕地	水田	建设用地	交通水利用地	铁路用地
		水浇地			公路用地
		旱地			民用机场用地
	园地				港口码头用地
	林地				管道运输用地
	牧草地				水库水面
	其他农用地	设施农用地			水工建筑用地
		农村道路		其他建设用地	风景名胜设施用地
		坑塘水面			特殊用地
		农田水利用地			盐田
		田坎		城乡建设用地	城镇用地
其他土地	水域	河流水面			农村居民点用地
		湖泊水面			采矿用地
		滩涂			其他独立建设用地
	自然保留地				

资料来源:中华人民共和国国土资源部. 市(地)级土地利用总体规划编制规程:TD/T1023—2010[S].北京:中国建筑工业出版社,2010

---

　　①　《土地利用总体规划编制规程》包括《市(地)级土地利用总体规划编制规程》TD/T 1023—2010;《县级土地利用总体规划编制规程》TD/T 1024—2010;《乡(镇)土地利用总体规划编制规程》TD/T 1025—2010,本书主要讨论《市(地)级土地利用总体规划编制规程》。

2) 土地用途区

土地用途区(zoning by the primary land use)是为指导土地合理利用、控制土地用途转变,依据区域土地资源特点和经济社会发展需要划定的空间区域。一般包括基本农田保护区、一般农地区、城镇村建设用地区、独立工矿区、风景旅游用地区、生态环境安全控制区、自然与文化遗产保护区、林业用地区、牧业用地区等类型。土地利用规划中要划定土地用途区。土地用途区与土地用途管制规则紧密对应,原则上各类土地用途区不相互重叠(表5-5):

表 5-5　土地用途区与用途管制规则

土地用途区	土地用途管制规则
基本农田保护区	a) 区内土地主要用作基本农田和直接为基本农田服务的农田道路、水利、农田防护林及其他农业设施;区内的一般耕地,应参照基本农田管制政策进行管护; b) 区内现有非农建设用地和其他零星农用地应当整理、复垦或调整为基本农田,规划期间确实不能整理、复垦或调整的,可保留现状用途,但不得扩大面积; c) 禁止占用区内基本农田进行非农建设,禁止在基本农田上建房、建窑、建坟、挖砂、采矿、取土、堆放固体废弃物或者进行其他破坏基本农田的活动,禁止占用基本农田发展林果业和挖塘养鱼
一般农地区	a) 区内土地主要为耕地、园地、畜禽水产养殖地和直接为农业生产服务的农村道路、农田水利、农田防护林及其他农业设施用地; b) 区内现有非农业建设用地和其他零星农用地应当优先整理、复垦或调整为耕地,规划期间确实不能整理、复垦或调整的,可保留现状用途,但不得扩大面积; c) 禁止占用区内土地进行非农业建设,不得破坏、污染和荒芜区内土地
城镇村建设用地区	a) 区内土地主要用于城镇、农村居民点建设,与经批准的城市、建制镇、村庄和集镇规划相衔接; b) 区内城镇村建设应优先利用现有低效建设用地、闲置地和废弃地; c) 区内农用地在批准改变用途之前,应当按现用途使用,不得荒芜
独立工矿区	a) 区内土地主要用于采矿业以及其他不宜在居民点内安排的用地; b) 区内土地利用应符合经批准的工矿建设规划及相关规划; c) 区内因生产建设挖损、塌陷、压占的土地应及时复垦; d) 区内建设应优先利用现有低效建设用地、闲置地和废弃地; e) 区内农用地在批准改变用途之前,应当按现用途使用,不得荒芜

续表 5-5

土地用途区	土地用途管制规则
风景旅游用地区	a) 区内土地主要用于旅游、休憩及相关文化活动； b) 区内土地利用应当符合风景旅游区规划； c) 区内影响景观保护和游览的土地,应在规划期间调整为适宜的用途； d) 在不破坏景观资源的前提下,允许区内土地进行农业生产活动和适度的旅游设施建设； e) 严禁占用区内土地进行破坏景观、污染环境的生产建设活动
生态环境安全控制区	a) 区内土地以生态环境保护为主导用途； b) 区内土地利用应符合经批准的相关规划； c) 区内影响生态环境安全的土地,应在规划期间调整为适宜的用途； d) 区内土地严禁进行与生态环境保护无关的开发建设活动,原有的各种生产、开发活动应逐步退出
自然与文化遗产保护区	a) 区内土地主要用于保护具有特殊价值的自然和文化遗产； b) 区内土地利用应符合经批准的保护区规划； c) 区内影响景观保护的土地,应在规划期间调整为适宜的用途； d) 不得占用保护区核心区的土地进行新的生产建设活动,原有的各种生产、开发活动应逐步退出； e) 严禁占用区内土地进行破坏景观、污染环境的开发建设活动
林业用地区	a) 区内土地主要用于林业生产以及直接为林业生产和生态建设服务的营林设施； b) 区内现有非农业建设用地,应当按其适宜性调整为林地或其他类型的营林设施用地,规划期间确实不能调整的,可保留现状用途,但不得扩大面积； c) 区内零星耕地因生态建设和环境保护需要可转为林地； d) 未经批准,禁止占用区内土地进行非农业建设,禁止占用区内土地进行毁林开垦、采石、挖沙、取土等活动
牧业用地区	a) 区内土地主要用于牧业生产以及直接为牧业生产和生态建设服务的牧业设施； b) 区内现有非农业建设用地应按其适宜性调整为牧草地或其他类型的牧业设施用地,规划期间确实不能调整的,可保留现状用途,但不得扩大面积； c) 未经批准,严禁占用区内土地进行非农业建设,严禁占用区内土地进行开垦、采矿、挖沙、取土等破坏草原植被的活动

资料来源:中华人民共和国国土资源部.市(地)级土地利用总体规划编制规程:TD/T1023—2010[S].北京:中国建筑工业出版社,2010

3）建设用地空间管制

为加强对建设用地的空间管制,按照保护资源与环境优先、有利于节约集约用地的要求,结合建设用地空间布局安排,划定建设用地管制边界和建设用地管制区。建设用地管制区应与土地用途分区相衔接,与规划主要控制指标相协调。建设用地管制区划分为:允许建设区、有条件建设区、限制建设区、禁止建设区,相应划定的边界是:规模边界、扩展边界和禁建边界(表5-6)。

表5-6　建设用地空间管制规则

建设用地管制区划	建设用地空间管制规则	建设用地管制边界
允许建设区	a) 区内土地主导用途为城、镇、村或工矿建设发展空间; b) 区内新增城乡建设用地受规划指标和年度计划指标约束,应统筹增量与存量用地,促进土地节约集约利用; c) 规划实施过程中,在允许建设区面积不改变的前提下,其空间布局形态可依程序进行调整,但不得突破建设用地扩展边界; d) 允许建设区边界(规模边界)的调整,须报规划审批机关同级国土资源管理部门审查批准	规模边界
有条件建设区	a) 区内土地符合规定的,可依程序办理建设用地审批手续,同时相应核减允许建设区用地规模; b) 土地利用总体规划确定的农村土地整治规模已完成,经评估确认拆旧建设用地复垦到位,存量建设用地达到集约用地要求的,区内土地可安排新增城乡建设用地增减挂钩项目; c) 规划期内建设用地扩展边界原则上不得调整。如需调整按规划修改处理,严格论证,报规划审批机关批准	扩展边界
限制建设区	a) 区内土地主导用途为农业生产空间,是发展农业生产,开展土地整治和基本农田建设的主要区域; b) 区内禁止城、镇、村建设,控制线型基础设施和独立建设项目用地	禁建边界
禁止建设区	a) 区内土地的主导用途为生态与环境保护空间,严格禁止与主导功能不相符的各项建设; b) 除法律法规另有规定,规划期内禁止建设用地边界不得调整	

资料来源:中华人民共和国国土资源部.市(地)级土地利用总体规划编制规程:TD/T1023—2010[S].北京:中国建筑工业出版社,2010

基于以上内容的解释,可以看到《土地利用总体规划编制规程》主要面向规划编制,"土地规划用途分类"将土地区分为 10 种二级类的规定用途,实质是采用土地利用分类的规定模式分类方法。与《土地利用现状分类》相比,其分类的类型更具多元化。其中"土地用途区"和"建设用地空间管制"分类是以管制政策的手段对土地用途和建设活动进行规定,并且不同的区划可以在同一空间上叠加,可同时实现用途管制和建设管制的目标。多重的分类维度有助于落实耕地保护、用途管制的目标。

(二)《城市规划编制办法》

城市规划在市场经济环境下面临的挑战较之土地利用总体规划更为严峻。如果说土地利用总体规划的主题是保护,城市规划则是面向发展。在多元利益格局下要重新建立一种新的制度平衡是一个漫长复杂的过程。尽管市场经济体制在不断演变,法制也在不断建设和完善中,但在整个社会管理的许多方面依然可以清晰地看到中央集权管理制度的重要特征。尤其是总体规划作为计划经济时代的产物,只要作为一种法定规划继续存在于法律框架和技术体系中,就充分证明了国家在城市建设领域中一元价值观仍然占据重要地位,同时也会继续带来城市规划实践中的各种困惑[①]。

在 2006 年实施的《城市规划编制办法》中,针对总体规划编制提出了禁建区和空间管制的概念,如第三十一条提到,中心城区规划应划定"禁建区、限建区、适建区和已建区的范围,并制定空间管制措施";第三十二条指出总体规划的强制性内容包括"市域内应控制开发的地域,如基本农田保护区,风景名胜区,湿地、水源保护区等生态敏感区,地下矿产资源分布地区";城市建设用地的强制性内容包括"土地使用强度管制区划和相应的控制指标"。

应该说,以上管制分区的提出是总体规划编制技术上迈向政策属性的一个重大进步,体现了规划价值观向保障公共利益转型,也实现了中央政府对地方城市建设的直接监督和控制。然而,管制分区的出现并没有打破政府统一配置资源的惯性,依据土地主要性质的用地分类仍然是总体规划最终的表达平台和政策落脚点,而且某些管制分区如"土地使用强度管制区划"出现在总体规划层次,无疑使总体规划依然停留在计划经济时期自上而下的制度惯性和信息传递习惯,却无法适应在市场经济复杂化和多变性背景下对多元利益格局调整的需求。

---

① 叶浩军. 价值观转变下的广州城市规划(1978—2010)实践[D]. 广州:华南理工大学博士论文,2013:245

5.2 城市用地分类标准的主要问题

5.2.1 混合维度的树状结构存在用地类别的局限性

通过回顾和梳理我国土地利用分类标准的历史背景,可以发现分类标准主要呈现为树状分级结构,并且分类的依据是混杂含糊的原则[①]。例如《土地利用现状分类》依据土地的用途、经营特点、利用方式和覆盖特征等混合因素进行分类分级,而《城市用地分类标准》依据土地主要使用性质进行大类分类,对于"主要性质"包含哪些要素没有清晰说明,至于中类和小类的分类原则更是五花八门,有的依据环境影响、有的依据开发强度、有的依据建构筑物。这如同回到美国1950年代对"土地利用"概念含糊不清的时期,然而在21世纪的今天我们依然未能正视该问题。

事物有各种各样的属性,根据不同的属性可做不同的划分,而不同的划分标准体现着不同的需求和价值。以《城市用地分类标准》为例(图5-2),树状分类框架从逻辑学的角度分析,即以事物的某一属性作标准将一属概念(即土地)分为几个种概念。每一层级以土地的某一属性作标准,通过多层次的连续划分,明确了这一概念所适用的对象。第3章已论述了这种结构的局限性在于,土地拥有众多的属性,当划分层级不够多时,在描述某块用地的特征时就无法表达用地的其他信息:如故宫被界定为展览用地,却丢失了文物用地等信息;一条线性的路径被界定为快速路,却无法表达所有权等信息;某公园被界定为公园绿地,却无法表达开发状态等信息[②]。另一个问题是在某些层级的划分中,维度并非唯一,比如城市建设用地的分类中,A类和B类的划分既包含了功能的维度,也包含了所有权的维度。这里就暗含着在这些大类的概念中所有权与功能是相容关系,如文化设施用地必定是公共公益性的,商业设施用地必定是私人营利性的,进而就排除了所有权与功能不相容的情况——假如某私人修建了一座会员准入的博物馆,该用地便无法分类。

我国现行用地分类标准的逻辑框架注定其在面对多目标的规划过程以及不可预见的新事物时存在局限性,要突破该框架就必须打破树状结构。土地利用分类的历史与理论研究揭示了土地利用分类存在多重维

> 分类标准呈现为树状分级结构,并且分类的依据是混杂含糊的原则。

> 土地包含复合的属性,当划分层级不够多时,在描述某块用地的特征时会丢失用地的其他信息。

---

① 树状分级结构主要指《土地利用现状分类》《土地规划用途分类》、新旧版《城市用地分类标准》。相较而言,《土地用途区分类》和《建设用地管制区划》采用平行单层的结构,以用地管制和建设管制的维度进行土地利用分类。

② 若要表达用地的其他属性信息,则需要在树状结构中继续增加层级,例如展览用地进一步分为文物展览用地、非文物展览用地。然而用地的信息是多重的,且可以不断衍生,无尽地扩张树状层级不切合实际。

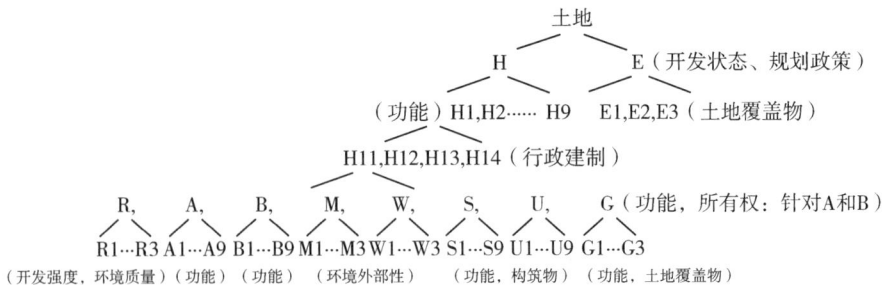

图5-2　新国标用地分类树状结构图(括弧内表达不同层级的分类维度)

资料来源:自绘

度,美国的《基于土地的分类标准》与英国的《土地用途和土地覆盖物分类标准》从科学描述的角度清晰地区分出土地利用的不同维度,通过并列维度以及每个维度之下树状类别的方式,搭建起平行结构的土地利用分类标准。分类标准在具体应用时可以根据不同的目标或需求,定义土地用途相应的维度和类别,这个思路应作为改革我国土地利用分类标准的科学方向。

5.2.2　封闭固定的分类标准限制多样化的分类需求

第3章已充分论述了土地利用分类存在三种模式,不同模式有其适用的主要阶段,例如指示模式主要应用于规划调查阶段,客观描述土地利用的各项属性;评价模式主要用于规划研究和分析,结合价值观对土地利用进行判断和决策;规定模式是城乡规划工作的主体,城乡规划的成果体现为土地利用的规定模式,在规划管理阶段同样离不开对各种开发活动的规定。这三种模式均是开放性的体系,土地利用分类的历史充分地说明了根据不同的规划目标和分类维度,可以结合不同的模式选择多样化的分类类别。因此,土地利用分类体系是一个开放性和可扩充的框架,我国《城市用地分类标准》在应用中的主要问题恰恰在于企图以一个封闭固定的分类标准作为城乡规划各阶段工作的前提和依据①,而且这个标准自身存在分类的局限性,以致在实践中产生诸多矛盾和困境。若以土地利用分类的三种模式作为参照视角,其缺陷主要表现在以下几个方面。

> 国标以一个封闭固定的分类标准作为城乡规划各阶段工作的前提和依据。

(一)无法描述和规定土地利用的多维属性

土地利用是一个把土地的自然生态系统变为人工生态系统的过程,是自然、经济、社会诸因素综合作用的复杂过程,尤其在城市迅猛发展的

---

① 新国标在改版之后进一步明确其适用范围是"城市和县人民政府所在地镇的总体规划和控制性详细规划的编制、用地统计和用地管理工作"。

背景下,随着社会、经济、技术的进步以及人类对空间认识的变化,土地利用的方式在不断更新和发展,而且由于开发主体和利益主体的多元化,土地利用被赋予了丰富的含义:它可以指向地形的改造,指向土地上建构筑物的形态,指向土地的占有者或使用者,指向土地占有的主要目的,或指向土地上活动的类型。所有这些特征不可能在空间上完全重合,因此针对某块基地仅用"主要性质"对土地利用进行描述和规定是不可行的,这将丢失土地利用许多相关的信息。

我国《城市用地分类标准》应用于用地统计和规划编制时恰恰处于这种困境之中。首先,由于计划经济时期建设方式的思维惯性,把用地功能和建构筑物混为一谈。例如针对一座工厂,由于其主要功能是工业,因而用地类别被划分为工业用地。但在工厂中,除了生产厂房外,往往还有附属的办公楼、仓库、食堂、宿舍等建筑,在用地统计中若缺失这些建构筑物的信息无疑过于粗略和笼统。

其次,用地分类标准主要从功能以及建构筑物的维度进行分类,缺失了活动、场地开发状态、所有权等分类维度的属性,而这些属性是完整描述一块土地的使用状态和外部影响的重要信息。比如在一个住宅的车库中出现的小型工业活动或办公活动,或许将成为某些创意产业的萌芽。但由于活动的类型与土地的功能及建筑结构不协调,当活动的程度不断加大时,可能对周边的住宅产生负面的环境影响。而场地的开发状态可反映土地利用的进度,土地的所有权则可能限制土地的活动和功能,这些缺失的维度均是土地利用的重要属性,需要在现状调查中被充分记录下来。

第三,回避了混合用地的界定和解释。新国标在条文解释中说明:"没有采用'混合用地'地类的方法体现用地的兼容性,主要考虑'混合用地'这一概念含义不清……在我国大量中小城市规划设计及管理水平不很高的条件下,含义不清的混合用地可能会带来建设上的混乱和环境质量的恶化。"这个解释恰恰反映了制度应对现实问题的倒退。现代城市社会的生产和生活活动是多样性的,混合用途可以在平面上分置,也可以透过建筑活动,在竖向上分层和叠加。更甚者,建筑设计有能力将几种不同种类的活动在水平和竖向三维地有机交织在一起,并且这种适当的混合使得人类活动更有活力、土地利用更加集约,比如大型商业居住综合体,立体开发的交通枢纽综合体等。对于这种开发类型,在规划调研阶段取任何一种功能作为地块的主要性质进行描述都是极不恰当的;而在规划编制和管理阶段,采用单一功能也是无法准确规定和控制未来的开发模式。况且,由于人类认识世界的局限性,不可能对未来进行非常精确的预测,一些新的土地利用模式可能会以混合用地的概念暂定,还有一些用地

土地利用是一个把土地的自然生态系统变为人工生态系统的复杂过程,仅用"主要性质"进行描述和规定将丢失土地利用许多相关的信息。

甚至是无法预测其用途，而是作为预留地的类型。新国标采用一刀切的方式回避混合用地的出现，在实际应用中将会带来地方自行定义混合用地的制度反弹。

（二）限制规划目标承载和政策传递

在复杂多变的市场经济环境下，由于利益主体的多元性和未来变化的不可预测性，城市规划已无法像在计划经济环境下掌握影响建设实施的全部要素，规划的手段必然也是多样化的。土地利用的目标具有多重性和可变性，不同的背景、不同的利益主体所持的价值观都有所差异，因此用地分类标准通常只适用于描述或规定土地利用的属性，但难以承载多元化的价值标准。

新国标的适用范围明确指出"编制城市（镇）总体规划和控制性详细规划应符合本标准"，这意味着我国的规划编制方法依然遗留计划经济年代城市规划作为国民经济计划具体化和空间化的实质，缺乏承载社会价值和传递规划目标的框架与方法。尤其是总体规划作为计划经济时代的产物，应用新国标的用地分类标准意味着依然需要沿用土地功能分区和用途管制的方法来保证中央政府对地方城市建设的监督和控制。这种一元价值观的思维惯性导致总体规划难以在市场经济环境下发挥协调利益，整合目标的功能；即使在规划中创设了灵活的政策分区，但受到固化的用地分类标准限制，也无法有效地包容和传递综合性的规划目标；同时也难以建立"凝聚共识—目标构建—指标监测"的规划评估监测体系[①]。

控制性详细规划在衔接总体规划的过程中，同样需要政策平台作为总体规划目标转化的指引。尤其对于一些特大城市，控制性详细规划要落实总体规划的目标还需要增加政策性的专项内容，以用地政策的方式进行转译并进而落实到规划指标。此外控制性详细规划本身不应是一个固化的终极理想目标的设定，而应是一个基于资源、环境、安全承载底线要求的、适应城市经济社会发展需要而不断深化完善的动态的公共政策的集合。采用《城市用地分类标准》编制控制性详细规划，也许能在技术层面顺利完成总体规划的任务，但要完成具有公共政策特征的控制性详细规划，如规定地块 A 和地块 B 之间在用途上不能有冲突和矛盾等，则

用地分类标准通常只适用于描述或规定土地利用的属性，但难以承载多元化的价值标准。

---

① "凝聚共识—目标构建—指标监测"是对当前欧美规划评估实践的概括，然而我国目前的规划评估指标体系中，社会经济发展与土地利用的关系缺少目标和价值观的整合，例如经济指标包括"全市地区生产总值（GDP）""GDP总量年均增长率"，但使用这些指标无法监测经济和土地利用的关系，在规划中也无法算出供应多少建设用地或什么类型的用地才能实现这个目标；人居指标计算"人均居住面积"，但平均数是拉高补低，无法反映出居住的公平性。因此，缺失规划目标和政策传递的评估指标体系一方面不能与土地利用完全建立关联；另一方面无法将规划代表公共利益的价值观在空间和具体的土地利用中进一步落实。针对这些问题的具体建议见 6.3.2.1。

在规划目标上还有很大差距[①]。

(三)与用地管理需求缺乏衔接

1) 混合用地缺失导致与产权管理脱节

用地管理和土地利用权限密切相关,不同的用地性质其获得的使用年限是不一样的,因此,用地的定性直接关联到产权人的法律权益。《城镇国有土地使用权出让和转让暂行条例》规定,土地使用权出让最高年限按下列用途确定:住宅用地使用年限为 70 年;工业用地使用年限为 50年;教育、科技、文化、卫生、体育用地使用年限为 50 年;商业、旅游、娱乐用地使用年限为 40 年;综合或者其他用地使用年限为 50 年。那么对于商住混合的用地,其使用年限是 70 年、50 年还是 40 年? 需要有一个明确的法律依据。但无论是旧国标还是新国标都回避了"混合用地"的定义,导致地方操作差异巨大同时又缺乏上位的法定依据。"最为典型的如北京建外 SOHO,是住宅还是公寓或写字楼? 不同的用地性质在使用年限上、土地价格上和购买方式上有所不同。商业用地最贵,住宅用地年限最长,而工业用地则最便宜。商业技巧高超的开发商通常会在此大做文章"[②]。

> 用地的定性直接关联到产权人的法律权益。新国标无法提供综合用地的法定依据。

此外,如交通枢纽综合体通常会在站点上盖开发大型商业和办公,那这些商业部分是属于交通枢纽性质还是商业性质? 又或者在广场下面开发大型地下商场,其用地性质为广场用地,那地下商场的产权是依据广场性质还是可以独立确立? 又比如在新国标中 R 类特别把服务设施用地单独划为 R12,是否意味着住区内的商业设施用地使用年限与住宅用地等同,即 70 年,而非普通商业用地的 40 年?

众多例子不一一枚举,却是实践中真实面临和迫切需要解决的问题。事实上《城镇国有土地使用权出让和转让暂行条例》已提出综合或其他用地的种类,但新国标依然忽略了"混合用地"或"综合用地"。由于产权证的用地性质要与建设用地规划许可证保持一致,许多城市在地方法规中都新增了混合用地的分类以应对新的用地性质出现,然而新国标依然提供不了法定依据。

2) 公益性分类尚未与土地供应模式、投资建设管理对接

新国标的一个重大变革是对旧国标的 C 类公共设施用地进行了公益性类型和营利性类型的甄别,区分为 A 类公共管理与公共服务用地和 B

---

①　叶浩军.价值观转变下的广州城市规划(1978—2010)实践[D].广州:华南理工大学博士论文,2013:202

②　引自《工业用地政策灰雾依旧,房产市场现状三面分析》(2005 年 12 月 13 日《财经时报》)。该文还提到"相对于政府对土地利用的监管效果而言,土地市场中的土地利用种类也为开发商钻空子提供了条件"。"据调查了解,开发商也希望能够放宽土地利用名目,把土地利用的种类分成大类,土地市场的交易更为清晰"。

类商业服务业设施用地。这是对我国土地利用制度改革的一个体现。自1988年城市土地使用权有偿转让合法化后，城市土地的使用由计划经济时期的无偿无限期使用转为有偿转让和无偿划拨两种模式，并对有偿转让的土地引入了市场竞租机制，营利性强的土地用途成为市场开发主体争夺的焦点；另一方面，市场无法供应的"公共物品"依然需要通过土地划拨、政府组织建设的模式来确保实施。此次新国标除了把土地利用性质作为分类的主要维度外，还增加了土地利用的公共属性作为划分维度。

界定公共设施项目是否属于公益性需要补充土地利用的所有权属性和运营属性。

然而在市场化愈加成熟的今天，许多公共物品也开始引入市场化运作，如教育、医疗、文化、体育等。同样是学校，私立学校和公立学校由于服务对象的差别就不能够相互替代[①]。因此，界定公共设施项目是否属于公益性还不能单纯从用地性质区分，需要结合具体项目的所有者和运营方式进行判定，即需要补充土地利用的所有权属性和运营属性。

事实上，何为公共利益至今仍没有一部法律能清晰界定，而且公共利益在不同的发展阶段、不同的文化背景下理解都有所差异，更多的公共利益可能会混合其他商业利益而难辨其貌。在我国的制度背景下，最基本的公益保障是通过投资主体和土地划拨而实现。因此用地性质的公共属性在我国土地制度的背景下主要体现在土地使用权获得的方式，公益性和营利性用途的划分界限实质是以国土部门的供地方式为标准。建议新国标若要界定出由政府保障的公共服务设施，应与《划拨用地目录》的用地类型相对应，明确非营利性或公益性的用地性质（见表5-7）。区分公益性和营利性用途是基于用地开发目的和利益机制的差异，最终目的是要求城市规划有针对性地采取不同的控制原则。新国标显然还缺少与规划管理衔接的条款，需要地方政府在地方标准制定中进一步深化落实。

另一方面，在我国的项目投资体制中，项目的定性将决定项目能否获得地方政府的政策优惠、金融补助等。对于一些大型的、综合性的开发项目，为了获取更多的优惠措施，开发主体往往倾向把一些配套的商业用途一并打包到项目的主导用途中。例如大学城里开发的商业能否划为高教用地？大型物流园区配套的餐饮、旅馆用地若归并入物流用地能否获得地方政府针对物流项目的政策优惠？开发主体与地方政府的利益博弈中，项目的用地性质成为关键的技术环节，用地分类标准也应针对"综合性开发项目"（在英国称为"规划单元"，第6章有讨论）的定性做出解释说明，避免地方执行混乱、开发商巧钻空子。

---

① 比如某些贵族学校占地几百亩，收费却不是周边服务范围的家庭所能承受的，吸收的生源甚至跨越行政区域。若这类用地也统计入教育用地，从规划编制的用地结构看貌似合理，但在实际使用中却未能公平合理地分配空间资源。

表 5-7　划拨用地目录与城市建设用地分类对比（摘录）

《划拨用地目录》(2001 年)摘录		《城市建设用地分类和代码》(2012 年) A 公共管理与公共服务设施用地摘录
国家机关用地和军事用地	（一）党政机关和人民团体用地	A1 行政办公用地
城市基础设施用地和公益事业用地	（八）非营利性公共文化设施用地	A2 文化设施用地
	（五）非营利性教育设施用地	A3 教育科研用地
	（六）公益性科研机构用地	
	（七）非营利性体育设施用地	A4 体育用地
	（九）非营利性医疗卫生设施用地	A5 医疗卫生用地
	（十）非营利性社会福利设施用地	A6 社会福利用地

3）缺少建筑类型分类与规划管理衔接

由于《城市用地分类标准》没有区分用地功能和建筑类型，在规划编制阶段主要通过用地分类对未来实际使用的建筑类型进行预测，由此引起实践中的不少矛盾。在我国的制度背景中，用地的性质决定了用地的使用年限、公共设施的配套标准以及土地上建筑物的性质，而建筑的性质决定了契税、水电气等收费标准和安装标准以及工商注册的条件。但事实上，很多新的建筑类型是获得用地后重新进行市场定位的。

比如同样是 SOHO 产品，有的是在住宅用地上建，有的是在商业用地上建。开发商往往能根据市场的需求以及营利水平的评估及时调整项目定位，乃至创造新的项目类型。尽管开发商的目标是争取获得最大利润，但从另一个侧面也反映出市场的应变能力并非规划能完全预见，这就需要规划留出弹性的空间来容纳城市发展的不确定性。例如在用地分类标准中区分用地功能和建筑类型，详细的建筑类型分类可指导规划管理阶段的项目许可，根据实际的开发项目性质提出配套设施要求，并与相关部门对土地和建筑物性质的相关要求衔接。

详细的建筑类型分类可指导规划管理阶段的项目许可。

4）开发规则缺位无法满足建成环境管理需求

在我国的规划体系中，控制性详细规划是规划编制和规划实施衔接的重要环节。根据《城乡规划法》的要求，在出让土地和申请规划许可证时，都应当依据控制性详细规划提出的规划条件。这意味着在法律上进一步巩固了控制性详细规划的地位，使之成为规划许可的法定前置条件。

土地实际使用状态的管理远比实施规划复杂，国标难以胜任城市建成环境管理的各种需求。

周剑云等曾指出控规法定化与规划许可制度之间的矛盾①，这里潜藏的问题是控制性详细规划并非规划许可的唯一依据，土地实际使用状态的管理远比实施规划复杂，而对前者的管理一直是我国规划体系中的盲区，仅有的《城市用地分类标准》无法胜任城市建成环境管理的各种需求。

计划经济下城市规划的本质是"城市建设规划"，政府是城市建设的唯一主体，城市规划的目标是协调和落实中央政府与地方政府以及地方政府各部门之间的城市建设活动。然而在市场经济条件下，由于开发主体的多元化、土地开发的竞争性需求、土地用途转变时产生的外部效应以及开发引起的成本和利益的不平均分配，使得城市规划的实质是解决土地使用纷争的过程。在这种情况下，开发控制成为城市规划的核心。英国在 1990 年的《城乡规划法》中定义了"开发"的概念②，但这个定义只是一个广泛的描述，要理解和把握开发的实质，还必须辨析几个概念，包括"运作式开发"(operational development)③、"用途的实质性转变"(material change of use，简称 mcu)、"运作还是使用"(operation or use?)、"什么样的用途转变才是用途的实质性转变"④。事实上在规划法文本里很难找到以上概念的定义。作为英国案例法的特点，它的实际定义由案例来充当，通过以往案例来解释相关行为。例如建筑物的拆除、将一个住房分为两个或更多的单元、建筑物的结构转变、原材料的采掘工程、广告的展示等属于开发行为，而大部分的建筑维护工作、市政设施的加固工程、在自家宅院内出于"偶然休闲享乐"目的的行为、以农业和林业为目的的行为则不在开发的定义里。此外一些由中央大臣指令实施的行为也可以排除在"开发"以外。

为配合开发控制，英国出台的一系列开发规则充分体现了多维土地利用分类中以开发活动为对象的规定模式。首先，"开发"是一个活动，该活动包含了多种土地利用的类型，例如实现某种土地用途、土地用途的转变、对土地和建筑进行工程性的行为，根据行为的程度以及行为的外部性，还可以对这些类型进行细分。其次，作为规定的模式，需要有相应的管制措施控制不同的开发行为，例如无条件允许、有条件允许、不许可等。我国现行以土地主要性质为依据的《城市用地分类标准》显然难以直接应用到开发控制中，导致在建成环境管理中存在盲区。

---

① 周剑云,戚冬瑾.控制性详细规划的法制化与制定的逻辑[J].城市规划,2011(6):65-70

② 详见 3.4.3 节论述。

③ 比如一个酒店没有运作,不属于开发,或一个工厂没有生产,也不属于开发。

④ 编译自英国卡迪夫大学规划课程讲义 Professor Stephen Crow Planning Law Lecture 1：The planning system as a control system：What is development? When is planning permission needed? Why?

5.3　城市用地分类的地方性探索

在我国城乡规划领域,城市用地分类标准作为规划编制与规划管理的基础,对整个规划体系起到了重要的支撑作用。尽管新国标针对旧国标在现实发展中的不适应性进行了大幅度的调整,但以多维土地利用分类理论进行分析,其"封闭性"和"单一性"的特征依然明显。

另一方面,地方实践在新国标出台前后的一段时间内,也在积极探索具有创新性的规划编制方法和城市规划标准,试图弥补国标的不足。本节关于地方性探索的分析主要通过归纳总结和个案研究,对广东省21个地级市在 2008—2010 年间所编制的总体规划、部分城市近期编制的控制性详细规划以及我国一些代表性城市在 2005—2014 年间出台的规划标准进行调查分析。选择的对象主要是考虑新国标的适用范围"规划编制、用地统计、用地管理",选择的实例时间跨越国标前后,主要考虑有三:其一,可通过近年用地分类的实践反映新旧国标的不适性;其二,通过新国标前的规划实践与新国标对比,考察新国标的应对能力;其三,可总结地方实践为应对新国标的不足所探索的创新经验。

5.3.1　总体规划编制层面的探索

在总体规划编制层面的调查选择了广东省21个地级市在 2008—2010 年间所编制的总体规划文本和图纸。这批规划在新国标颁布实施前编制,因此用地类别依然参照旧国标。通过调查分析可发现各地在规划编制的用地划分中存在不少与旧国标规定不符的现象,部分经验在新国标中已被吸纳,但仍有一些问题依然被新国标忽略。此外,地方规划中新创设的政策分区和空间管制分区频频出现,反映地方规划在应对多元目标和复杂的城市问题挑战时,对规定模式中多维度分类的迫切需求。

(一)以新增用途应对城市发展的不可预测性

旧国标诞生于十四大确立社会主义市场经济体制之前的两年,这套体系在计划经济条件下的建设中尚可适用,但进入市场经济环境后就面临诸多困境。首先,城市发展的规律存在不确定性和不可完全预测性,尤其在面向未来 20 年的城市总体规划中,要准确预测每一块土地的用途是难以实现的;其次,随着人们对土地利用规律的认识和经验不断积累以及人类活动复杂性增长,同一块土地上用途的多样性将不断增加,与此同时,新的土地用途也会出现。在调查 21 个地级市总体规划中,"住宅与公

各地在规划编制的用地划分中存在不少与旧国标规定不符的现象,部分经验在新国标中已被吸纳,但仍有一些问题依然被新国标忽略。

新的用地类别出现,反映地方城市在规划编制过程中应对分类类别不足的策略,从而适应城市发展的不完全预测性。

157

建综合用地(F1/2)"和"非居住类综合用地(F3)"出现在潮州市[①];"文化创意产业用地"出现在惠州市[②];"发展备用地"出现在惠州、肇庆[③]、深圳[④]3个城市。这些新的用地类别出现,反映地方城市在规划编制过程中应对分类类别不足的策略,从而适应城市发展的不完全预测性。

新国标的制定尽管在用地类别上有所扩充和调整,但整体框架依然保留静态模式和树状结构,这种结构难以定义各种复合的土地用途,也无法描述新的用地形态。新国标出台后,地方规划标准试图突破其框架的分类类别(如深圳)恰好说明新国标所存在的不足[⑤]。

(二)统一用地类别名称推动城规与土规对接

城市规划(简称"城规")与土地利用总体规划(简称"土规")之间如何衔接是规划实践中长期存在的难题。由于部门分立,尤其城规和土规分别施行两套标准,令两规在技术衔接上存在先天的困境。自1990年代起,学者们已经开始重点就城规与土规的协调衔接问题展开系统的调研,广东从2008年开始,也先后通过河源、云浮、广州等地开展"三规合一"的试点工作。

其中河源是最先探索"三规合一"的试点城市,在技术层面为了推进城规和土规的有效衔接,河源市总体规划建立了涵盖城乡、内涵统一的用地分类和建设标准,可协调转化城规与土规的用地指标。明晰两规如建设用地、城乡(建设)用地、城市(建设)用地、建制镇用地、农村居民点用地等名称内涵,建立了城乡统一的建设用地细分标准[⑥](图5-3)。

河源总体规划的探索折射出旧国标在空间适用范围的局限性。2010年国家出台了新的土地规划用途分类,随后2011年出台的新国标也实现了城乡空间覆盖完整,在制度层面实现了城市用地分类与土地利用分类的清晰衔接。此可视作回应地方实践的需求和经验,新国标所做出的恰当调整。

(三)多维度的政策分区与管制分区同时增加

我国总体规划频繁修编和调整一直困扰着规划部门,总体规划的滞后和被动已成为不争的事实。既定的编制制度和审批制度与城市客观发展现实之间的矛盾日益突出。在实践中不可避免地出现对总体规划制度的反思与改革探索。起源于广州,并在2000年后成为热潮的

新国标实现了城乡空间覆盖完整,可视作回应地方实践的需求和经验所做出的恰当调整。

① 潮州市人民政府.潮州市总体规划(2006—2020)[Z],2010
② 惠州市人民政府.惠州市总体规划(2008—2020)[Z],2009
③ 肇庆市人民政府.肇庆市总体规划(2007—2020)[Z],2009
④ 深圳市人民政府.深圳市总体规划(2010—2020)[Z],2010
⑤ 见5.3.2节讨论
⑥ 赖寿华,黄慧明,陈嘉平,等.从技术创新到制度创新:河源、云浮、广州"三规合一"实践与思考[J].城市规划学刊,2013,210(5):63-68

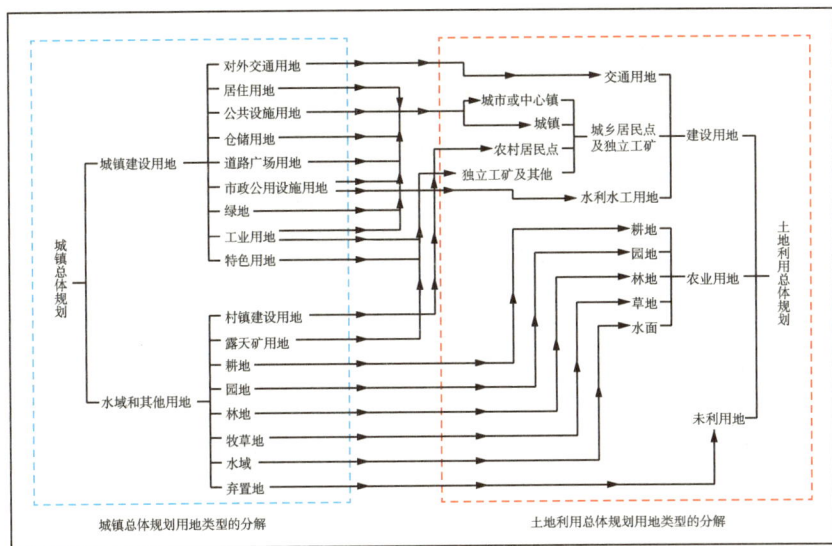

图5-3 河源市"三规合一"规划工作中提出的指标转换体系

资料来源：赖寿华，黄慧明，陈嘉平，等.从技术创新到制度创新：河源、云浮、广州"三规合一"实践与思考[J].城市规划学刊，2013，210(5)：63-68

"概念规划"或"战略规划"就是一种不得已的应对。为了回应制度上的变革诉求，2006年施行的《城市规划编制办法》第十二条就提到："着眼区域统筹和城乡统筹，对城市的定位、发展目标、城市功能和空间布局等战略问题进行前瞻性研究。"与此同时，通过增加总体规划的强制性内容加强对保护性资源和土地开发强度的空间管制。然而，该编制办法在总体规划的制度上没有做出本质性的调整。通过梳理广东省近年各地市的总体规划，便可发现内在矛盾的趋势：一方面受制于总体规划的编制办法，需要根据国标编制蓝图式的土地利用规划，落实土地的规划用途和使用强度；另一方面地方渴求加强对城市发展的战略引导，补充了一系列政策性和管制性分区的规划图纸，以体现城市发展的战略意图（如深圳、东莞）。

> 为加强对城市发展的战略引导，地方总体规划补充了一系列政策性和管制性分区的规划图纸，以体现城市发展的战略意图。

以深圳市总体规划（2010—2020）为例，已明显呈现从技术规划向政策规划的转型趋势。"当前深圳的城市发展已经跨越了大规模空间拓展的阶段，规划重点转向存量资源优化和既定空间利益关系的调适上。以往增量空间的发展权几乎掌控在政府手中，但随着城市增量空间的逐步减少，城市空间的支配权大大分散到市场和各类社会主体手中。"①因此，

---

① 许重光.转型规划推动城市转型——深圳新一轮城市总体规划的探索和实践[J].城市规划学刊，2011，193(1)：18-24

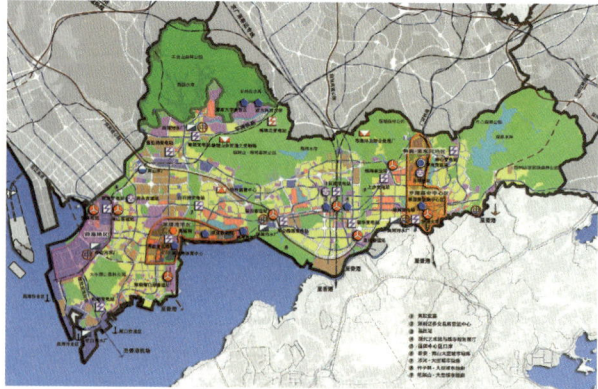

总体要求	分区范围和面积	包括福田区、罗湖区、南山区,面积 323.98 km²
	功能定位	全市的行政、文化、金融、商贸与创意中心
	人口规模	常住人口 310 万人
	用地规模	城市建设用地规模	建设用地规模 190 km²;其中新增建设用地 15.8 km²
		城市更新改造规模	全面更新改造用地 7.8 km²
		城市生态用地规模	规划生态用地规模 128.98 km²
	住房供应	新增住房供应 2 400 万 m²,其中政策保障性住房 450 万 m²
政策分区	战略发展地区	前海地区
	重点开发地区	深圳湾地区
	优先更新地区	笋岗-清水河物流园区、罗湖商业中心
	生态改善地区	铁岗-西丽-石岩水库地区;基本生态线内生态恢复
规划指引	重点公共设施	重点建设深圳歌剧院、现代艺术馆与城市规划展厅、深圳大学新校区、南方科技大学、深圳湾体育中心、滨海医院、蔡屋围金融中心区及深圳证券交易所营运中心等重大公共设施
	重点交通设施	建设蛇口邮轮母港;新建京广深客运专线广深线、杭福深客运专线厦深段及福田站;新建穗莞惠城际线及其前海枢纽站、福田枢纽站、竹子林站。新建深惠城际线及其布吉站、福田枢纽站;新建轨道 7 号线、8 号线、9 号线、11 号线;新建深港机场连接线;新建福田站、前海站铁路口岸,新建莲塘口岸及东部过境通道高速公路
	重点市政公用设施	新建南山自来水厂;新建南山 5 座再生水厂;新建福田等 2 座污水处理厂,改、扩建滨河等 3 座污水处理厂;新建梅林北 500 kV 变电站、新建秀丽等 11 座 220 kV 变电站和 38 座 110 kV 变电站;扩建经贸 220 kV 变电站和 8 座 110 kV 变电站;新建 1 座 LNG 气化调峰站;新建高新南通信枢纽机楼;扩建市政环卫综合处理厂等 2 座大型环卫设施
	重点历史文化保护地区与风景名胜	重点保护省级文物保护单位福田莲花黄默堂墓、罗湖笋岗元勋旧址及南山南头南古城垣。积极保护深圳革命烈士纪念碑等 14 处市级文物保护单位。积极保护南头古城及罗湖旧城风貌格局。建设沙河、竹子林和笔架山等 3 条大型城市绿廊;建设羊台山、大小南山、银湖、塘朗山—梅林、布心、梧桐山等 6 个森林公园、郊野公园

图 5-4 中心城区规划指引图

资料来源:深圳市人民政府.深圳市总体规划(2010—2020)[Z],2010

作为社会共识和利益协调的载体,城市规划必须肩负公共政策的属性。在此轮总体规划中出现一系列具有政策引导的图纸,例如"特别政策地区规划图""片区规划指引图""城市更新规划图"等。其中"特别政策地区"是指对于实现城市发展目标具有重大战略意义的重要地区,需要制定特别政策进行管理,具体区分为战略发展地区、重点开发地区、优先更新地区、生态改善地区四类(图5-5)。每类地区在文本中都有相应的政策建议说明。此外,针对每一个城市片区编制了"规划指引图"(图5-4),分别从总体要求、政策分区、规划指引等三个方面将总体规划的空间目标和政策引导在片区中进一步深化。

图例

- 战略发展地区
- 重点开发地区
- 优先更新地区
- 生态改善地区
- 水体
- 原特区界
- 深港界线
- 市界
- 区界

图5-5 特别政策地区规划图

资料来源:同图5-4

与此同时,伴随政策分区内容出现的还有管制分区。2006年《城市规划编制办法》要求中心城区"划定禁止建设区、限制建设区、适宜建设区和已经建设区"(简称"四区"),2008年《城乡规划法》也要求城市总体规划和镇总体规划中明确"禁止、限制和适宜建设的地域范围"。目前"四区"划定已经成为城市总体规划编制的重要内容。

以东莞市总体规划(2008—2020)为例,在"生态保护与管制分区"一节中,综合考虑生态适宜性、工程地质和资源保护等方面因素,划定"禁止建设区、限制建设区、适宜建设区、现状与禁建区冲突地区",针对每一个分区提出总体管制规则和环境目标,用于指导城镇开发建设行为。该管

> 伴随政策分区内容出现的还有管制分区。"四区"划定已经成为城市总体规划编制的重要内容。

161

制分区可视作从**生态保护**的目标提出空间管制。此外,东莞面临迫切的城市发展转型需求,总体规划特别强调从**空间发展**的目标提出政策分区与管制要求,因此,在总体规划文本中专门开设"空间管制"一章,在"空间管制规划图"(图5-6)中划定"区域绿地、重点产业地区、城镇提升地区、重大基础设施通道地区、重大基础设施地区、城际协调地区"六类政策地区,每类地区进一步深化具体类型,并提出相应建设要求与管制要求,确保市域空间发展战略目标的实现。为了有效统筹各职能部门、各层级政府的政策安排和行动部署,还对空间管制的管理事权划分为"监管型管制""调控型管制""协调型管制""指引型管制"四种类型,分别落实具体的管制范围和管制措施。尽管东莞市总体规划将该部分内容命名为"空间管制",但从具体内容分析,实质体现了规定模式的不同规定手段,这里既包含法定规则(如针对"区域绿地""厌恶型设施地区"),也包含了政策建议(如针对"重点产业地区")和行动计划(如针对"城际协调地区")。(表5-8~表5-10)

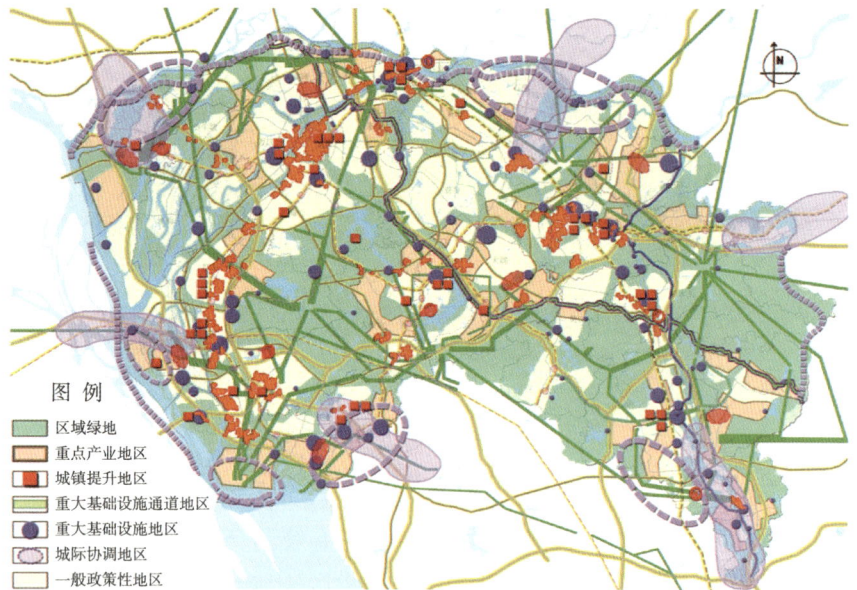

图例

- 区域绿地
- 重点产业地区
- 城镇提升地区
- 重大基础设施通道地区
- 重大基础设施地区
- 城际协调地区
- 一般政策性地区

图5-6 空间管制规划图

资料来源:东莞市人民政府.东莞市总体规划(2008—2020)[Z].2010

表 5-8　区域绿地空间管制（摘录）

区域绿地		范围	管治要求
生态保护区	自然保护区	市域现有四个自然保护区及黄唇鱼市级自然保护区和摊尸山水源涵养林自然保护区	1. 强化分级、分区管理的力度； 2. 强化保护珍稀动植物物种和森林的法律的可操作性； 3. 严格执行《中华人民共和国自然保护区条例》的管理规定
	一级水源保护区	一级保护区：东江上游河段及南支流石龙—万江河段；水厂吸水点上游3 000米，下游2 000米；上述水域两岸河堤面中心线向陆纵深100米的陆域范围； 二级保护区：包括东江北支流、东江南支流石龙—东城大王洲段、东江南支流道滘大公洲—狮子洋段两侧各50米；东引河、东莞水道、洪屋涡水道上溯至望牛墩新联桥段、东江南支流东城大王洲—万江黄粘洲段两侧各35米	1. 严格执行水源保护区管理规定；依据《广东省珠江三角洲水质保护条例》的要求进行严格管理； 2. 水源保护区内村镇用地、交通设施及工矿设施用地比例宜控制在20%～30%
	基本农田保护区	西北部的大部分基本农田，广州与东莞交界处麻涌周边基本农田，东北部的部分基本农田保护区及城乡范围内的部分基本农田保护区	1. 依据《基本农田保护条例》进行严格管理； 2. 在编制城市总体规划时，选择城市发展用地一定要尽量避开基本农田保护区，要实施耕地占用补偿制度

表 5-9　重点产业地区空间管制（摘录）

类型	划定标准与范围	空间管制要求
战略性产业发展区	松山湖高科技产业区的工业用地和为工业服务的第三产业用地；麻涌临港产业基地、虎门—沙田临港产业基地、虎门港综合产业基地	成立开发机构，统一规划、建设，出台财政、金融、等优惠政策，并通过直接的基础设施投资和项目选择，促进产业的升级

续表 5-9

类型	划定标准与范围	空间管制要求
提升性产业发展区	目前已形成的产业基础好的工业基地以及服务于制造业的产业服务中心	鼓励企业增加研发投入,加快产品创新;在现有产业基础上,积极培育大企业集团,实施名牌带动战略;完善产业服务链;加强行业协会等中介组织的建设,增强企业之间的横向联系;培养造就企业家队伍,积极引进高素质人才;加强员工的在职培训和本地化
扶持性产业发展区	在经济发展落后的城镇中面积最大的规划产业用地	通过财政转移的手段投资完善基础设施,扶持该地区发展无污染工业、旅游业、生态农业,促进区域的协调发展

表 5-10 城际协调地区的空间管制(摘录)

类别	协调区名称	空间管制
城际设施协调区	麻涌——广州开发区	① 积极协调广州地铁 5 号线和东莞城市轨道交通网的接驳; ② 部分线路考虑由广州地铁延伸或两地共同投资、运营实现两市轨道交通网的连接
	沙田——广州新城、海鸥岛	① 积极争取增加珠江两岸交通通道; ② 与广州南沙分局协调预留两岸建设道路的交通通道
	长安——深圳松岗	积极配合珠三角城际轨道选线
	凤岗——深圳平湖、横岗	保证东莞东南部和深圳盐田港区的交通联系
	谢岗——惠州沥林、陈江	与惠州协商边境地区高速公路选线,促成公路早日通车

表 5-8～表 5-10 资料来源:东莞市人民政府.东莞市总体规划(2008—2020)[Z],2010

深圳与东莞总规均探索战略性的规划内容,略显区别在于落实规划目标的工具选择上。

基于深圳和东莞的总体规划可以发现,在经济发达的城市,当面临城市发展转型、城市更新等复合目标和复杂难题的情况下,均大胆探索出战略性的规划内容以引导城市未来的发展方向。稍显区别的地方在于落实规划目标的工具选择上,深圳总体规划更强调以政策建议进行空间引导,而东莞总体规划侧重于混合性的工具(包括法定规则、政策建议、行动计划)实施空间管制。

(四) 三种模式的分类维度仍在变动和探索

广东省各地市近年的总体规划在落实《城市规划编制办法》和《城乡

规划法》的基本要求外，还在实践中不断加入新的内容，对土地利用分类的三种模式，尤其是规定模式的分类维度和规定手段进一步完善（表 5-11）。

表 5-11　总体规划图纸的用地分类维度与模式

总体规划图纸名称 （代表性的图纸）	分类维度	分类模式				
		指示 模式	评价 模式	规定模式		
				政策 手段	法规 手段	计划 手段
土地利用现状图（21 个地市）	功能	√				
用地适建性评价图（21 个地市）	地质承载力		√			
生态保护分级控制规划图（佛山、深圳）	生态价值		√		√	
风景区保护规划图（惠州）	景观价值		√		√	
历史文化遗产保护规划图（21个地市）	历史价值		√		√	
土地利用规划图（21 个地市）	功能				√	
土地使用强度管制区划图（深圳、惠州）	开发强度				√	
总体城市设计图（深圳）	城市形态特征			√		
特别政策地区规划图（深圳）	政策目标			√		
空间（片区）发展指引图（东莞、深圳）	主导产业、 服务职能			√		
产业发展控制分区图（肇庆）	主导产业			√		
城市更新规划图（深圳）	功能			√		
空间管制规划图（21 个地市）	建设限制				√	
空间资源管制区划图（东莞、肇庆、惠州）	功能、政策目标			√	√	√

在三种模式的递进关系和维度选择上，可以明显发现总体规划为了兼顾国家规范与地方探索，在规划图纸内容中呈现出内在矛盾。一方面规划图纸根据旧国标和《城市规划编制办法》，需要对城市的用地功能布局进行明确的落实，包括：在指示模式中对用地功能现状进行调查，在评价模式中对用地的适建性进行评价，在规定模式中对规划的用地功能进

总规的内在矛盾表现在既要依据国标落实用地功能，又希望能增加战略性的空间引导。

165

行落实,然而从分类的空间等级来看,对地块功能维度的规定通常属于短期目标的预测,只适用于微观规划层面;另一方面,地方政府在编制规划的时候愈加重视针对长远目标的策略选择,如增加空间发展指引图、特别政策地区规划图等,以增强规划的战略研究和空间引导作用。此外,如总体城市设计图(图5-7)是从城市形态的维度对片区进行分类,该图的分类思路已接近横断面规划,但并没有进一步把形态分区取代功能分区作为规划调查、评价和管制的主导依据。由此可见,我国当前总体规划在内外交迫中正处在定位扭曲、角色混乱、方法多变的状态,自下而上的实践力图探索更具灵活性、战略性和地方特色的道路,但始终未能突破上层制度的桎梏。

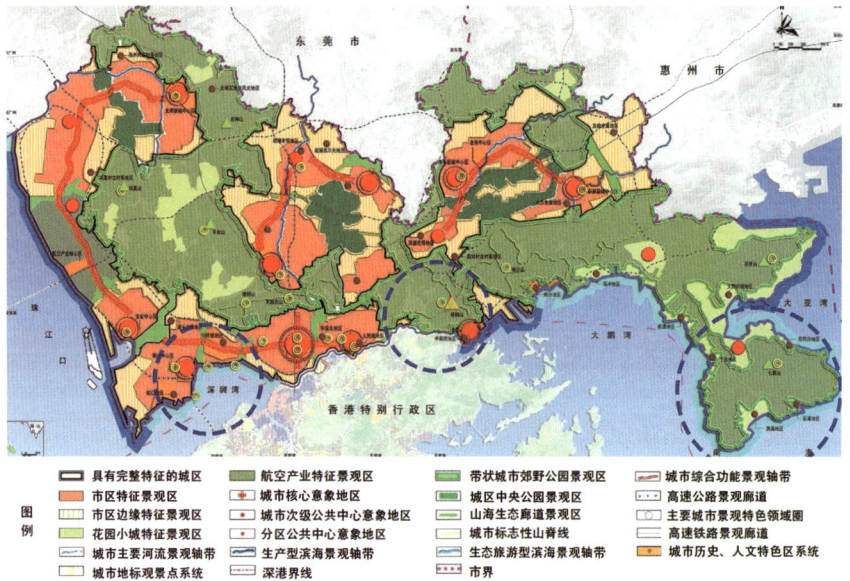

图5-7 总体城市设计图

资料来源:深圳市人民政府.深圳市总体规划(2010—2020)[Z],2010

规划监测与评价的"目标—指标"体系已初步建立。

评价模式的核心是价值(或目标),在格迪斯的规划过程中,评价是调查和规划的中间环节;而理性过程规划理论则认为规划是一个不断循环的过程,对规划持续的监测与评估是规划有效实施的关键。当前各地市总体规划图集里的用地适建性评价图、生态保护分级控制规划图、风景区保护规划图、历史文化遗产保护规划图等主要回应《城市规划编制办法》与《城乡规划法》中的强制性内容,可视作对现状土地资源分别从地质承载力、生态价值、景观价值、历史价值等维度进行评价性分类并实施空间管制。而在规划的监测评估环节,深圳总体规划进行了积极的探索。城市性质和规划目标是总体规划最重要的内容，传统的总体规划鲜有追踪规划目标实施的工具，或提出监控目标实现的手段。深圳总体规划建立了"总目标—分目标—指标体系"的目标贯彻路径（图5-8），将总目标分解为区域协调、经济转型、社会和谐、生态保护等四个方面的分目标。通过对分目标的定性与定量的分解，规划提出城市发展目标指标体系，共包括31项指标，其中控制性指标20项，引导性指标11项。在总体规划实施阶段，该指标体系还将作为总体规划实施效果监控和评价的重要依据。从这个角度判断，深圳总体规划在规划编制思路上已大力向空间战略规划转型，即首先明确城市发展总目标，将总目标分解为分目标，并进一步深入细化形成指标体系，在目标与具体的技术支撑和政策指引之间建立起较强的联系，作为考核与支撑总目标实现的重要途径。

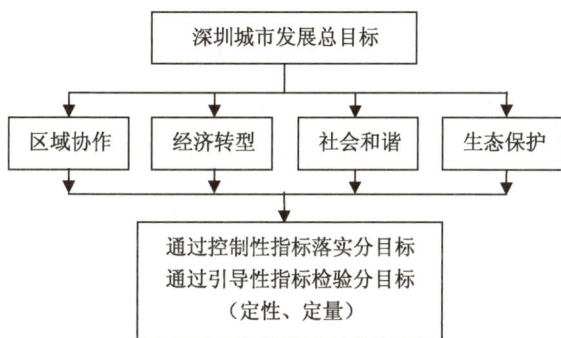

图5-8 城市发展目标指标体系示意图

资料来源：许重光. 转型规划推动城市转型——深圳新一轮城市总体规划的探索和实践[J]. 城市规划学刊，2011，193（1）：20

在规定模式中，可以明显发现规定的维度和规定手段趋向多元化。例如针对总体规划中的强制性内容，多采用空间管制分区的方式落实，并对应相关的法定规则；而与空间发展策略相关的内容多以政策分区的方式落实，并对应相关的政策引导手段。在规划文本中（如东莞、深圳）还会提到"行动计划"的手段，可理解为在相关政府部门以及全社会共同参与的基础上形成将要实施的议题或行动。

规定的维度和规定的手段趋向多元化。

5.3.2 控制性详细规划编制及规划管理层面的探索

控制性详细规划在我国的规划体系中承担了落实总体规划和作为规划管理依据的双重角色。根据《城市规划编制办法》，控制性详细规划的强制性内容包括"各地块的主要用途、建筑密度、建筑高度、容积率、绿地率、基础设施和公共服务设施配套规定"。若以土地利用分类的模式来解释,控制性详细规划在规定模式中通过对地块的各种维度规范来落实规划目标。在地方实践中,控制性详细规划还会增加其他的分类维度,如产权属性,或对开发行为的规定,如保留用地。此外,自编混合用途编码最为常见,无论是用地现状图,还是用地规划图,都可找到若干组合的混合用地(图 5-9,图 5-10),真实地反映了国标分类体系在面临现状土地利用的复杂性以及未来土地利用的复合性时所存在的局限。2000 年以后,在市场经济较为发达的深圳、广州、上海等特大城市,地方政府自下而上地对既有的控制性详细规划制度作出了调整和完善。比如深圳出台规划标准与准则,重新定义用地分类;深圳和上海均就"混合用地"制定清晰的控制指引;广州则提出"规划管理单元"等模式,调整了控制性详细规划编制的技术体系,形成了"控规分层、成果分类"等创新思路。

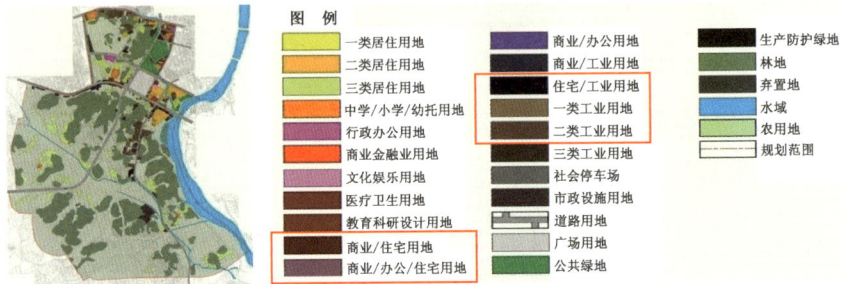

图 5-9 土地利用现状图

资料来源:上海同济城市规划设计研究院. 增城市中心城区 A1-A12 片区控制性详细规划[Z],2007

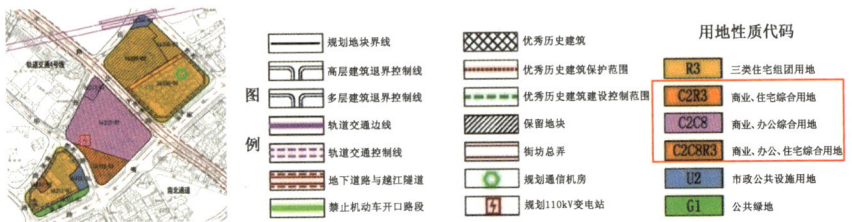

图 5-10 地块控制图则

资料来源:上海同济城市规划设计研究院. 上海市嘉兴社区 C080301、C080302 编制单元控制性详细规划[Z],2009

(一)出台地方性用地分类标准

深圳在 1990 年出台了《深圳市城市规划标准与准则》(简称"《深标》"),并在 1997 年、2004 年以及 2014 年先后经过了三次修订,不断吸收实践经验和先进理念,形成了具有创新性的地方城市规划技术标准。

《深标》增加适建用途和比例,引导土地混合使用,进行前瞻性探索。

由于深圳作为特区城市享有地方立法权,因此《深标》中的用地分类可在一定程度上突破国标的框架,开展地方性探索。例如 2004 版的《深标》已前瞻性地区分"商业服务业设施用地(C)"和"政府社团用地(GIC)",并协调城市用地分类与土地资源分类的标准,这些经验均已被新国标吸收。

进入城市转型时期,面对过于单纯化的用地分类体系刚性有余而弹性不足的问题,2014 版的《深标》在新国标的基础上又进行前瞻性的探索,包括:简化分级、优化分类、增加适建用途与比例,引导土地混合使用,促进精细化管理,增强城市规划的弹性与适用性。深圳的用地分类具有以下几个特点:

(1) 对用地分类进行了简化和优化。2014 版的《深标》在 2004 版的基础上取消了小类,将原三个层次分类体系调整为两个层次,并对与上述原则不适应的部分中类进行合并与调整。由于深圳城市发展的特殊性,并没有参考新国标区分城乡用地和城市用地,而是统一标准共分为 9 大类,42 中类。

(2) 对建筑用途进行了深化和细化。在城市建设用地分类和代号表中增加了"适建用途"与"适建比例"两列,明确各类土地用途允许建设的建筑与设施用途、比例以及控制要求,主要用于规范各类用地使用范围和规划布局,以保障土地的主导用途。与此同时,增加了建筑与设施用途分类表,以适应土地立体混合利用的趋势,促进规划的精细化管理(表 5-12)。

(3) 对新兴业态用地分类进行了增设和合设。为了积极引导产业升级与转型,专门增设了新型产业用地(M0)和物流用地(W0);为了严格控制商务公寓的开发与建设,专门增设了商务公寓用地(C6);为了协调各类交通设施的建设与管理,将原对外交通(T)、道路广场用地(S)和交通设施用地(U2)合并为统一的交通设施用地(S)。

上海在新国标颁布前的 2011 年 6 月,出台了《上海市控制性详细规划技术准则》(简称"《上准》")。在用地分类上,尽管具体的用地类别和编码与新国标有一些出入,但整体框架已经对旧国标进行了较大的调整,反映了新国标改革的思想。例如用地分类覆盖城乡用地全域,包括城乡建设用地(H)、农用地(N)、水域和未利用地(E),城乡建设用地(H)再进一步分为 11 个大类、50 个中类、54 个小类;居住用地将"基础教育设施用地(Rs)"进行中类的单独划分,工业用地(M)增加中类工业研发用地(M4);新增城市发展备建用地(X)和控制用地(K)两类。

《深标》与《上准》均在地方发展需求的推动下,自下而上进行制度创新,相较而言,前者面临城市发展空间资源不足的挑战,在用地分类上更侧重于简化级别,引导土地混合使用;后者为了应对控制城市发展空间的问题,重视用地类别的城乡覆盖,新增城市发展备建用地和控制用地,为

《上准》新增城市发展备建用地和控制用地两类。

城市未来发展的用地管控提供一定弹性。

表 5-12　深圳市城市用地分类和代码(摘录)

类别代码		类别名称	范围	适建用途	适建比例
大类	中类				
R		居住用地	安排住宅和相应配套服务设施的用地		
	R1	一类居住用地	配套设施齐全,布局完整、环境良好、以低层住宅为主的用地	住宅、幼儿园(托儿所)、小型商业、可附设的市政设施、可附设的交通设施、其他配套辅助设施	住宅建筑面积不宜低于总建筑面积的70%
	R2	二类居住用地	配套设施齐全、布局较为完整、以多层及以上住宅为主的用地	住宅、幼儿园(托儿所)、商业、可附设的市政设施、可附设的交通设施、其他配套辅助设施	住宅建筑面积不宜低于总建筑面积的70%
	R3	三类居住用地	直接为工业区、仓储区、学校、医院等功能区配套建设、有一定配套设施的、供职工及学生集体居住的成片宿舍区的用地	宿舍、商业、可附设的市政设施、可附设的交通设施、其他配套辅助设施	宿舍建筑面积不宜低于总建筑面积的70%
	R4	四类居住用地	以原农村居民住宅聚集形成的屋村用地	私人自建房、幼儿园(托儿所)、小型商业、可附设的市政设施,可附设的交通设施、其他配套辅助设施	

资料来源:深圳市人民政府.深圳市城市规划标准与准则[S],2014

(二)界定混合用地的适用范围

《深标》在用地分类上已认识到土地用途与建筑设施是土地利用的两个维度。

深圳在土地混合使用的立场上是明确清晰的,2014 版的《深标》提出"为引导土地集约使用、促进产业升级转型、减少交通需求以及提升城市内涵品质,鼓励合理的土地混合使用,增强土地使用的弹性","土地混合使用应符合环境相容、保障公益、结构平衡和景观协调等原则"。

在混合使用的情况中,《深标》区分为"单一用地性质的混合使用"与"混合用地的混合使用"两种情况。其中,"单一用地性质的混合使用"是指在某一种用地性质内,可以根据"适建用途、适建比例"的要求,进行相关建筑(设施)的混合使用。这也说明了《深标》在用地分类上已认识到土地用途与建筑设施是土地利用的两个维度,不完全对应,应有所区别。尽管没有就建筑(设施)用途独立编码,但出台了"建筑与设施用途分类指引"进行描述性说明(表5-13)①。"混合用地的混合使用"是指土地使用功能超出了单一用地性质的适建用途和适建比例要求,需要采用两种或以上用地性质组合表达。此时,用地代码可以根据建筑规模对应的用地性质从多到少,用"+"连接。一般情况下,鼓励公共管理与服务设施用地、交通设施用地、市政公用设施用地与各类用地的混合使用,提高土地利用效益。此外,《深标》也鼓励在各级城市中心区、商业与公共服务中心

表5-13 建筑与设施用途分类指引(摘录)

序号	类别名称	范围	备注
1	住宅	供家庭居住使用的建筑	居住类
2	宿舍	供学生、员工使用、集中管理的住宿建筑,如集体宿舍、学生宿舍等	
3	私人自建房	原村民宅基地上建造的私宅	
4	幼儿园(托儿所)	对幼儿进行保育和教育的幼儿园、托儿所	
5	商业	提供各类型商业、服务如零售商业、批发市场、餐饮、康体、娱乐、服务、会议、培训等活动的建筑,其中小型商业是指为所在社区提供日常基本商业服务的各类小型便利店、服务营业网点、小型餐饮、肉菜市场、日常服务等设施	商业类
6	办公	供各类企事业单位和机关团体从事办公及相关业务活动的建筑	
7	商务公寓	实行公寓式服务与管理,按大开间划分、设有独立卫生间,不配置厨房,不提供学校、幼儿园等居住配套的办公类建筑	
8	旅馆业建筑	宾馆、旅馆业建筑、旅馆、招待所、青年旅社、度假村等	
9	游乐设施	游乐场、游乐园、旅游度假区游客中心等	
10	厂房	从事工业生产为主的建筑	工业仓储类
11	研发用房	介于第二与第三产业之间,容纳研发、孵化、中试、创意、动漫、设计、云计算等创新型产业功能的建筑类型	

资料来源:深圳市人民政府.深圳市城市规划标准与准则[S],2014

---

① 在《深标》中,建筑设施用途分类主要从建筑功能维度进行分类,但没有体现为建筑结构的分类。这里延伸说明,建筑功能与建筑结构是两个有所区分的维度,尽管许多活动和功能都紧密联系某些结构,但有时某些建筑会超越原有功能适应新的使用,例如,一个独户居住结构可能被用作办公室。因此,《深标》的建筑用途分类着重于功能维度,与美国LBCS中的结构维度分类是有所区别的。

区,居住用地与商业用地混合使用,可表达为 R2+C1;鼓励轨道交通用地与商业服务业用地、居住用地混合使用,立体利用轨道交通上盖空间,可表达为 S3+C1,S3+C2,S3+R2 等。

《上准》在土地使用的原则上,同样提出"促进土地使用功能的有效混合,提高城市活力"。其对混合用地的定义是"指一个地块中有两类或两类以上使用性质的建筑,且每类性质的地上建筑面积占地上总建筑面积的比例均超过 10%的用地"。然而,从其"用地混合引导表"中可以发现(表 5-14),《上准》并未区分出"土地用途"与"建筑用途"的差别,而是以"用地性质"含混表达,混淆了用地功能的混合性与某功能地块中建筑用途的适建性之间的差别。国内其他城市规划标准中的"土地兼容性"管理中同样存在类似的问题。相较而言,《深标》在混合用地的认识上已走前一步。

表 5-14　用地混合引导表(摘录)

用地性质	住宅组团用地			社区级公共服务设施用地		行政办公用地	商业服务业用地
	一类住宅组团用地	二类/三类住宅组团用地	四类住宅组团用地	福利院、医疗设施用地	其他		
一类住宅组团用地							
二类住宅组团用地	√						
三类住宅组团用地	×						
四类住宅组团用地	×	√					
社区级福利、医疗设施用地	×	○	×				
其他社区级公共服务设施用地	×	√	√	○			
行政办公用地	×	×	×	○	○		
商业服务业用地	×	○	√	○	√	○	
文化/体育用地	×	×	√	○	√	○	√
科研设计用地	×	×	√	○	√	○	○
商务办公用地	×	○	√	×	√	√	√

资料来源:上海市控制性详细规划技术准则 [S].上海:上海市规划和国土资源管理局,2011

注:①"√"表示宜混合,"○"表示有条件可混合,"×"表示不宜混合。②表中未列用地一般不宜混合

(三)以"管理单元"为基础实现地块控制的灵活性

按照传统控制性详细规划的编制要求,强制性的指标落实到单个地

块，作为地块开发的法定条件。但地块具体开发时的各种复杂情形和需求往往并非规划拟定时就能充分预见，尤其当控规调整的程序又十分复杂时，势必带来对规划僵化刚性的质疑。广州市城市规划局于 2003 年就提出了"城市规划管理单元"的理念，将城市细分为规模适度、界限明确的单元进行规划管理，以实现规划管理刚性与弹性并济。规划管理单元作为规划管理的基准范围，它可能由一个或多个用地权属不同的地块构成，用地规模在旧城中心区一般为 0.2～0.3 平方千米，新区为 0.8～1 平方千米。①

> 规划管理单元以总指标和主导属性控制的方式，实现规划管理刚性与弹性并济。

为适应广东省在控制性详细规划成果上的要求②广州市提出控制性详细规划的成果文件包括以下三部分：

（1）法定文件：由文本、规划管理单元导则组成，是规定控制性详细规划强制性内容的文件；

（2）管理文件：由通则、规划管理单元地块图则组成，是城市规划行政主管部门实施规划管理的操作依据；

（3）技术文件：由基础资料汇编、说明书、技术图纸、公众参与报告组成，是规划管理单元导则和规划管理单元地块图则的技术支撑和编制基础。③

其中规划管理单元导则的强制性内容包括：用地主导属性、总用地面积、总建筑面积、人口规模、公共服务设施、市政公用设施、绿地与广场以及文物保护。尽管规划管理单元导则中的控制内容是强制性的，但在实施过程中可充分体现其灵活性的特征。例如严格控制总建筑面积，实际上控制了综合容积率，单元内部分地块可适当提高容积率，但其他地块必须相应降低容积率，最终保证总建筑面积不突破强制性指标；严格控制开敞空间规模与数量，开敞空间在规划管理单元内允许调整位置，甚至是用地形状，但不得减少数量和压缩用地规模；严格控制配套设施项目，可以按实际需求对其位置进行调整，但同样不得减少数量或压缩用地。严格控制用地主导属性，但主导属性是概要的功能区，如居住配套区、产业聚集区、综合发展区等（图 5-11），具体每个地块的用地功能是在管理文件中的规划管理单元地块图则中标识。广州的经验是把控制性详细规划的强制性内容，即土地利用的若干属性上升到规划管理单元层次控制，从而确保规划行政管理的灵活性和权威性，这个经验在一定程度上也被 2011 年施行的《城市、镇控制性详细规划编制审批办法》所吸纳④。

---

① 王朝晖，师雁，孙翔. 广州市城市规划管理图则编制研究——基于城市规划管理单元的新模式[J]. 城市规划，2003，27(12)：41-47

② 2005 年，广东省出台了控制性详细规划管理条例和编制指引，具体规定控制性详细规划应当包括技术文件、法定文件和管理文件。

③ 广州市城市规划局. 广州市控制性详细规划编制技术规定[S]，2007

④ 该办法第十一条指出编制大城市和特大城市的控制性详细规划，可以将建设地区划分为若干规划控制单元，组织编制单元规划。然而从划分控制单元的程序和方法角度看，该办法的内容仍偏于简单。

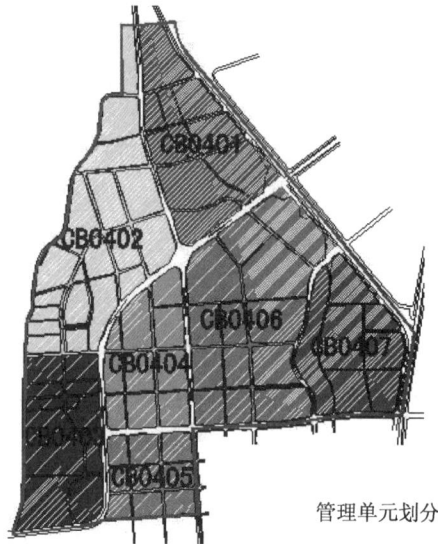

管理单元划分

管理单元编码	主导属性	总用地面积(m²)	总建筑面积(m²)
CB0401	居住配套	710 678	1 098 126
人口规模	配套设施	绿地 广场	文物保护
就业人口0.2万人 常住人口1.5万人	中学一所 小学一所 公共停车场二处	公共绿地, 面积80 096.5 m² 防护绿地, 面积94 986.9 m² 生态绿地, 面积80 096.5 m²	洪秀全故居(国家 级文物保护单位)
管理单元编码	主导属性	总用地面积(m²)	总建筑面积(m²)
CB0402	产业聚集区	1 954 283	2 275 794
人口规模	配套设施	绿地 广场	文物保护
就业人口1.0万人 常住人口0.5万人	变电站一处 垃圾压缩站一处 公共停车场一处	公共绿地, 面积11 331.0 m² 防护绿地, 面积124 350.1 m² 生态绿地, 面积124 350.1 m²	

图 5-11　管理单元管理图则(摘录)

资料来源:广州城市规划勘测设计研究院.广州花都分区 CB0401—CB0407(新华街西北部地区)规划管理单元控制性详细规划[Z],2007

(四)开发规则尚待完善

当前国内各大城市已出台的城市规划标准与准则(如深圳)或城市规

划管理技术规定(如武汉、成都、南京、上海、广州等)多引入了通则式的控制内容,如对容积率、土地兼容性、建筑高度、绿地率等做出统一的规定。这类规则通常针对不同区位特征的地区(如安徽划分旧城区、新区、城乡边缘区、特殊功能区)[①]或不同开发强度的地区(如深圳划分密度一区、密度二区、密度三区、密度四区、密度五区、密度六区)[②]或不同重点功能特征的地区(如上海划分公共活动中心区、历史风貌地区、重要滨水区与风景区、交通枢纽地区、其他重点地区)[③]提出相应的规划控制要素和标准。然而,这类管理通则只面向规划编制,即面向规范未来的建设行为,对于大量建成环境中的开发行为,我国目前尚无城市出台完整的开发规则,只是针对典型问题提出一些政策性的指引[④]。但政策往往多变,难以给开发者对开发行为的预判提供稳定长远的预期[⑤]。

除了建设行为,在城市空间的实际使用中,土地利用还包括了其他各种开发活动。应建立开发规则从开发活动的维度进行规范和引导。

只关注建设行为的规范,这种思维惯性实质带有计划经济的色彩。在计划经济时期,城市建设一旦完成,物质环境基本就被固定下来,城市规划管理主要是城市建设管理。进入市场经济后情况则明显不同,作为财产的土地和房屋,其财产所有人为了促使自身利益的最大化,建筑转功能和再开发成为一种自发的逐利行为,比如住宅出租用于办公楼、住宅底层开商铺、建筑外墙和屋顶做广告等都属于追逐利益最大化的过程。因此,建设行为只是土地利用的一种方式,在城市空间的实际使用状态中,土地利用还包括了各种开发活动,如建筑用途转变、建筑局部更新/扩建/拆除、建筑设施改变、场地改变等。城市规划应基于公共利益、平衡邻里利益与构建和谐社会的准则,从开发活动的维度进行规范和引导。

目前在一些城市(如广州、上海等)细化了对建筑改扩建项目的规划许可要求[⑥],尤其是广州市在一定程度上参考了英国开发规则,针对现实中大量常见的小型开发活动,特别列出了免领建设工程规划许可证的改扩建工程类型(表5-15),这在推行通则式开发控制中是一个有益的探

---

① 安徽省建设厅.安徽省城市控制性详细规划编制规范[S],2005

② 深圳市人民政府.深圳市城市规划标准与准则[S],2014

③ 上海市规划和国土资源管理局.上海市控制性详细规划技术准则[S],2011

④ 例如上海市规划和国土资源管理局2010年规定:"积极支持原以划拨方式取得土地的单位利用工业厂房、仓储用房等存量房产与土地,依据国家产业结构调整的有关规定,在符合城市规划和产业导向、暂不变更土地用途和使用权人的前提下,兴办信息服务、研发设计、创意产业等现代服务业。"引自赵渺希.城市工业用地自发性功能转型的外部性检验——以上海市虹口北部地区为例[C].转型与重构——2011中国城市规划年会论文集,2011:2382-2393

⑤ 例如"住改商"问题在广州一直悬而未决,从2000年到2005年,广州市规划局和工商局轮番出台文件,频繁的政策改动使经营者缺乏稳定的制度环境。引自戚冬瑾,周剑云."住改商"与"住禁商"——对土地和建筑物用途转变管理的思考[J].规划师,2006,32(3):66-68

⑥ 但各地的许可程序有所差异,例如上海将其纳入施工许可证发放范围;广州则通过"改建、扩建建筑工程《建筑工程规划许可证》"进行管理。

索。然而,我们对"开发"的理解尚未完善,只包括了各种建设活动,但缺少其他的开发类型,如土地/建筑转用途行为、场地改造等。因此,从土地利用分类的规定模式出发,建立全面的"开发活动"的概念,将土地/建筑的再开发和用途管理纳入开发规则,是我国未来城市规划管理亟须完善的一个领域。

表 5-15　广州市免领建设工程规划许可证的改扩建工程类型

(一)不增加建筑面积、建筑总高度、建筑层数,不涉及修改外立面、建筑结构和变更使用性质的建筑工程,但拆除重建的除外。

(二)农用棚架、施工工棚、施工围墙。

(三)在已经城乡规划主管部门审定修建性详细规划或者建设工程设计方案总平面图的公园里,建设非经营性、用于休憩的亭、台、廊、榭、厕所、景观水池、无上盖游泳池、雕塑和园林小品、大门、门卫房等建(构)筑物。

(四)已经城乡规划主管部门审定修建性详细规划或者建设工程设计方案总平面图的住宅小区内,不临规划路的景观水池、无上盖的游泳池、雕塑和园林小品、大门、门卫房等建(构)筑物。

(五)施工用房及其他不涉及土建施工的临时性用房。

(六)下列建筑物外部附属构筑物、构件:

1. 为安装安全防护设施、竖向管道、幕墙清洁吊塔、空调等而建造的构筑物、支架。

2. 用于安装、衔接市政管网设施的地下构筑物以及化粪池、污水处理池等附属设施。

3. 用于安装灯光、旗杆、音像等设施的基座、建筑构件等。

4. 用于安装无线电发射设施(塔、铁架、斜拉杆等)而建造的构筑物。

5. 不增加建筑面积、不影响城市景观和他人物权的用于绿化种植、生长需要的构筑物。

6. 体育跑道、无基础看台。

资料来源:广州市规划局.改建、扩建建筑工程《建设工程规划许可证》[EB/OL],(2011.5.20)[2012.10.11]. http://www.upo.gov.cn/pages/wsbs/ywzn/jzgc/2587.shtml

5.4　本章小结

(1)我国的土地规划主要由土地利用总体规划和城乡规划构成,由此也形成我国土地利用分类的两套体系——国土部门应用的土地资源分类出于耕地保护的目的,侧重于农用地的细分,分类标准包括《土地利用现状分类》和《土地利用总体规划编制规程》;住建部门应用的城市用地分类面向城市发展,侧重于建设用地的细分,分类标准包括《城市用地分类标准》和《城市规划编制办法》中的强制性管制分区。尽管《土地利用现状分类》的树状结构和划分原则存在逻辑结构的局限,但由于其主要适用于国土资源部门所开展的全国土地调查和土地利用总体规划的前期调查,因此面临的困境并不如《城市用地分类标准》突出。相较而言,《城市用地分类标准》作为城乡规划的技术标准,其自身结构的缺陷对当前城乡规划工作的影响更为深刻。近年出台的分类要求则以规定模式进一步强化自上而下的管控思路。

(2)城市用地分类标准具有明显的"封闭性"和"单一性"特征。首先分类标准自身的结构依然保留树状分级结构,从逻辑学的角度分析,该结构存在类别的有限性和封闭性,难以涵盖新生的土地利用类型;而且分类依据混淆了土地利用的多重维度,以模糊含混的单一维度"主要使用性质"以概之,导致其在全面描述现状以及规定土地利用属性时存在局限。其次,在我国规划制度背景下,城市用地分类标准是规划调查、编制和管理的依据,致使城乡规划的方法局限于"功能分区"的手段,难以应对多元化的规划目标和多样化的分类需求。

(3)总结当前地方政府在总体规划和控制性详细规划两个层面创新用地分类制度的经验。总体规划在规定模式中,分类的维度和规定的手段趋向多元化;在评价模式中,深圳总规建立了"总目标—分目标—指标体系"的目标贯彻路径,为总规的目标构建和实施评估建立起内在的关联。然而另一方面,总体规划为了兼顾国家规范与地方探索,在三种分类模式的维度关联上呈现出内在矛盾,自下而上的实践力图探索更具灵活性、战略性和地方特色的道路,但始终未能突破上层制度的桎梏。

控制性详细规划在规定模式中主要通过对地块各种维度的规范来落实规划目标。针对功能维度,深圳、上海等地出台了地方性的用地分类标准,以弥补国标在用地类别和分类层级上的不足;同时还引入混合用地的概念以增强土地利用的弹性。其中《深标》将用地功能与建筑类型视作土地利用的两个维度,相较国内其他城市规划标准中将两者混淆,在理论认识上已先行一步。针对用地的开发强度、配套设施、空间形态等维度,地方规划标准多采用通则式的管理方法,即把城市划分为若干特征区域,提出差别化的控制标准,但在开发规则的类型上,依然欠缺针对建成环境中各种开发行为的规则。

(4)基于两层次规划实践的分析,可揭示自下而上的制度改革由于能满足地方发展对制度安排的真实需求,从而获得制度创新的动力。尤其在市场经济体制下,城市发展和建设受到各种利益群体需求的集合影响,城市规划的方法必须转变传统执行指令的思路,采取多维综合的手段来协调利益,应对未来的不确定性。一些地方性的创新经验将成为未来国家规划制度改革的"试验田"。

6 制度建议:多维体系容纳多样性的需求

　　土地利用分类服务于规划的编制与管理,土地利用分类的思想与方法在很大程度上反映了规划编制和规划管理的思想,而规划体系的特征又是深受该国政治、文化等制度背景的影响。尽管我国改革开放已40年,但计划经济时代城市规划的观念和方法至今仍留有较深的烙印,这也是导致在市场经济背景下城市规划制度屡遇困境的根源所在。若要从规划技术层面破解这个困局,土地利用分类体系的重构是一个重要的切入点。

　　本章首先分析转型时期中国城乡规划的制度背景,提出土地利用分类体系改革的几个原则,在此基础上借鉴多维土地利用分类的理论框架,建议打破现有国标的封闭性,建立开放性的多维土地利用分类标准;结合多维理论改进规划实践中的土地利用分类;引入基于地方尺度的综合性横断面分区方法。

6.1　转型时期的规划制度背景

6.1.1　地方政府和中央政府在土地调控上的博弈

　　在计划经济时期,中央政府通过垂直的行政体系掌控城市的建设项目和土地资源分配。地方政府在城市建设中只有行使中央指令的代行能力,既没有主导权也没有独立的利益驱动,缺乏经济管理权力和资源配置功能。改革开放以来,伴随城市土地制度和财税制度的改革,地方政府独立的利益主体地位得到了不断强化和巩固,同时地方经济发展对土地资源的依赖也显著增加。然而,相对于中央政府和非政府主体(指居民、企业和其他团体),我国地方政府的功能和地位具有明显的"双向代理"特点[①]。由于地方政府既代理中央政府,又代理地方非政府主体,因此中央政府和地方政府的目标间必然既存在一致性又存在差异性。尤其在1994年分税制改革以后,中央政府与地方政府在土地调控上的博弈色彩越来越浓。比如地方政府在编制总体规划的时候,为了争取更多建设用地而夸大规划期末人口预测;在统计用地数据时,将部分超标的城市工业

---

　①　孙宁华.经济转型时期中央政府与地方政府的经济博弈[J].管理世界,2001(3):36-43

用地划归为周边乡镇工业用地；或者通过一些界定不明的用地，如"研发用地""度假区用地""生态开发用地"等掩盖房地产开发的事实。中央政府为了打击土地投机和浪费的行为、保护土地资源、约束城市空间无序扩张，2002年建设部联合国务院其他8部委办局发出《国务院关于加强城乡规划监督管理的通知》（国发〔2002〕13号），要求明确规划的强制性内容，严格依法进行规划调整；2003年开始整顿清理各类开发区加强建设用地管理；2004年修编《土地管理法》，实施土地用途管制，通过自上而下的建设用地指标控制约束土地总量的供应；2006年提出要"守住18亿亩耕地红线"；2008年《城乡规划法》强调了总体规划的强制性内容以及控制性详细规划作为土地出让的前置条件；2010年国土资源部开展房地产用地专项整治工作，查处闲置土地、囤地、向别墅供地等违规行为；2012年实施的《城市用地分类与规划建设用地标准》（新国标）继续沿用旧国标的分类结构，并且回避了"混合用地"的界定。

　　在中央政府出台的一系列政策法规中，可以明显看出制度变迁中的"路径依赖"（path dependence）。"人们过去作出的选择决定了他们现在可能的选择"[①]。沿着既定的路径，经济和政治制度的变迁可能进入良性循环的轨道，迅速得以优化；也可能沿着原来的错误路径越滑越远；弄得不好，它们还会进入某种无效率的锁定（lock-in）状态。一旦进入锁定状态，要摆脱出来是十分困难的，这也解释了为什么改革开放至今40年，我国城市规划制度依然遗留很强的计划经济痕迹。尽管中央政府期望在城乡规划领域通过强化指标、红线、土地用途等强制性手段来约束地方政府的投机行为，但地方规划总与地方发展现实不相符的事实，在一定程度上折射出中央政府的制度安排忽视了地方发展的诉求和自下而上的信息传递。要解决地方政府经济行为的扭曲，最终还需要依赖中央层面的制度创新。为了阻止某些地方发展盲目冲动的行为，而强调"全国一盘棋"的统一指令和法规，无疑是"削足适履"之举。市场经济下的城市发展有其内在特性[②]，城市规划要顺应城市发展的特性，根据具体的城市问题通过综合手段和技术创新来实现其目标。

> 地方规划总与地方发展现实不相符的事实，在一定程度上折射出中央政府的制度安排忽视了地方发展的诉求和自下而上的信息传递。

6.1.2　土地制度亟须创新

　　由于土地的稀缺与新开发用地的紧缩，在经济发达地区的许多城市，如上海、广州等已经进入土地再利用的发展阶段。"三旧改造"、旧城更

---

①　道格拉斯·C.诺思.经济史中的结构与变迁[M].陈郁，罗华平，译.上海:上海人民出版社,1994:67
②　霍普金斯将其归纳为"相关性""不可分割性""不可逆性""不可充分预见性"。参见路易斯·霍普金斯.都市发展——制定计划的逻辑[M].赖世刚，译.台北:五南出版社,2006。

明确开发权利,对土地利用的各种开发活动进行控制和规定就具有了法律基础。

新、历史保护等内涵式发展是现实、紧迫的城乡规划课题,与公众的权益也最为密切。尤其在《物权法》实施之后,关于旧城拆迁导致的社会矛盾屡见报端;建筑改功能或再开发而引发的问题在规划管理中频繁出现①。这些问题最终与"土地开发权(development right,也称发展权)"的界定紧密相关。开发权的概念在若干国家已被明晰并建立了相应的制度(如英国和美国),但我国还没有正式的关于土地开发权的法律表述。

开发权并不是一个新概念,而是土地所有权的一个维度。在近代城市的发展中,随着商品经济的成熟,建筑以自用为目的的开发逐渐减少,土地和房屋的商品开发成为主要方式,导致在土地发展过程中开发权与使用权的分离。开发与使用的分离意味着开发目的与使用目的产生错位,这种错位在缺乏控制的情况下导致恶劣的非人性的建筑环境,比如资本主义国家的贫民窟、中国早期房地产开发中的"握手楼"以及密集的城中村建设等。也由于开发是土地增值的重要手段以及土地使用的竞争性特点,从而导致开发作为一项独立的权利被邻里关系和公共利益所限定。所以城市问题的核心不光是使用权分配的问题,还包括城市再开发问题。

随着土地资源使用的频率和强度加大,土地的权利将愈来愈复杂,明晰权利的划分能促成法律体系的一致性和完整性,值得借鉴的土地权利区分方式之一就是在区分土地所有权和使用权的基础上,再区分土地的开发权。土地所有权制度服从《宪法》制度;使用权转让符合《土地管理法》制度;用益物权和财产保护符合《物权法》制度;土地和建筑的用途管理和开发建设符合城乡规划②。

明确了开发权利,对土地利用的各种开发活动进行控制和规定就具有了法律基础,例如针对现状的土地/建筑用途改变、新功能引入、场地改变、改扩建工程等开发活动通过制定开发规则或设计相应的规划制度进行合法控制,由此也构成了土地利用分类中开发活动维度的规定模式。

6.1.3 规划制度面临价值观和方法的转型挑战

在当前社会经济转型的背景下,城市规划在价值观和方法上面临三大挑战:第一,城市规划如何适应城市发展的不确定性,并且能有效追踪和监控规划目标? 第二,当城市空间的支配权分散后,城乡规划如何有效

① "深圳土规委副主任薛峰提到,深圳在旧城更新中,发现法定图则中的规定大部分都是无用。很大程度上,这些规划非但没有帮助我们,反而成为我们自造的桎梏。现实中的旧城更新,一定是基于产权的讨价还价,而不是按照增量规划那样,基于城市设计确定规划指标。""我们发现,当我们要将一种用途转换为另一种用途时,基于空间设计的工具几乎完全用不上。"引自赵燕菁.城市规划行业和学科发展的下一个三十年.[EB/OL].[2014-06-03]ht-tp://www.upnews.cn/archives/2913.

② 周剑云,戚冬瑾.从《物权法》出台看《城市规划法》的修订及迫切性[J].城市规划,2007,31(7):47-55

实施土地的开发控制？第三,面对城乡空间失衡、城市特色丧失、环境资源恶化等城市化过程中的新问题时,城市规划如何通过制度创新实现可持续的发展模式？

为应对城市发展的不确定性,地方总体规划综合采用策略、政策、法规等手段,突破传统基于功能分区的技术思路。

　　针对第一个挑战,需要城市规划自身在理念和方法上主动转型。在市场经济体系下,制度环境的变化会更加充满不确定性,从而改变城市发展动力相互作用的关系,影响到城市规划价值目标的调整[①]。中央政府通过技术规范、行政法规不断强化空间管制的措施,对于保护城市的生态、历史资源没有问题,但面对复杂多变的社会经济发展没有在具体制度安排上做出及时调整,则会在客观上对市场经济的健康发展产生负面影响。2000年以来有30多个城市编制了战略规划(或概念规划),这类规划强调策略研究从而为政府提供城市空间战略性拓展的决策依据,成为市长们在现行规划体系之外所青睐的规划工具。然而其致命的弱点在于缺少法定地位,由于没有纳入法定的编制审批程序,也就不具备权威性和约束力。尽管战略规划未能纳入法定规划体系,但对总体规划转型的研究一直没有停止。

　　2010年编制的深圳市总体规划面对城市转型发展的挑战,在规划编制思路上进行积极的探索。总体规划从城市发展政策指引出发指导空间布局和专项系统规划,最后再将空间规划技术转化为规划实施政策,构建了包括十个专题政策(包括：土地政策、人口政策、产业政策、城市更新政策、住房政策、交通政策、生态环境政策、公共服务政策、公共财税政策和城市特色政策)在内的总规实施保障政策体系,并结合政策目标建立了从目标到指标的总规实施效果监控评价体系[②],为实现城市整体平稳的发展转型打下重要的制度基础。城市的转型发展为城市规划带来更多挑战,应对挑战的前提在于城市规划自身主动积极的转型,比如在总体规划层面综合采用策略、政策、法规等手段,突破传统基于功能分区的技术思路。

　　第二个挑战来自土地开发的社会背景。市场经济转型过程中城市发展主体呈现多元化趋势,发展主体之间的利益关系日趋复杂：中央政府的单一发展主体分解为多层级的、竞争性的地方政府发展主体；企业成为独立的发展主体和利益主体；外商直接参与城市开发过程；私人成为城市开发的主要力量。城市空间支配主体的多元化以及土地利益矛盾的复杂性,使得控制性详细规划既要作为城市总体规划的实施途径,又要作为规

---

①　张兵.城市规划实效论：城市规划实践的分析理论［M］.北京：中国人民大学出版社,1998:97

②　许重光.转型规划推动城市转型——深圳新一轮城市总体规划的探索和实践［J］.城市规划学刊,2011,193(1):20

面对城市空间支配主体的多元化以及土地利益矛盾的复杂性，需要完善控制性详细规划的编制技术和规划管理制度。

划许可的依据,同时承担了规划实施与开发控制这两个差异性的角色。在此背景下,控制性详细规划以及规划管理制度需要解决几个关键的问题:

其一,控制性详细规划如何衔接总体规划? 现行规划制度中总体规划与控制性详细规划的技术逻辑是"目标—指标"的规划深化关系以及"发展—控制"的角色互补。发展目标是发展主体的愿景和诉求,体现发展者的利益。在计划经济时期,基于国家发展主体的利益,发展目标与管理目标是统一的;在市场经济下,发展主体的多元化及其利益分化导致管理的目标是协调不同发展主体的开发建设,在鼓励和保护私人开发过程中积极维护公共利益,克服城市开发的负外部性。开发项目的外部性与项目的性质及所处的环境有关,这是规划阶段不可能充分考量的,因此规划目标与管理目标存在实质性差异。为了实现管理目标,控制性详细规划同样需要在现行技术手段基础上增加灵活弹性的手段,例如新加坡土地用途中的"白地"、香港法定图则中安排的"综合发展区"以及美国区划中的"叠加区"和"可变更区"等都是土地开发管理应对市场开发不确定性的有效方法。

其二,规划管理标准在技术上如何改进才是"有效"的? 目前大部分地方规划管理标准在用地分类上主要是沿用或深化新国标,控制性详细规划的编制依照分类标准,通过土地主要性质的区分来避免用途间的相互影响。但在实际土地利用的过程中,相同的土地性质可能会建造不同的建筑类型以及产生不同的行为活动,只有对土地利用的各种维度进行清晰合理地界定,才是解决土地相容性问题的有效手段,才更加有利于管理效率的实现并限制权力寻租的空间。例如美国的区划条例和《香港规划标准与准则》首先是对用地(分区或称土地用途地带)进行了详细具体的分类,其次是对每种用地分类进行了详细定义,最后规定了在每类用地上非常具体的建设限制。2014版的《深标》参考了以上经验,在用地分类的基础上,对每类用地的建筑用途和适建比例都有详细的说明,从而保证公共产品的供应以及土地的有效使用。

其三,尽管我国尚未确立土地开发权,但房屋所有权人在自身需求和利益驱动下,现实生活中已大量出现了建筑用途改变、建筑改扩建、建筑修缮等土地再开发的行为,这些行为并非个案审批所能控制,需要制定相应的开发规则以补充规划管理的工具。

第三个挑战是当前中国和全球其他国家都共同面临的问题,即如何在资源日益匮乏的背景下实现可持续发展的模式。早期的城市规划为解决城市美化、人口拥挤、城市更新等不同时代所面临的问题,逐步发展出以功能分区为主导的土地利用分类方法,然而这种通过功能隔离和抽象

在可持续发展的目标下,需要新的土地利用分类方法来应对新的挑战。

指标来管理城市发展的手段却同时衍生出城市特色丧失、城乡空间失衡、土地低效利用等新的问题；另一方面在生态规划的发展上，主要关注于自然区域的保护和有限开发，却无力解决人类集聚空间的分布问题。土地利用分类及其维度的选择与规划目标密切关联，特别是在可持续发展的目标下，需要新的土地利用分类方法来应对新的挑战。

6.2 多维土地利用分类体系构建原则

转型时期城乡规划制度背景的变迁，对土地利用分类思想和方法的改革提出了迫切的要求。通过土地利用分类的多维视角剖析我国分类标准的局限性，可深刻揭示出我国土地利用分类标准理论基础不足，分类标准限制了多样化的分类需求。从理论应用层面出发，结合多维土地利用分类理论可以为我国建立全面综合的土地利用分类体系提出完善与改革建议。构建原则包括以下三个方面：

6.2.1 适应城乡规划全过程的要求

土地利用分类既是城乡规划的基础，也是城乡规划的结果。规划调研需要对土地利用的属性进行详细描述和分类；分类的维度和对象决定了规划编制的方法和结果；而在规划管理中同样也面临现实中各种土地利用的情况，需要借助分类规则解决管理的边界。因此土地利用分类贯穿了城乡规划的全过程，土地利用分类体系不仅仅是指向一个土地利用分类标准，而且是包含了指示模式、评价模式和规定模式的多维体系。结合三种模式完善我国土地利用分类体系可以为城乡规划各阶段的方法改进和制度建设提供理论指导。

土地利用分类的三种模式贯穿城乡规划各个阶段。

6.2.2 适应规划类型多样性与规划编制创新要求

城乡规划对空间资源的控制，是一个相对动态与弹性的过程。在复杂的市场经济背景下，城乡用地需求和利益的多元化使得城乡规划实施中不确定因素增加。如果仍以一个原则模糊、自我封闭的分类标准定义所有土地利用类别和行为，在实践中是难以行通。面对复杂的土地利用属性，科学的态度不是"以一概全"，而是明晰与细分，通过构建一个多维的、平行分类的，且具可扩充性的分类标准以应对土地利用复杂的现实状况。土地利用分类标准可以用于描述现状或规定未来的用地属性，但它本身应该是一个开放的体系，一方面可以灵活适应分类的各种需求，另一方面能通过不同维度的重新组合，更大程度地包容和描述新生事物。

城市用地分类标准不宜作为规划编制的强制性标准和法定依据。

此外，由于中国城市发展的差异性较大，城市用地分类标准可以作为规划编制的指导,或地方土地利用分类标准的参照,但不宜作为规划编制的强制性标准和法定依据。国家的土地利用分类体系应当包容地方性的制度创新,建议允许地方城市能结合本地社会经济发展特点,通过法定程序创设更有针对性和实效性的规划制度。例如,鼓励经济发达的地区和城市可开展政策性分类、混合用地分类、补充完善用地分类的定义和规定性内容、建立开发规则等探索,推动城乡规划方法的转型。

6.2.3　适应可持续发展的要求

通过完善、改进土地利用分类的方法,在城乡规划中贯彻实现可持续发展的目标。

当前全球城市都面临人口、资源、环境与社会经济协调发展的挑战,如何通过土地利用规划的转型来应对挑战,实现可持续发展的目标是各国规划体系必须回答的问题。价值观上的变化会引起一系列规划方法上的变革,英美两国土地利用分类思想已逐步摆脱了功能分区的方法,出现范式的转变:英国的经验是由土地利用规划向空间战略规划转型,以用地政策来承载和落实规划目标;美国的横断面规划则通过形态分区贯穿和整合了土地利用分类的三种模式,以现象学的思考方式直观描述、评价和规范土地利用形态的各种类型。尽管两国呈现的城乡问题不一,但规划改革的切入点却不谋而合。我国面临城市建设的矛盾和资源环境的压力较西方国家更为突出,通过完善、改进土地利用分类的方法,在城乡规划中贯彻实现可持续发展的目标尤显重要。

6.3　我国土地利用分类的改进建议

制度建设是同经济社会条件密切关联的,中国的社会主义市场经济体制建设是一个摸索前进的过程,在各种制度环境变迁和波动的背景下,规划制度与规划方法同样需要一个不断完善改进的持续过程,以适应城乡发展的新内涵和新规律。结合多维土地利用分类的理论框架和实践经验,可以从以下几个方面对我国土地利用分类体系提出改进建议。

6.3.1　建立开放性的多维土地利用分类标准

我国土地利用分类标准主要适用于现状用途的描述和未来用途的规定,并作为规划工作的规范和法定依据[①]。然而,由于其在分类逻辑上存在树状结构的缺陷,以致无法全面科学地描述或预测土地利用的各种属

---

①　城市用地分类标准在总则中明确其"适用于城市和县人民政府所在地镇的总体规划和控制性详细规划的编制、用地统计和用地管理工作","编制城市(镇)总体规划和控制性详细规划除应符合本标准外,尚应符合国家现行有关标准的规定"。

性或容纳新生的类型。要克服这种分类体系的结构性困境，必须打破土地利用分类标准的封闭性与单一性，建立平行结构的多维分类标准，并且把分类标准的地位由法定的工作规范转为规划工作的指引，从而为地方规划实践中创设新的分类提供弹性空间。

（一）维度划分

1）英国经验：土地覆盖物与土地用途

当前在欧美各国的土地利用分类标准中都综合了多维度的方法，尽管不同的研究成果或法定标准所切入的多维视角有所不同，但多维的思路是基本一致的。英国把土地利用分类区分为"土地用途"和"土地覆盖物"两种维度，最新的《土地利用和土地覆盖物分类标准》（NLUD，2006）中明确提出："土地用途与土地的活动或土地的社会经济功能相关，然而土地覆盖物与土地表面的物质种类或形态相关。土地用途和土地覆盖物描绘了土地表面截然不同的维度，因此应分别定义和分类，避免模糊不清的解释。新的NLUD任务就是要清晰地区分土地用途和土地覆盖物的术语。"[1]

土地覆盖物和土地用途之间存在密切的内在关系，这些关系提供了进行更深入研究的潜力。例如可以从功能推测出形态，反之亦然。譬如一块建造了低层别墅的土地可以合理地关联起住宅用途；一个正在经营的林场可以预期被覆盖了树木。如果现状不符，前者可以推测别墅是违建；后者可以推测林地已经被砍伐或土地准备造林。在这种情况下，需要建立推断的规则，在不同的情况下确定变化的趋势。

覆盖物和用途之间的关系也可以被用来推测土地利用方式或在用地单元中确定混合构成。例如，一个居住用途的地块可以有不同的覆盖类型构成，包括居住建筑、其他建筑、花园、道路、小径、林地、裸地。由此可以计算住房密度和绿地的数据，评估新住房的容量。

覆盖物和用途之间的关系还可以从政策的意图来定义土地类型。例如，"已被开发"的土地的定义，指场地之前或现在拥有永久性构筑物或已开发的地面。记录土地覆盖物，连同场地之前和现有的用途可以推断场地是否已被开发。

事实上，除了覆盖物和用途之外，还可以进一步拓展土地利用的分类维度，但由于英国的NLUD主要面向土地数据收集，通过遥感数据进行判读较容易区分出覆盖物和用途，因此分类维度限于这两项属性。

2）美国经验：活动、功能、结构、开发特征和所有权

美国规划协会建立的《基于土地的分类标准》（LBCS）适用面更加广

克服分类
体系的结构性
困境，应建立
平行结构的多
维分类标准，
并且把分类标
准转为规划工
作的指引。

---

[1] Office of the Deputy Prime Minister. National Land Use Database: Land Use and Land Cover Classification Version 4.4 [Z], 2006: 20

阔,包括了用来达到记录、分析、规划和开发管理的目标①,在 2.6.2 节已详细介绍了其内容。相较于英国的二维分类方法,LBCS 的建构基于以下三个部分:

维度:活动、功能、结构类型、场地开发特征和所有权。

层级:每个维度包括 1~4 个等级,每个等级不断增加土地利用的细节。例如由居住建筑到单户居住建筑再到联立式单户居住建筑。

关键词:描述土地利用的性质。在 LBCS 编号系统中包括了 9 类基本类型,这些类型以关键词标定,并辅以相应的色彩标识,主要概括活动、功能、结构三种维度的分类类型。

因此,LBCS 的分类模式实质是在土地利用性质这个大类之下再细分为活动、功能和结构。其中"功能"及"活动"近似于 NLUD 中的"土地用途","结构"仅指向"土地覆盖物"中的构筑物,并没有包括地表物种的分类。此外,它还基于管理和信息收集的角度,增加了场地特征、所有权两个维度。

3) 我国多维土地利用分类标准设想

以土地利用的各项维度进行平行排列,每一维度之下再进行树状分类,可构建一个开放性、可扩充的用地分类体系。

多维土地利用分类理论的出现,定义了土地利用不只是一个简单的特征,而是一个关系——类似音乐是一个和弦而不是一个音符。一个完整系统的土地利用分类标准包含土地利用分类列表和编码体系,它可以在规划调研阶段适用于不同途径的数据收集,例如通过遥感图像获得土地用途/土地覆盖物数据,或从现场调研收集到所有权、建筑结构、行政边界等信息。在规划编制阶段,它可以适应不同类型规划的编制要求,选择相应的用地分类维度,落实规划实施和管控的目标。在规划监测阶段它可以定期对每一个维度进行独立更新,通过标准化的编码推动基于计算机的数据共享和数据关联。多维分类标准是一个开放的体系,一方面可以灵活适应使用的各种目标,另一方面能通过不同维度的重新组合,更大程度地包容和描述新生事物。随着数字信息技术在规划领域的全方位应用,多维分类标准及其编码系统将有效促进信息的整合与共享。

我国现行的土地利用现状分类和城市用地分类均采用了综合的原则,以树状结构进行分类,分类原则虽然以"土地主要使用性质"概之,但实际的分类标准包含了混杂含糊的原则(见第 5 章,图 5-2)。比如建设用地(H)与非建设用地(E)的划分,是依据开发状态、规划政策维度;建设用地(H)之下的城乡居民点建设用地(H1)、区域交通设施用地(H2)等的划分,是依据土地利用的功能维度;非建设用地(E)之下的水域(E1)、农

---

① American Planning Association. Land Based Classification Standards(LBCS) [EB/OL]. [2012-12-01]. http://www. planning. org/lbcs/standards/

林用地(E2)等的划分是依据土地覆盖物维度。尽管树状结构中每一层级的划分维度都有所不同,但由于层级的限制,导致最后区分出来的用地类别无法反映土地利用的全部属性;此外由于树状结构的封闭性,某类新生用地若在该分类标准以外便无法归类。平行结构的土地利用分类标准则可以突破以上困境,以土地利用的各项维度进行平行排列,每一维度之下再进行树状分类,该体系是一个开放性的、可扩充的体系,根据研究或规划工作的需要,可以对分类类别进行组合、关联,从而科学全面地描述和规范土地利用的特征(图6-1)。

从统一标准、扩大适用面、协调不同使用需求的角度出发,土地利用的多重维度可设想区分为以下类型:活动、功能、土地覆盖物、场地特征、所有权。结合现有土地利用分类标准进行维度区分与补充,可拟定以下多维分类标准(表6-1~表6-5)。

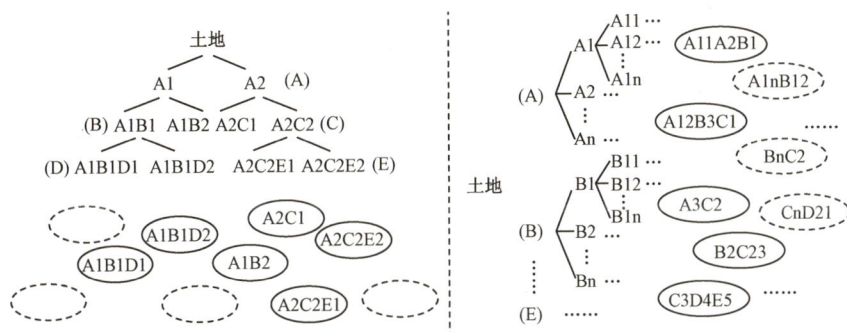

图6-1 新国标(左图)和多维分类体系(右图)的逻辑结构对比图

注:新国标的树状分类结构无法适应新用地类型的出现(左图);多维分类体系的平行结构能灵活适应不同用地定义的需求,具有可扩充性(右图)。

表6-1 活动维度的编码及描述

活动编码 (代号 A)	活动描述	活动编码 (代号 A)	活动描述
1000	居住活动	6000	大量人群集聚
1100	家庭生活	6100	旅客集聚
1200	短暂生活	6200	体育观众集聚
1300	集体生活	6300	电影、音乐或娱乐表演
2000	购物、商业或贸易活动	6400	展览会的集聚
2100	购物	6500	大型训练、操练等
2200	餐饮类型的活动	6600	社会、文化或宗教集聚

活动编码 （代号 A）	活动描述	活动编码 （代号 A）	活动描述
2300	办公活动	6700	历史性的或文化性的庆祝、游行、演出等
3000	工业及仓储相关的活动	7000	休闲活动
3100	工厂生产活动	7100	主动的休闲运动,如跑步、骑自行车、田径、滑雪等
3200	物资储备、中转、配送、批发、交易	7200	被动的休闲活动,如露营、散步等
3300	建造活动（挖掘等）	7300	飞行或空中相关的体育活动
4000	社会性公共活动或基础设施相关的活动	7400	水上运动和相关休闲活动
4100	学校活动	8000	与自然资源相关的活动
4200	在图书馆、艺术馆、博物馆等地的活动	8100	农事、犁地、收割或相关活动
4300	健康护理、医学的或治疗活动		
4400	市政工程相关的活动（给水、排污、能源等）	8200	牲畜相关的活动
4500	埋葬、火化或墓地挖掘行为	8300	放牧等
4600	军事基础活动	8400	伐木搬运
5000	旅行或移动行为	8500	采石或石头切割
5100	步行移动	8600	采矿,包括表面和地表以下采矿
5200	汽车移动	8700	钻井、挖泥等
5300	火车或其他轨道移动	9000	非人类活动或不能归类的活动
5400	扬帆、划船和其他港口、海运以及基于水的活动	9100	未归类的活动
5500	飞机起飞、落地、滑行和停放	9200	地下活动
5600	空间飞行器发射和相关活动	9300	待补充

表6-2 功能维度的编码及描述

功能编码 (代号 F)	功能描述	功能编码 (代号 F)	功能描述
1000	居住或短期居住功能	4600	公共文化设施
1100	私人居住(包括居住区的公共服务)	4700	公用设施和服务
1200	为集体生活提供的居住服务	4800	军事设施
1300	酒店或其他短期居住的服务	5000	交通
2000	普通销售或服务	5100	道路运输
2100	零售或服务	5200	水上运输
2200	金融和保险服务	5300	航空运输
		5400	铁路运输
2300	房地产和租赁	6000	娱乐、康体与休闲
2400	商业的、专业的、科学技术的服务	6100	娱乐服务
2500	食品服务	6200	康体服务
2600	个人服务	6300	城市公园和郊野公园
2700	宠物和动物销售或服务	7000	采矿和资源获取
3000	制造业和批发服务	7100	油和天然气
3100	食品、纺织和相关产品	7200	金属
3200	木材、纸张和印刷产品	7300	煤炭
3300	化学、金属、机械和电子制造	7400	非金属采矿
3400	交通运输设备制作	7500	采石和切割
3500	其他制造	8000	农业、林业、渔业和狩猎
3600	批发贸易	8100	谷物、蔬菜种植
3700	仓储服务	8200	果、茶园种植
4000	教育、公共管理和公共服务、医疗卫生、其他机构服务	8300	牧草种植
4100	教育服务	8400	林业和伐木搬运

功能编码 （代号 F）	功能描述	功能编码 （代号 F）	功能描述
4200	公共管理	8500	农业的支持性功能
4300	其他政府功能	8600	动物产品包括屠宰
4400	医疗卫生服务	8700	渔业、狩猎等活动
4500	其他机构（如社会组织、宗教组织）	9000	未归类的功能

表 6-3 土地覆盖物维度的编码及描述

土地覆盖 物编码 （代号 C）	土地覆盖物描述	土地覆盖 物编码 （代号 C）	土地覆盖物描述
1000	居住建筑	5400	与道路运输相关的设施
1100	低层住宅	5500	与水运或海运相关的设施
1200	多层住宅	5600	与空中运输相关的设施
1300	中高层住宅	5700	与铁路运输相关的设施
1400	集体宿舍	6000	公用设施和其他非建筑的构筑物
1500	酒店（含酒店式公寓）	6100	道路上的公用设施
2000	商业建筑和其他行业建筑	6200	给水相关设施
2100	办公或金融类建筑	6300	排污相关设施
2200	商店类建筑（如零售、餐饮等）	6400	燃气或电力能源生产的设施
2300	商业与居住混合建筑	6500	广播通讯设施
2400	商业与办公混合建筑	6600	环卫设施
2500	大型购物中心	6700	环保设施
2600	工业建筑和结构	6800	消防设施
2700	仓库和仓储设施	6900	标识物或广告牌
3000	公共聚集的建筑	7000	水域
3100	剧院	7100	静水面
3200	室内游乐设施	7200	流动水面
3300	体育场馆	7300	沼泽湿地

续表 6-3

土地覆盖物编码（代号 C）	土地覆盖物描述	土地覆盖物编码（代号 C）	土地覆盖物描述
3400	会展、会议建筑	8000	农业设施及农林作物
3500	宗教建筑	8100	谷仓或其他存储农产品的建筑
3600	乘客集中的设施（机场、客运站等）	8200	家禽设施
4000	公共机构	8300	畜牧设施
4100	学校或大学建筑	8400	动物污物处理设施
4200	医疗卫生建筑	8500	温室
4300	图书馆建筑	8600	农业水利设施
4400	博物馆、展览馆或类似建筑	8700	农作物
4500	政府办公建筑	8800	林木
4600	监狱、劳改所等建筑	8900	草地
4700	墓地、墓碑、墓陵	9000	其他类型覆盖物
4800	殡仪馆和火化设施	9100	已平整的硬地
4900	军事设施	9200	山地
5000	交通设施	9300	盐碱地
5100	线性或网络特征的设施（道路、铁路等）	9400	沙地
5200	汽车停放设施	9500	裸地
5300	人行道	9600	未能归类的覆盖物

表 6-4　场地维度的编码及描述

场地编码（代号 S）	场地描述	场地编码（代号 S）	场地描述
1000	自然状态下的场地	5000	已开发的场地——无建筑物和构筑物
2000	正在开发的场地	6000	已开发的场地——公园
2100	无构筑物	6100	已开发的场地——地方公园

场地编码 （代号 S）	场地描述	场地编码 （代号 S）	场地描述
2200	场地有临时构筑物	6200	已开发的场地——国家级公园
3000	已开发的场地——建筑	7000	已开发的场地——谷物、牧场和林场等
4000	已开发的场地——非建筑的构筑物	8000	不能适用此维度（如地块数据收集时未包括该维度的信息）
4100	已开发的场地——道路、铁轨和其他线性构筑物	9000	未归类的场地开发特征
4200	已开发的场地——广告牌、标识物		
4300	已开发的场地——水塔、储油塔等		
4400	已开发的场地——景观性或装饰性的构筑物		

表 6-5 权属维度的编码及描述

权属编码 （代号 O）	权属描述	权属编码 （代号 O）	权属描述
1000	土地国家所有——以划拨方式获得建设用地使用权	5000	土地国家所有或集体所有——土地承包经营
1100	土地国家所有——国家机关和军事设施用地	6000	土地国家所有或集体所有——用益物权被抵押
1200	土地国家所有——基础设施和公益事业用地	7000	土地国家所有或集体所有——其他用益物权
2000	土地国家所有——以出让、转让方式获得建设用地使用权	7100	使用水域从事养殖、捕捞的权利
2100	土地国家所有——专有建筑所有权	7200	取水权
2200	土地国家所有——共有建筑所有权	7300	探矿权、采矿权

权属编码 (代号 O)	权属描述	权属编码 (代号 O)	权属描述
3000	土地集体所有——宅基地使用权	8000	不能适用此维度(如地块数据收集时未包括该维度的信息)
4000	土地集体所有——生产和生活用地	9000	未归类的权属特征

以上构思的分类标准同时考虑了《土地利用现状分类》《城镇国有土地利用权出让和转让暂行条例》《划拨用地目录》《国民经济行业分类与代码》《物权法》《土地管理法》等法规和标准,并以《城市用地分类与规划建设用地标准》(GB 50137—2011)为主要修改对象,分解新国标的树状结构,从活动、功能、土地覆盖物、场地特征、所有权五个维度对土地利用进行平行分类,每一个维度均有九类。编码系统包括字母和数字,字母前缀代表了维度,前缀后面的数字代表类别,每一类的编码有四位数,即可细分为四级(以上标准仅划分了两级,可以根据需要继续划分)。其中活动、功能、土地覆盖物三个维度是从土地利用的主要性质进行分类,包括居住、商业、工业、公共设施、交通、文化娱乐、农业、自然资源、未归类用途等。在用地编码上可以找到不同维度间相互对应的联系。

在五个维度之外,还可以根据现状调研或规划管理的目的扩充分类的维度,例如活动的特点(如时间、规模、噪音、气味等外部影响),从而更有效地记录或规范土地利用的外部性。该编码系统还可以定期更新,容易适应地理信息系统,使土地利用数据的处理更加科学和便捷。

(二) 确定空间单元

科学的土地利用分类主要关系到土地利用数据的收集。而数据收集的基础是建立明确的"单元"或"对象",通常对于有物理边界的对象(如厂房、住宅、牧场的地块)容易描述,但在缺乏物理边界的情况下或在复杂的建筑中定义对象和明确边界却是棘手许多。在定义土地利用的空间单元时,应识别建筑和毗连土地的联系,以及在功能单元内所发生活动的相互依存性。

图 6-2 描述的空间单元是一个首层为银行的商场。在地块后侧是一个用于仓储的院落,这个后院服务于商场,因此其功能也是根据建筑归类。这就进一步涉及混合的场地,即有一系列的相关活动在一个独立的空间单元中发生。比如,一个工厂的综合体,包括了一系列相关的活动,例如生产、办公、仓储、停车、排污等,可以被归类为一个活动综合的单元。

定义土地利用的空间单元时,应识别建筑和毗连土地的联系,以及在功能单元内所发生活动的相互依存性。

功能 土地覆盖物

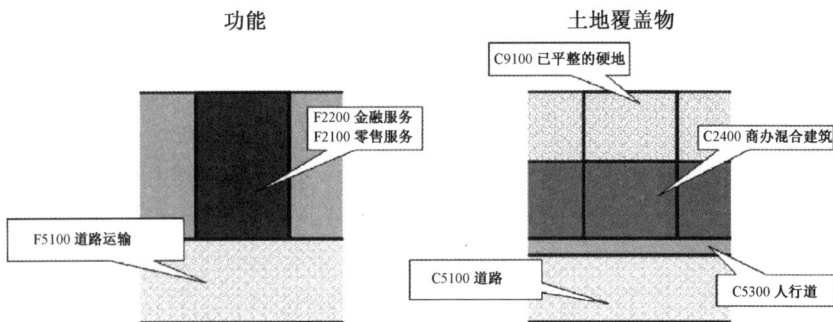

图 6-2　某空间单元中功能和土地覆盖物的示意

资料来源：Office of the Deputy Prime Minister. National Land Use Database：Land Use and Land Cover Classification Version 4.4 [Z]，2006：figure2

但这些活动的功能都依附于工业，失去主要功能，其他功能也丧失其目的。其他综合场地，如医院、学校、居住区等也如是。在规定用地属性时，可以依据主要功能进行界定；在用地调查时，多维分类标准就提供了土地覆盖物、活动等维度有助于对现状进行全面的描述和记录。

（三）建立混合用途的概念

在空间单元的讨论中已经涉及混合的概念，在此进一步深入探讨。人类的生产和生活活动是多样性的，通常每一种活动对应一种建筑空间。这些建筑空间可以在平面上分置，也可以透过建筑活动，在竖向上分层和叠加。更甚者，建筑设计有能力将不同种类的活动在水平和竖向三维地有机交织在一起，并且这种适当的混合使得人类活动更有活力。人类活动的平面分置可以通过土地分区来完成，用途分类是有效的控制手段；而竖向的混合则难以透过平面规划图纸充分表达，需要借助规则和说明。为定义混合分类，可引入空间"混合"的概念，明确三种类型的混合[1]：

- 二维空间的混合，例如"并置"；
- 三维空间的混合，例如"叠合"；
- 暂时的混合。

> 混合用途包括"并置""叠合"、暂时混合三种类型。

"并置"的空间混合主要依赖于观察到的尺度和单元。对于土地的覆盖物，可采用最小的可标识单元，或采取"比例"的规则来描绘或规定土地覆盖物的拼贴特征。对于土地功能，通常应用的是"依附"规则。典型的例子就是"主要活动"的功能决定了其他活动或附属用途的活动，如果没有主要活动，其他活动就会失去它们的目的。例如一个居住区，容纳了一

---

① Office of the Deputy Prime Minister. National Land Use Database：Land Use and Land Cover Classification Version 4.4 [Z]，2006：20

系列的附属功能，如商业、幼儿园、小区路等，这些功能都依赖于居住功能。

三维的空间混合是由于不同覆盖物或功能的"叠加"，需要一个规则来正确识别、记录和规定不同的要素。底层商业、上层办公或公寓是一种典型的叠加混合，有时在土地利用调查中会应用"映像"原则，例如记录"主要功能"或"地面功能"，从而在图纸上表达出来。然而，这种方法会丢失信息，这些信息对于规划研究而言是重要的。为此，在规划调研中最好记录所有标高层的所有功能，从而提供多样化的应用；在规划编制中，可以根据规范的目的，采取"比例"的规则规定功能的配比或主要规定首层的功能。

暂时的混合指在一定的时段内，土地容纳了超过一种的覆盖物或功能。暂时混合实际上是同时发生的，例如森林和休闲娱乐、水库和休闲娱乐；或错时使用，例如工作日停车和周末市场、农业和防御、空地和商店。如果应用"映像"原则，例如"主要功能"来定义每一块地的单一或主要功能会丢失信息，在这种情况下同样最好能记录和规定所有功能和活动的情况。

6.3.2 结合多维理论改进规划实践中的土地利用分类

城市的发展在不断变化，人的价值观和规划的目标也伴随城市的发展在发生转变，因此实践中的土地利用分类作为描述客观事实和承载规划目标的符号无法保持静止固化，它必定是一个不断扩充和增长的体系。多维土地利用分类标准提供了一个体系完整和具有广泛适应性的分类规则，该标准并非强制要求执行，它主要提出了一个开放性的分类规则，而非封闭性的分类结果。在具体的规划工作中可参照该标准对五个分类维度进行选择或组合，也可以根据工作的需要自行创设新的维度和新的类型。

结合多维理论中的三种模式对应规划工作的不同阶段，可以有针对性地提出城乡规划工作方法和工具选择上的改进建议。

（一）在调研阶段完善土地利用分类的科学描述

在规划调研阶段的土地利用分类主要关系到土地利用信息的收集，此阶段的分类是以一个具体地区为客观对象，力图揭示空间结构内在的规律与特征，是基于客观事实的科学描述，属于土地利用分类的指示模式。调查应收集到所有重要的土地利用信息，这些信息是制定一个适当的，可行的用地规划所必需的。当出现新的土地利用事实时就需要以新的符号与之关联，新的符号具体表现为新的用地分类维度或某一维度下新的类别。

实践中的土地利用分类作为描述客观事实和承载规划目标的符号，必定是一个不断扩充和增长的体系。

多维标准的五个维度能更加清晰全面地描述已有土地利用的现状属性。

前文所构建的多维土地利用分类标准(见 6.3.1)为规划调研的信息收集提供了一个框架完整的分类指引。较之现行城市用地分类标准和土地利用现状分类,多维标准的五个维度(活动、功能、土地覆盖物、场地特征、权属)能更加清晰全面地描述已有土地利用的现状属性,每一块土地都可以具有若干项平行的属性,这些多维属性可以分别使用;也可以针对某类维度描述土地利用的混合特点,如混合功能或混合活动;还可以把多维属性组合起来根据研究需要进行叠加分析或关联分析,从而支持不同研究目的的需求,为土地利用研究建立科学的基础。此外,多维土地利用分类标准是一个开放性和可扩充的分类体系,可以基于新的对象增加新的土地利用维度或类别;同时,分类标准中的编码系统有利于适应信息化时代对土地利用数据的计算机处理。

例如在编制旧城改造规划等详细规划时,规划调研需要对每一个地块的活动、功能、覆盖物、场地、所有权等相关土地利用属性进行详细调查,假设地块 A 现状是一栋 3 层已开发的临街住宅建筑,在实际使用中被改为少儿培训中心,产权属于专有建筑所有权,其信息可记录为表 6-6。除了参考多维标准的五个维度外,还可以根据调研工作的需要,新增开发强度等维度,自行定义开发强度的类别,或直接记录数据。

表 6-6 地块 A 的多维属性示意

地块 A	
维度	编码
活动	A4100 学校活动
功能	F4100 教育服务
土地覆盖物	C1100 低层住宅建筑
场地特征	S3000 已开发场地——建筑
权属	O2100 土地国家所有——专有建筑所有权
开发强度	(新增维度,可自行定义)

资料来源:自绘

又比如在编制总体规划时,主要涉及宏观层面的用地布局,对现状用地的信息把握只需要了解功能和场地两个维度,假设地块 B 是一个正在修建的商业设施,其信息可记录为表 6-7。

在进行土地利用的相容性研究时,需要记录同一地块上的混合功能使用,功能的混合带来活动的混合以及土地覆盖物(建构筑物)的混合。规划研究不但要对混合的类型进行识别,而且可以补充附注信息:如记录各项功能的比例和所在层数、记录活动的外部性(时间、规模、噪音、气味等外部影响），从而更有效和更具体地分析土地利用混合的特点，为规范混合用地的管理提供研究基础。假设地块 C 是一个混合了购物商场、高层酒店、文娱设施、火车站、公交总站的大型综合性开发项目，其信息可记录为表 6-8。

表 6-7　地块 B 的多维属性示意

地块 B	
维度	编码
功能	F2400 商业服务
场地特征	S2000 正在开发的场地

资料来源：自绘

表 6-8　地块 C 的多维属性示意

地块 C		
维度	编码	附注信息
功能	F2400 商业服务	25%；-2～2F
	F1300 酒店服务	40%；3～25F
	F6100 娱乐服务	5%；2F
	F5400 铁路运输	20%；1～2F
	F5100 道路运输	10%；1F
活动	A2100 购物	10 am-10 pm
	A1200 短暂居住	24 h
	A6300 电影或娱乐表演	10 am-10 pm
	A5300 火车移动	24 h；噪音
	A5200 汽车移动	6 am-10 pm；噪音、废气
覆盖物	C2500 大型购物中心	
	C1500 酒店建筑	
	C3600 乘客集中设施	

资料来源：自绘

（二）在评价阶段明确土地利用目标的转化

规划调查为规划研究提供了事实基础，评价则是从特定的价值观对客观事实进行分析，对土地利用的评价是确定下一步规划所采取措施的前提。例如我们在做旧城改造规划时，对建筑的历史价值、社会价值、经济价值的评价是不可避免的，保留、改造或拆除取决于决策者的价值判断标准。而我国在总体规划的编制中,用地评价上主要体现为用地适建性评价,即从城市建设的角度来评价工程地质的开发潜力;此外基于空间管制的目标,也有针对历史价值和生态价值的用地评价。然而以上角度缺少价值观的整合和用地的综合评价,例如如何平衡地质的适建性和生态价值?[①] 如何评价土地的利用与开发是否实现了规划的目标?

尽管评价标准具有多样性与可变性,但在特定的时代往往会形成基于社会共识的价值观。当前,可持续发展已成为普适的价值,作为规划目标在我国的规划文本中也屡见不鲜,如何在土地利用规划的编制与实施中落实可持续发展的目标却需要在规划方法上进行突破。

把规划目标的语言描述转化为可分级的评价标准或可量化的评价指标成为土地利用评价的关键问题。

城市发展目标是凝聚社会共识的结果,基于交流的需要城市发展目标的表现形式是以语言来描述城市未来某个时段的发展状态,具有弹性与模糊的特点,而定量化的、可观察与感知的评价标准或评价指标是土地利用评价的基础,因此把规划目标的语言描述转化为可分级的评价标准或可量化的评价指标成为土地利用评价的关键问题。

目前英国的空间战略规划已建立了"规划→监测→评估→控制"的循环系统[②],尽管空间战略规划与土地利用规划有较大的差别,但空间规划的政策最终仍需通过用地落实。在英国规划监测核心成效评价指标中[③],有几个与用地相关的指标体系值得借鉴,例如住房指标关注廉价住房总量,这与社会公平有关;交通指标围绕公交的通达性与土地利用的关系,体现低碳出行的理念;商务发展、地方服务的指标主要从促进地方经济振兴的角度监测第三产业用地的开发进度(表6-9)。

英国的规划监测与评估方法体现了理性过程规划理论的思想。

英国建立城市规划定量化的监测与评估体系,关键在于以下3大支撑体系的建立[④]:

(1)监测指标子系统——将语言定性描述的规划目标转译成可观察的和公众可感知的数量指标,目标定量化是监测与评估的基础和重点。确定用于监测与评估的城市发展相关要素,构建适用于科学监测的定量化指标体系,为监测指标的客观数据提供一一对应的结构框架,以达到城市规划的可测量性。

---

① 麦克哈格的叠图法提供了复合的社会价值评价方法,见第3章3.6论述,但在我国规划实践中,更关注规划的技术性工具,从生态伦理价值对土地的分析和研究较少。

② 20世纪90年代后期,英国便开始实施"政策评价(policy assessment)"体制,规划中的监测体制则是随着国家的可持续发展战略及环境评估要求,作为可持续性评估的技术手段而逐步产生的。

③ 2005年5月,英国规划监测体制中的核心成效评价指标包括商务开发、住房、交通、地方服务、矿产、废物处理、防洪与水质、生物多样性和可再生能源在内的九大核心成效评价指标体系。其后分别在2005年10月和2008年7月经历了两次更新,最终调整为商务开发与城镇中心、住房、环境质量、矿产和废物处理五大核心成效评价指标。

④ Deakin M, Mitchell G, Nijkamp P, et al. Sustainable Urban Development Volume 2: The Environmental Assessment Methods [M]. London & New York: Routledge Press. 2007

表 6-9　英国规划监测的核心成效评价指标(2005 年 10 月第一次更新)摘录

政策专题	核心成效评价指标
住房	历年的住房指标变化曲线； 现状已建用地上新建或改建的住宅数量； 套密度分别为每公顷 30 套、30～50 套、50 套以上的新建住房百分比； 已建的廉价住房总量
交通	满足地方发展框架规定停车位配建标准的非居住开发量； 利用公共交通 30 分钟就能到达综合医院、中小学、就业地和健康中心等主要生活服务设施的新建居住项目开发量
商务发展	各类商务开发的用地面积； 地方发展框架中确定的用于各类商务开发的土地面积； 规划用于各类商务开发的土地实际已开发的面积； 各类商务用地的实际供应量； 规划用于各类商务开发的土地改作他用的数量； 各类商务用地变更为住宅用途的数量
地方服务	已完成的零售、办公和休闲项目开发量； 已完成的零售、办公和休闲项目开发量占城镇中心总开发量的百分比； 管理达到"绿旗奖(green flag award)"标准的开敞空间所占的百分比

资料来源：摘自 table4.2，ODPM. Local Development Framework Monitoring. A Practice Guide [R]. London：The Office of the Deputy Prime Minister，2005：23

　　监测指标子系统由"定性目标—目标值—指标—指标数值"的结构模式组成，从定性向定量逐渐转化，其中定性目标、目标值和指标，共同构成了城市规划监测指标体系的层次结构，而指标值则是通过监测获取的实际数据信息，是表达目标实现程度的客观数值(表 6-10)。

表 6-10　"定性目标—具体目标值—评价指标"框架体系示例

政策定性目标 Objectives	具体目标值 Targets	评价指标 Indicators
通过减少可达性高的开发项目(非居住)的停车位来减少交通阻塞	70%以上的新建开发项目(非居住)遵守地方发展框架中规定的停车位设置标准	新建开发项目(非居住)遵守地方发展框架中规定的停车位设置标准的百分比

资料来源：摘自 table4.2，ODPM. Local Development Framework Monitoring：A Practice Guide [R]. London：The Office of the Deputy Prime Minister，2005：23

（2）监测技术子系统——监测与评估的技术支撑平台，将监测和评估的技术手段及工作流程系统化，主要包括目标定量化的计算与评定技术、数据库的建立与处理技术、监测技术手段、监测数据的输入—转换—处理—输出技术、评估方法和反馈机制等。

在监测技术子系统中，目标的指标化和定量化是规划监测的实质和重点。包括选择合适的指标（即目标指标化）、为指标赋予不同的权重、指标赋值与标准化处理、数据评定及综合评价几部分。其中目标指标化、赋予权重、标准化处理和数据评定这 4 个步骤都涉及主观选择和价值判断，属于评估体系的内容；只有指标赋值，即监测指标数据的获取，是属于监测的客观体系。

（3）监测控制子系统——是监测与评估的目的，包括错误控制与目标控制[①]，分别为对城市偏离发展目标的错误进行及时的修正以及在城市发展阶段通过监测数据的统计预测城市发展趋势，发现目标的不合理性，对目标进行合理调整。

英国的规划监测与评估方法体现了理性过程规划理论的思想[②]，它是对格迪斯"调研—分析—规划"方法的深化与改良。传统土地利用规划把调研和分析放在规划决策之前，以期更深刻地理解城市是如何运作，在分析的过程中把规划目标转化为对土地利用评价的分类或分级，我国总体规划中的用地适建性评价即属此类。而在理性过程规划理论中，城市规划并非对未来理想城市的蓝图描绘，而是监督、模拟、观察并介入不断变化的城市社会的一个动态过程，规划目标转化为不同政策主题的评价指标，并在规划实施的过程中进行动态监测。这两种规划理论在当前的规划实践中逐渐形成了两个层面的规划思想体系：理性过程规划理论对应更长时间维度的战略规划；蓝图式规划设计对应实施性的物质空间规划。

对于我国的城乡规划而言，宏观规划层面的评价方法宜参考英国的经验，在可持续发展观的指导下围绕规划目标构建评价指标体系；微观层面规划对具体用地的评价应综合考虑不同利益主体的价值维度，基于规划目标建立合理的评价标准和不同价值维度的权重比例。

宏观规划的评价方法宜围绕目标构建评价指标体系；微观规划对具体用地的评价应综合考虑不同利益主体的价值维度。

（三）在规划阶段改进用地分类的维度

规划的编制成果主要体现为土地利用分类的规定模式。规定模式

---

① 错误控制是指对严重偏离目标的实施行为作出及时的修正、管理和控制。在错误控制的过程中，规划的监测所起的作用，就是及时发现"错误"，提供示警信号，以进行规划的干预和采取补救措施。预防（目标）控制是指对在城市发展过程中已不切合实际，或不合理的规划目标或者发展预测进行适当的调整和修正，以作出新的决策。引自石莹怡. 城市规划定量化监测与评估的体系框架研究[D]. 广州：华南理工大学硕士论文,2011:145

② 尼格尔·泰勒. 1945 年后西方城市规划理论的流变[M]. 李白玉,陈贞,译. 北京：中国建筑工业出版社,2006

既是解决问题的手段,也是表述规划目标的载体。目前我国的规划编制主要局限于功能分区和强制性管制分区,尤其是总体规划依然需要以单一封闭的用地分类标准作为功能分区的依据,并约束下层次控制性详细规划的编制,由此也引起了在规划灵活性和有效性上的一系列问题。

事实上,城市的发展在不断变化,人的价值观和规划的目标也伴随城市的发展在发生转变,规划阶段的用地分类作为解决城市问题或实现社会发展目标的工具必定是一个开放性的体系,规划编制应结合具体的规划类型或规划对象灵活地选择相应的分类维度并完善规定的手段。

1) 完善总体规划的政策维度和规定手段

现实世界的复杂性和发展变化的不确定性是设计手段难以把握的,因此对规划远期目标的预测通常采取策略的方法应对未来不同的发展时机和挑战,并通过政策手段承载和表达规划的愿景。我国以功能分区为主导的总体规划尽管内容很综合,但其根本形态仍体现为设计蓝图的状态,也就是对未来的完全预测和假定,以规定的土地用途承载政策的目标,由此产生在宏观规划层面采用微观规划方法的错位现象。近年来中央政府加强了自上而下的强制性空间管制要求,各种空间管制区、控制开发区的出现填补了政策分区的缺失。但这些分区类型侧重于生态环境安全角度,仍远不足以承载城乡发展多元化的目标,而且《城市规划编制办法》也没有对政策分区的管制内容作出具体的指引,需要地方规划在实践中积累经验。

例如东莞市在 2010 年编制的《东莞市总体规划(2008—2020)》中对政策区划和空间管制①作出了积极的探索。所谓空间管制是将政策区划的要求与规划管理体制结合起来,明确不同管制主体(多级政府)所承担的相应规划管理事权以及上级与下级之间、政府与市场之间、不同区域之间的办事程序和协作机制,利用多样化手段,推动多元化主体共同实现城镇整体发展目标。该总体规划从全市发展的战略角度进行考量,划分出区域绿地、重点产业、城镇提升、重大基础设施通道、重大基础设施、城际协调 6 类政策地区,提出相应的建设要求与管制政策;与此同时,从管理事权的角度对管制要求进行分级安排,体现政策内容的强制程度区别(表6-11)。

规划编制应结合具体的规划类型或规划对象灵活地选择相应的分类维度并完善规定的手段。

---

① “政策区划与空间管制”的提法首创于《珠三角城镇群协调发展规划(2004—2020)》中。在该规划中划分了 9 类政策区,不同分区实施不同的空间管制引导和控制要求,使规划更具有可操作性。

表6-11 东莞市总体规划政策地区划分及分级管制

政策区划			管制级别
区域绿地	生态保护区	自然保护区	监管型
		一级水源保护区	
		基本农田保护区	
	河川绿地		
	海岸绿地		
	风景绿地		
	缓冲绿地		
重点产业地区	战略性产业发展区		监管型
	提升性产业发展区		指引型
	扶持性产业发展区		调控型
城镇提升地区	公共服务中心		调控型
	重要城镇居住地	重点改造的城中村	调控型
		外来人口聚居地	调控型/指引型
		区域性配套社区	
重大基础设施通道地区	完善性通道地区	交通通道	监管型
		东深供水	
		电力通道	
	发展性通道地区	交通通道	
		电力通道	
	预留性通道地区		
重大基础设施地区	厌恶型设施地区	固废处理设施	监管型
		污水处理设施	
		天然气门站	
	中性型设施地区		协调型
	偏好型设施地区		调控型
东莞城际协调地区	城际生态协调区		协调型
	城际设施协调区		协调型
	城际发展协调区		协调型

注:监管型管制指市政府通过制定意见、办法等行政手段进行强制性监管控制;调控型管制指市政府通过制定规划、指引、仲裁等调控手段进行约束性管制。管制地区的开发建设依然由原区、镇政府和村委会进行;协调型管制指依据省政府有关条例、法规、规划等对涉及东莞市域边界地区的空间问题与需要周边地区进行磋商、协调,达成一致后由各城市政府组织实施;指引型管制指在市政府的原则性、框架性的要求下,各镇、村充分发挥自主性,进行自主开发建设。

资料来源:根据东莞市人民政府.东莞市总体规划(2008—2020)[Z],2010整理

空间管制的内容最终需要依托用地的功能实现。在维持我国现行总体规划制度的前提下,将功能分区转化为规划政策的较为可行的改善建议是简化功能分类,把对地块功能维度的具体规定转化为以功能为主题的片区政策指引。例如美国西雅图市 2005 年修订的总体规划中,把全市土地用途概要地区分为五类:独户家庭、多户家庭、商业、工业和市中心。这些分区从名称上看类似功能分区,但其实质为"政策分区",规划文本针对每个分区均制定了具体的土地用途政策和目标(表 6-12)。此外,总体规划的土地用途类别与区划的功能类型有较好的对应性,用地政策的内容主要围绕开发政策展开,为下一步区划制定开发控制标准提供了清晰的目标和指引。

总规编制的改善建议是简化功能分类,把对地块功能维度的具体规定转化为以功能为主题的片区政策指引。

表 6-12　西雅图市总体规划土地用途政策列表

独户家庭 居住地区	多户家庭 居住地区	混合用途 商业地区	工业性地区	市中心地区
总体目标; 总体政策; 独户家庭住宅 用途政策; 最小宗地面积 (密度)政策; 建筑体量政策; 建筑高度政策	总体目标; 总体政策; 多户家庭住宅 用途政策; 密度限制政策; 开发标准政策; 低密度多户家 庭地区目标/ 政策; 中密度多户家 庭地区目标/ 政策; 高密度多户家 庭地区目标/ 政策	总体目标; 总体政策; 用途目标; 用途政策; 户外活动政策; 住房政策; 密度限制政策; 开发标准政策; 高度政策; 停车政策; 人行主导商业 分区政策; 一般商业地区 政策	总体目标; 总体政策; 用途政策; 开发标准政策; 一般工业分区 政策; 工业性商业分 区政策	总体目标; 总体政策 (详见"邻里规 划要素"的政 策)

资料来源:City of Seattle Department of Planning & Development. City of Seattle Comprehensive Plan [EB/OL]. [2014 - 05 - 06]. http://www. seattle. gov/dpd/cityplanning/completeprojectslist/comprehensiveplan

2) 细化控制性详细规划的功能维度和规定内容

详细规划是落实上层次规划目标,同时面向用地规划管理的核心环节,通过规划设计的手段对未来地块的使用进行精细的预测,将最大的共识与最高的目标结合,呈现为具体的结果。用地分类可以进行独立维度分类,如常见的用地功能分类、开发强度分类;或进行复合维度分类,如日本土地使用用途分类中的"Ⅰ类低层居住专用区"即同时体现了功能和建筑结构维度;而加拿大渥太华市区划法中的"一类混合性中心用地(MC1)"定义为:"建筑面积大于 6 967.5 m²,小于

用地分类可进行独立维度、复合维度、主从维度分类。

9 290 m²······的银行、服务维修点等"[1]，体现了建筑功能和建筑面积维度；此外，还可以进行主从维度分类，例如美国西雅图市的区划法根据功能维度区分出工业、居住、商业等基本类别，每一个类功能用地再根据其特征进行细分用途，如商业功能根据商业规模和步行可达性细分，区划文件中对各细分商业类别的典型功能、建筑类型、临街面功能、商业面积的最大规模都进行了详细的规定[2]。这也意味着细分用途所依据的各种维度都从属于功能维度，而不同的功能所规定的从属维度都有所差别。

复合维度分类和主从维度分类的优点在于其内涵更加丰富，可以根据控制的目标自行创设和定义新的类型或混合类型，有针对性地界定用地的各类属性既有效落实了用地控制的目标，同时又具有非常强的可操作性。我国控制性详细规划的困境之一在于用地功能控制上的单一性，由于受制于封闭固化的用地分类标准，用地功能直接等同于建筑功能，且缺乏混合功能的定义，以至于在应对用地规划和规划管理的复合型需求时缺乏有效的工具。

控规需要重视用地的混合功能以及建筑功能的界定，面向不同的规划对象可以有区别地选择控制要素。

建议参考深圳的经验，具有地方立法权的城市可通过法定程序创设适合本地发展特征的用地分类体系。功能维度在我国的规划制度下仍然是用地管理的主要维度，但对用地功能的规定需要清晰地认识到，用地功能并不一定等同于建筑功能，某一功能的用地上可以存在关联性的功能或相容性的功能，这是促进城市生活多样性和提高土地利用效率所鼓励的。在控制性详细规划的编制中，需要重视用地的混合功能以及建筑功能的界定，面向不同的规划对象可以有区别地选择控制要素。例如城市的核心区，在地块的功能维度基础上可以补充相应的规定内容，如用地的兼容功能、各项功能的比例（或面积）、允许的建筑功能、建筑首层功能的规定等，从而细化核心区的用地管理要求，满足土地混合利用的需求。而在城市一般地区或工业区可以简化控制的要求，在功能分区的基础上配合每类功能的控制规则（如针对工业用地统一规定办公、宿舍功能的比例）进行规划管理。

对于地方性的用地分类探索，中央政府既要保障地方扩充和拓宽用地分类的自由度，又要维持国家用地分类标准的指导性，这需要在今后的规划制度改革中进一步地探索和突破。

---

① 程遥，高捷，赵民. 多重控制目标下的用地分类体系构建的国际经验与启示[J]. 国际城市规划，2012，27（6）：3-9

② City of Seattle Zoning[EB/OL].［2014-05-06］http://www.seattle.gov/dpd/toolsresources/zoningmapbooks/default.htm

(四) 在管理阶段补充开发活动维度与相关管理手段

开发活动是土地利用分类的一个维度,针对各种开发活动制定开发规则是规定模式在规划管理阶段的主要体现。我国目前的规划管理对象主要针对实施规划的建设行为,对建成环境中的各种开发活动存在管理的真空;此外,规划管理的程序没有区分政府项目和市场项目,在一定程度上也导致管理效率下降。因此,从完善规划管理制度的角度考虑,开发规则制定需要区分开发活动的类型和开发控制的手段,并且明确开发控制的依据。

开发规则制定需要区分开发活动的类型和开发控制的手段,并且明确开发控制的依据。

开发活动本身是一个行为,也是一个过程,因此与规划编制指向某个土地利用结果不一样,开发控制规定的对象是土地利用的各种行为。开发活动除了包含直接实施规划的新建行为外,在城市建成状态中还会不断发生各种开发情形,例如:建筑用途转换、建筑改造、市政工程维修、广告设置、装修、设备安装等。开发活动大致可区分为:在工程操作的特征上发生变化(如建筑进行新建、扩建、改建、拆除等);功能改变(如居住改为办公);设施改变(如存在消防隐患的建筑加装消防设备);场地变化(如把废弃地改为下沉式广场)等几种类型。

从开发控制的手段分析,管理的内容和要求与开发主体的性质有关。英国把开发许可区分为四种类型:无条件规划许可(Planning Permission)、有条件规划许可(Planning Condition Permission)、国家法律规定的自由开发许可(Permission Under Development Order)和默认开发许可(Permission "Deem-ed to be Granted")。其中前两类主要针对一般的私人开发项目;后两类针对一些政府机构的大型开发项目或公共机构与政府部门有协议的开发项目以及皇室土地的开发项目,由此体现了公共项目与一般开发项目在规划管理中的差别。以此为鉴,我们也可以把开发主体区分为:(1)政府和公共开发企业;(2)私人和开发商。开发主体不同,相应的管理手段也有所差异。

从开发控制的手段分析,管理的内容和要求与开发主体的性质有关。对于公益性项目,建议只需进行行政认可。

政府和公共开发企业的项目主要出于公共目的,尤其在城市化高速发展时期,政府和公共设施的建设决定城市发展的速度和水平,对公益项目应促进和鼓励,而非用繁复的程序来降低其实施的效率。建议对于公益项目的开发活动进行细化分类,针对某些公益性的开发权利,无需经过许可赋予,只需要经过行政认可进行符合性审查,即可确认其法律上的资格。许可制与认可制在法律上的区别参见表6-13。

至于面向私人开发的许可制度,还可以根据用途的相容性和开发的程度进一步区分许可类型。例如某些小型工程开发,兼容性用途的转变只要不产生外部负效应,可划归于无条件许可,以提高规划管理的效率;某些开发行为通过适当的限制(如建筑用途的经营时间、工程操作采取相关措施)可减少外部影响,则采取有条件许可;对于用途转变后会产生冲突或严重影响环境的开发行为则要明确禁止。建议开发活动的分类与开发控制的手段如表6-14。

表6-13　许可制与认可制在法律意义上的比较

	许可	认可
定义	许可即准许、容许,在法律上指一方允许另一方从事某种活动,非经允许而为之,即属违法的行为	认可是对某一行为加以确认使其具有法律效力或丧失法律效力的行为
性质	解除被禁止的不作为义务	相对人已享有可行使的法定权利,国家只是对要件进行审核,以赋予其行使某种权利的资格,从法律上确定其身份
许可证	颁发	无需颁发
相对人的权利	许可前被禁止	认可前已拥有
法律责任	未经许可而行为,是对禁止之违反,应受制裁	未得认可其行为无效,但不是必须受到制裁

表6-14　开发活动分类与开发控制的手段

开发活动类型	开发控制的手段
• 在工程操作的特征上发生变化:如建筑进行新建、扩建、改建、拆除等 • 用途改变:如居住改为办公 • 设备改变:如存在消防隐患的建筑加装消防设备 • 场地变化:如把废弃地改为下沉式广场	• 直接许可 • 有条件许可 • 禁止 • 认可

6.3.3　引入基于地方尺度的综合性横断面分区方法

横断面规划为解决城乡空间失衡、城市特色丧失等问题提供有价值的规划工具。

多维理论为土地利用分类建立统一性的体系提供了一个理论框架,而在具体的实践应用上,横断面规划作为一种实现城乡可持续发展的前瞻性探索,实现了用地分类方法的范式转变,为解决中国当前城市化快速发展中所出现的城乡空间失衡、城市特色丧失等一系列问题提供有价值的规划工具。横断面规划在价值观上改变了过去规划中把人类视作自然统治者和占有者的思想,重新认识到人类的长远利益和发展是与自然的完整和平衡密切相关。它在工作方法上有别于传统的土地利用规划,重新反思人类聚居点与自然背景的关系,根据人和自然的关系划出城乡空间形态的梯度分区,把土地利用分类的三种模式有效地整合在一起,并且贯穿规划的全过程,为规划调查、分析、设计和开发控制建立起紧密的联系。

与传统具有普适性的分类标准相比,横断面分区并非一个绝对的标准,它以横断面的维度建立起地方性和特征性的尺度,可以配合所有尺度的规划——从乡村到城市,从区域到地块,都可以建立相应的横断面分区。因此,横断面分区是基于"地方本土特征",并不存在一个固定的横断面,每一个横断面规划的形态分区都是基于现状物质空间形态的调查后进行总结分析和归类的,它是把历史和未来联系起来的综合性形态分区。横断面规划的形态分区方法在本质上是属于类型学,它需要大量地研究当地城市的各种建筑和公共空间的形态,寻求组成场所元素中相对固定的内容,这是一个分类和抽象的过程,由此引申出来的类型能与地域特征相关联。它用具体的、易懂的尺度来规定开放空间、景观、建筑和道路的优先设计类型。这种具体的、源于经验的模式取代了未来开发的抽象数值,通过法律授权建设当地熟知的设计类型和内在相容的形态,使城市发展拥有其文化和历史的特质。

笔者曾在 2014 年上半年参与西安市幸福林带核心区的城市设计项目①,为了塑造具有地域性特征和历史文化底蕴的空间形态特色,在规划方法上项目组提出参考美国横断面规划的思路,以横断面分区的方法直观描述、评价分析和规定当地的空间形态。首先对整个西安城市进行横断面研究,通过东西向 80 个以及南北向 60 个城市肌理的分析,将整个西安归纳为从 T1 到 T6 六种形态特征,其中幸福林带片区在空间形态上处于 T4 区域(市区外围区域)(图 6-3,图 6-4)。该形态定位为规划愿景的设计提供了形态特征的背景依据。在此基础上,项目组进一步研究了基地现状的空间形态特征分区(图 6-5),讨论各分区的发展愿景和规划策略。通过充分挖掘西安城市空间的历史特色,分析幸福林带地区在西安城市中的形态特征,设计组提出了以"新里坊"为主题特色的城市设计方案,并通过控制性规划定义了核心区内 7 种形态分区类型(图 6-6)。

形态分区是转译城市设计方案的过渡性工具,也是制定形态条例的基础。形态条例包括了土地用途标准、街区布局标准、建筑设计标准、公共空间标准、街道设计标准(图 6-7)。其中土地用途标准界定了每个形态分区内允许的土地用途类型。土地用途类型区分出公共服务相关用地、交通和公用设施用地、居住相关用地、商业和服务相关用地、

形态分区需要大量研究当地各种建筑和公共空间的形态,寻求组成场所元素中相对固定的内容。

---

① 该项目是 2014 年 UC4 四校(西安建筑科技大学、哈尔滨工业大学、华南理工大学、重庆大学)联合毕业设计题目,笔者作为指导老师参与。

工业相关用地五大类,用途的描述尽量概要简化,针对各类用途的许可区分出许可、有条件许可、禁止三种情况,尽可能强化每个形态分区的用途混合。街区布局标准主要从建筑影响城市公共空间特征的角度,对建筑的布局、高度、沿街立面设计等进行规范。未来的项目开发可根据所在的形态分区,参照该标准进行建设。建筑设计标准是在街区布局标准的基础上,进一步规范每个地块的开发,力图创造出多样化和具有细致纹理的建筑形态。该标准归纳了十种建筑类型(包括两种保留建筑类型、四种改造建筑类型、四种新建建筑类型),规定了每个形态分区允许出现的建筑类型,以及每类建筑的设计标准。公共空间标准主要规范基地范围内的步行网络以及各类公园的设计,目的是保障高质量的公共空间设计,落实城市设计方案中对各类公园设计风格的引导。

当前国内实施规划目标的工具主要是控制性详细规划,城市设计要落实发展愿景,只能转化为设计指引或控规图则中的辅助性指标参与到地块的开发控制中。这种方式只能实现某个理想的城市设计方案,并且城市设计成果的落实依然受制于功能分区,并在实施过程中具有较大的不可控性。横断面规划则是在城市设计方案的基础上划分形态分区,强调每个分区的形态特征和形态多样性,提供了从现状形态分析到规划愿景设计再到形态条例的连贯性工作方法。

把城市(社区)发展愿景转译为强制性的形态条例关键是要形成社会共识,形态条例通过现场设计会和公众参与的方式,收集各相关利益团体的意见并凝聚成共同的发展目标和可接受的控制要求,这为形态条例的有效实施提供重要的保障。在我国的语境下,控规的指标式管理在面对新区开发时也许能发挥高效的作用,但在存量规划主导的今天,城市经过历史发展的积淀,已沉积了大量混合的建筑用途,其背后也关联到复杂的利益主体。简单的功能分区和指标管理只会带来整体式的拆建和改造,并不适用于旧城复兴或"微改造"的要求。从这个角度反思,横断面规划的方法无疑给我们提供了一个有益的参考。

该项目作为概念性方案的操作,尝试以综合性的形态分区取代传统控制性详细规划的功能分区和指标控制,把城市设计方案通过形态条例进行落实。由于设计成果是学生在三个月内完成的毕业设计,时间所限无法对基地内的居民、业主以及相关利益者进行充分的调研和就设计愿景进行讨论,在真实项目中,这恰恰是形态条例合法性的重要前提。此外,基于城市形态特征的形态分区方法以及形态条例所包含的条例类型和控制要素也是未来规划实践中可以进一步探讨的内容。

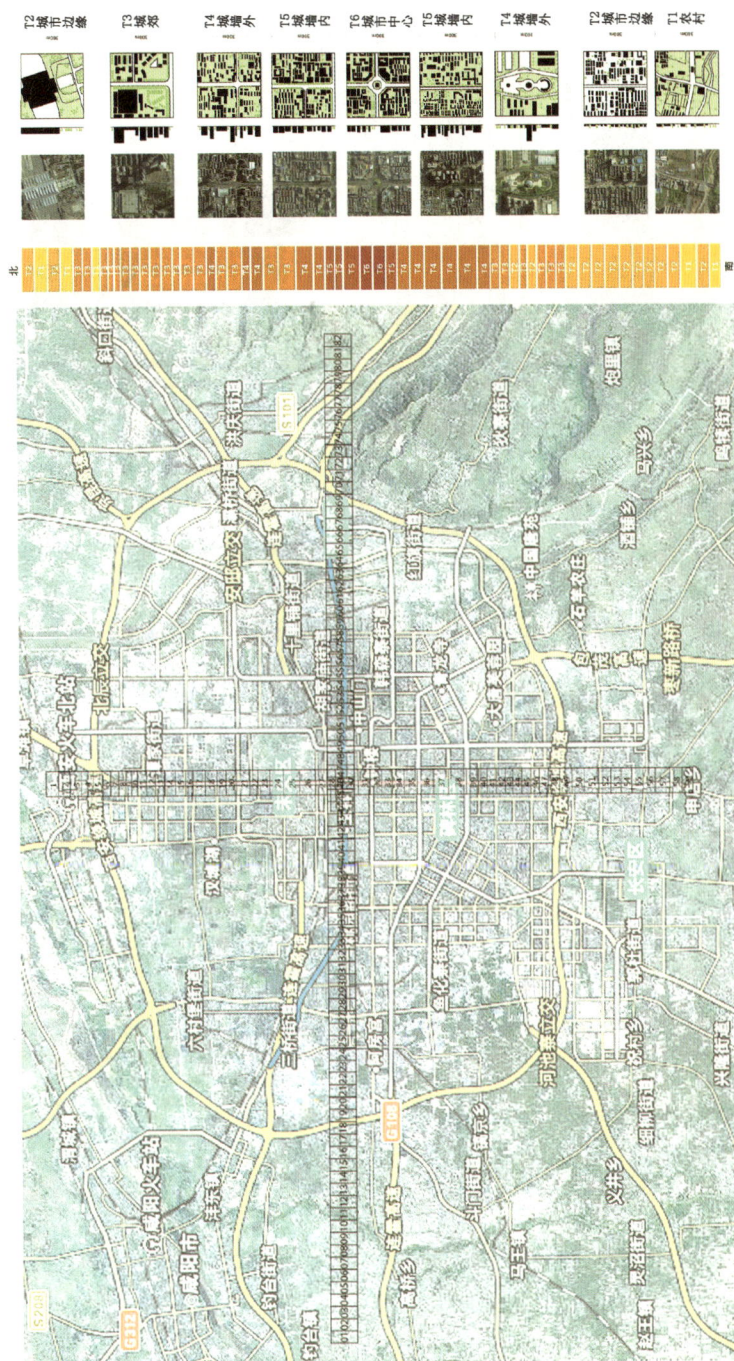

图6-3 西安市横断面分析(南北中轴方向)

资料来源：华南理工大学总体组毕业设计文本.新生与发展——西安幸福林带
核心区城市设计(UC4 四校联合毕业设计)[Z],2014

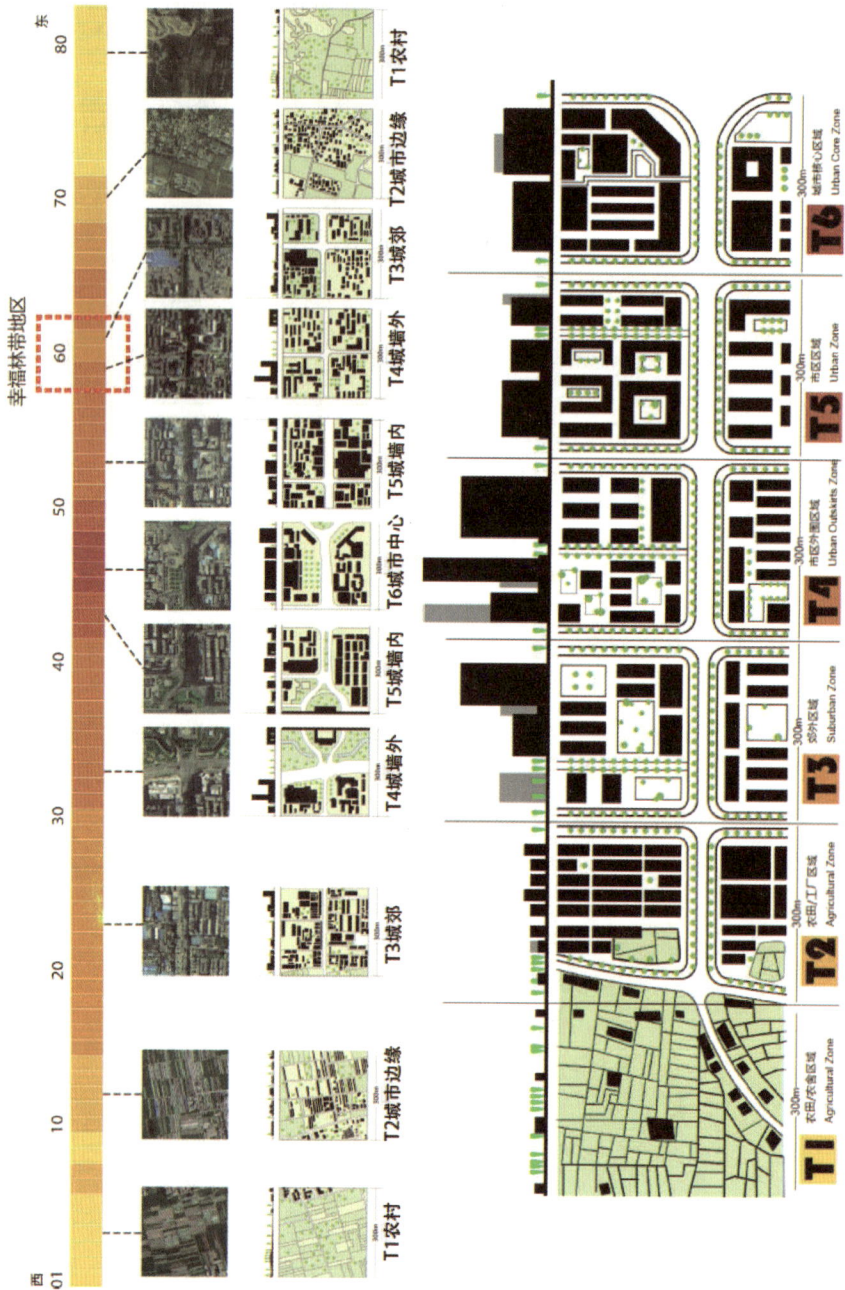

图6-4　西安市横断面分析(东西中轴方向)

资料来源:华南理工大学总体组毕业设计文本.新生与发展——西安幸福林带核心区城市设计(UC4四校联合毕业设计)[Z],2014

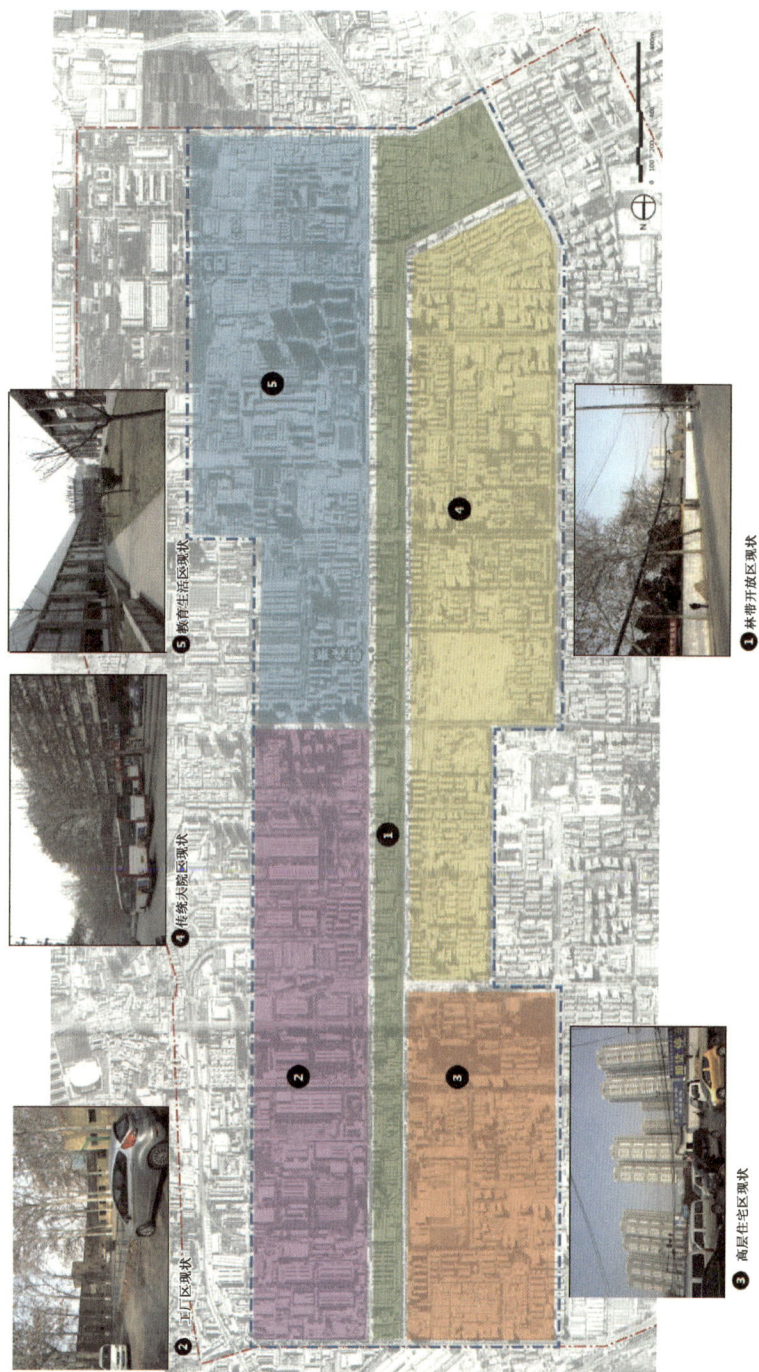

图 6-5　幸福林带核心区现状形态分区

资料来源:华南理工大学总体组毕业设计文本.新生与发展——西安幸福林带核心区城市设计(UC4 四校联合毕业设计)[Z],2014

图 6-6　幸福林带核心区形态分区控制图

资料来源:华南理工大学总体组毕业设计文本.新生与发展——西安幸福林带
核心区城市设计(UC4 四校联合毕业设计) [Z],2014

土地用途标准

改造更新后的幸福林带及其周边将会承载更多功能，而功能混合使用则可以提高地块使用率和土地价值。

为了保证用地的质量，不同地块分区的土地兼容将会有不同的内容，以便既提高土地利用效率，又能使地块块间互不影响。本节把土地兼容性归类为5个大类（公共服务相关用地、交通和公用设施用地、居住相关用地、商业和服务相关用地、工业相关用地）落实到整个设计场地的7个分区中（院坊分区CF、巷坊分区AF、围坊分区WF、塔坊分区TF、绿地与公共开放空间分区GO、工厂改造分区IF、公共服务与公共管理分区SP）。

公共服务相关用地类型

新里坊的设计理念下，与居民生活息息相关的功能利用将作为社区服务的一部分，布置在各个里坊内。根据不同里坊形态的特点，中小学、幼儿园和公共管理类的建筑使用可以有条件地存在于里坊内。另外通过工厂改造，也可以充分利用这些置换出来的空间，为居民提供公共服务。

用地类型	CF	AF	WF	TF	GO	IF	SP
医院、门诊	-	P	P	P	-	CUP	P
图书馆、博物馆	-	-	-	-	-	P	P
中小学	CUP	CUP	CUP	CUP	-	-	P
高等院校	-	-	-	CUP	-	P	P
日托、幼儿园	CUP	CUP	CUP	CUP	-	-	P
公共管理	CUP	CUP	CUP	CUP	CUP	P	P

工业相关用地类型

幸福林带地区在更新改造之后，林带主体恢复绿地功能，大量原有的工业企业迁址，遗留的厂房建筑将置换为其他功能。军工制造业和原有的重工业根据需要有条件保留，轻工业在本地仍然有相对重要的作用，允许保留。工业生产搬迁后，部分机械或工业道路可以与公共开放空间结合，改造为工业景观公园或者工业记忆博物馆。

用地类型	CF	AF	WF	TF	GO	IF	SP
军工制造业	-	-	-	-	-	CUP	-
民用重工业	-	-	-	-	-	CUP	-
轻工业	-	-	-	-	-	P	-
工业企业办公	-	-	-	-	-	P	-
工业实验室	-	-	-	-	-	P	-
工业记忆博物馆	-	-	-	-	P	P	P

居住相关用地类型

经过改造或者重建后的居住社区将需要变得更富有活力。居住类型用地将想多元化发展。通过引入一系列的居住相关用地地类，可以达到优化社区配置，互相补充社区功能，完善幸福林带场地附近的居住类相关用地功能。

右表中的功能即为场地内会出现的居住类相关用地，该类用地大多依附在里坊里的公共建筑和混合功能建筑中，为里坊以及整个场地服务。

用地类型	CF	AF	WF	TF	GO	IF	SP
混合功能建筑	-	P	P	P	CUP	P	P
高层住宅楼	P	-	-	P	-	-	-
中高层住宅楼	P	-	P	P	-	-	-
多层住宅楼	-	P	-	-	-	-	-
家庭工作室	-	CUP	CUP	CUP	-	CUP	-
敬老院	-	CUP	CUP	CUP	-	-	-
家庭旅馆	-	CUP	CUP	CUP	-	-	-
个体户商业	-	CUP	CUP	CUP	-	CUP	-

交通、公用设施相关用地类型

新里坊内配套有相应的停车场，公共停车场依据需要有限度地分布于地下或公共服务用地。由于新里坊的规模较大，为满足需求，区域公共设施可以有条件地在里坊中布置。

用地类型	CF	AF	WF	TF	GO	IF	SP
停车场	-	-	-	-	-	-	P
客运站	-	-	-	-	-	-	P
公用设施	CUP	CUP	CUP	CUP	-	P	P

建筑设计标准

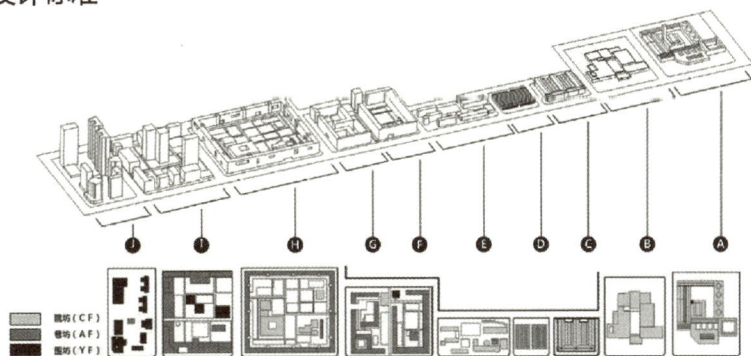

	院坊（CF）
	巷坊（AF）
	围坊（YF）

兼容性表

建筑类型	功能混合	建筑密度	地块宽度	层数	允许出现的分区						
		max	min~max	max	CF	AF	WF	TF	GO	IF	SP
A 组合式厂房	√	40%	100~800m	7	X	X	X	X	X	√	√
B 低层厂房	√	50%	80~500m	3	X	X	X	X	X	√	X
C 联排厂房	√	45%	80~500m	3	X	X	X	X	X	√	X
D 条形厂房	√	45%	50~400m	1	X	X	X	X	X	√	X
E 多层建筑	√	35%	150~400m	6	√	√	X	√	X	X	X
F 院坊	√	28%	150~600m	20	√	X	X	X	X	X	X
G 巷坊	X	28%	150~300m	11	X	√	X	X	X	X	X
H 围坊	√	25%	200~500m	11	X	X	√	X	X	X	X
I 塔坊	√	23%	200~500m	30	X	X	X	√	X	X	X
J 塔式高层	√	20%	200~300m	42	√	X	X	√	X	√	X

街区布局标准

这一章节将概述在场地设计上各形态分区在建筑类型、造址退线、停车场布置以及立面的制方面的准则。但公共服务与公共管理分区因为公共建筑的规模也以用指标掌握，绿地与公共开放空间分区则因为建设设置少在场地布置上灵活性非常大，这两个分区因此在布区布局标准中不做要求，应视具体设计的实际情况与目标另外讨论。

工厂改造区（IF）

A. 分区与建筑类型

1. 以下控制性要求适用于工厂改造区

2. 下表为工厂改造区各类建筑类型和最大高度控制对应表。

建筑类型	楼工（？层楼层数）的最大层数
A	组合式厂房	6
B	低层厂房	3
C	联排厂房	3
D	停靠厂房	1
E	多层建筑	6
F	商场	不允许
G	管理	不允许
H	围墙	不允许
I	店铺	不允许
J	塔式高层	不允许

B. 建筑造址与控制

1. 建筑造址范围如下图所示

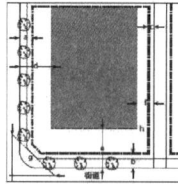

2. 建筑退线要求如下表：

线类型	最小	最大
a	邻城红线临次要道路（车行道）	5	10
b	邻城红线临主要道路（车行道）	5	15
c	邻城红线临街巷间道路（车行道）	-	-
d	建筑红线临次要道路（车行道）	15	-
e	建筑红线临主要道路（车行道）	20	-
f	建筑红线临街巷间道路（车行道）	-	-
g	视线三角区	根据实际情况	
h	贴线率	30%	-

C. 停车场控制要求

1. 停车场造址范围如下图所示。

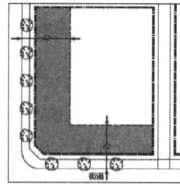

2. 停车场对周边道路退离线如下表：

线类型	最小	最大
a2	停车红线临次要道路（车行道）	3	30% 地块深度
b2	停车红线临主要道路（车行道）	5	30% 地块深度
c2	停车红线临街巷内道路（车行道）	-	-

D. 建筑高度与立面控制

1. 建筑立面分段控制：

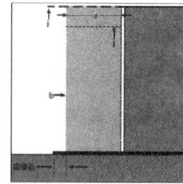

2. 建筑高度：该地层数范围见下表。

线类型	最小	最大
沿街建筑最大高度	5	20
临街建筑最大高度	5	15
旧围建筑最大高度	5	20

⑩ 巷坊

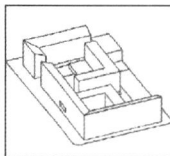

仿照街巷空间形式布置的建筑群，只有中高层居住建筑。

1. 地块宽度：最小 150m；最大 300m。

2. 出入口标准：
(a) 地块入口设于建筑间间隔。
(b) 地块出入口的位置应究分考虑与公交站的关系。
(c) 各住宅建筑入口的方向布置。
(d) 出入口设置数量应满足防火要求。
(e) 电梯间应接与地下车库相连。

3. 停车场标准：
(a) 主要采用地下停车
(b) 按照居户比0.8:1配置住宅车位。
(c) 人行出入口应靠近最接近城市次干道或城市支路。
(d) 车库出入口应临近城市次干道或城市支路。
(e) 后勤入口附应设有回车场

4. 后勤服务标准
(a) 后勤服务（垃圾收集、配电器等）应设置在地块次入口处或地块的部分。
(b) 如有大型服务商、商业公建（超级市场等）应在与临街连接或设的地下车库或接入口。
(c) 建筑退后边 20m 范围内不允许放置无遮的附属功能设施
(d) 建筑用地不得搭建临界属单体建筑
(e) 建筑外墙不得搭建搭建构筑物

5. 开放空间标准
(a) 绿地率 >25%
(b) 适当设置运动场地。
(c) 开放空间应配置座椅、凉亭等休憩设施
(d) 适当故置老年人健身设施。
(e) 相邻开放空间的步行距离不宜大于 100m

⑪ 围坊

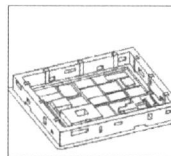

由一幢小高层环绕而成的，拥有层任建筑、底层商铺和一定量的公共建筑。

1. 地块宽度：最小 200m；最大 500m。

2. 出入口标准：
(a) 地块入口设于底层开门口，宽度及高度应满足消防要求
(b) 地块出入口的位置应充分考虑与公交站的关系。
(c) 各住宅建筑入口的方向布置。
(d) 各建筑入口均有便捷的人行出口相连，各种公共建筑可适连使用门分布或楼道路。
(e) 出入口设置数量应满足防火要求。
(f) 底层商铺入口主要置两向内侧内，另有临街城市次干道及干道，则可以再入以向外设置。
(g) 电梯入口应接与地下车库相接。可考虑将电梯的就层入口直接向外布置。

3. 停车标准：
(a) 主要采用地下停车
(b) 按照居户比 1.2:1 配置住宅车位。商业及公共建筑车位配比根据具体车位分布要求。
(c) 坊内公共建筑附近应求接近一定的地面停车位置。
(d) 车库出入口应当面向城市次干道或城市支路。
(e) 人行出入口应靠近最接近入口、居住建筑入口、公共建筑入口。

4. 后勤服务标准
(a) 后勤服务点（垃圾收集、配电器等）应设置在地块次入口处或地块的部分。
(b) 如有大型服务供、商业公建（超级市场等）应在与其连接或的地下车库或接入口。

5. 开放空间标准
(a) 绿地率 >30%
(b) 适当设置运动场地。
(c) 开放空间应配置座椅、凉亭等休憩设施
(d) 相邻开放空间的步行距离不宜大于 100m

图 6-7　幸福林带核心区形态控制标准（摘选）

资料来源：华南理工大学总体组毕业设计文本. 新生与发展——西安幸福林带核心区城市设计（UC4 四校联合毕业设计）[Z], 2014

6.4 本章小结

（1）转型时期的规划制度面临三大挑战，一是如何适应城市发展不确定性？二是如何协调多元主体，有效实施土地的开发控制？三是如何通过制度创新实现可持续的发展模式？土地利用分类体系的重构是应对挑战的重要切入点。多维土地利用分类体系的构建原则包括：适应城乡规划全过程要求、适应规划类型多样性与规划编制创新需求、适应可持续发展目标。在此基础上结合多维土地利用分类理论可以为我国建立全面综合的土地利用分类体系提出改进与完善的建议。

（2）打破土地利用分类标准的封闭性和单一性，建立开放性的平行结构的多维土地利用分类标准，并且把分类标准的地位由法定的工作规范转为规划工作的指引，从而为地方规划实践中新的分类创设提供弹性的空间。多维标准的分类维度可区分为：活动、功能、土地覆盖物、场地特征、所有权五个维度，该标准是一个开放性和可扩充的分类体系，可以基于新的对象增加新的分类维度或某一维度中新的类别；同时分类标准中的编码系统有利于适应信息化时代对土地利用数据的计算机处理。土地利用分类标准在应用中还需注意确定空间单元和建立混合用途的概念。

（3）结合多维理论改进规划实践中的土地利用分类。包括：

在调研阶段完善土地利用分类的科学描述。应用多维土地利用分类标准全面地描述土地利用的现状属性，根据规划类型的需要或研究工作的特点，对多维属性可以进行独立分析、综合分析或关联分析。

在评价阶段完善土地利用目标的转化。把规划目标的语言描述转化为可分级的评价标准或可量化的评价指标是土地利用评价的关键问题。宏观规划层面的评价方法宜参考英国的经验，在可持续发展观的指导下围绕规划目标构建评价指标体系；微观规划层面对具体用地的评价应综合考虑不同利益主体的价值维度，基于规划目标建立合理的评价标准和不同价值维度的权重比例。

在规划阶段完善总体规划政策分区的管制内容和管制手段，同时建议简化土地功能分类，把对地块功能维度的具体规定转化为以功能为主题的片区政策指引。细化控制性详细规划的功能维度和规定内容，重视混合功能以及建筑功能的界定，面向不同的规划对象可以有区别地选择控制要素。

在管理阶段补充开发活动维度与相关管理手段。针对城市建成环境中的建筑用途改变、场地改变、改扩建工程等开发活动通过制定开发规则或设计相应的规划制度进行合法控制，开发规则的制定应注意区分开发活动的类型和开发控制的手段,并且明确开发控制的依据。

(4) 引入基于用地形态的综合性横断面分区方法。横断面规划的形态分区是立足于地方性和特征性的尺度,它有效地为规划调查、分析、设计和开发控制建立起紧密的联系,是把历史和未来联系起来的综合性形态分区。为解决中国当前城市化快速发展中所出现的城乡空间失衡、城市特色丧失等一系列问题提供了具有前瞻性的规划工具。

7 结论与展望

7.1 主要研究结论

当前中国已进入社会主义市场经济深化改革的阶段,转型时期的各种矛盾和机遇给城乡规划带来了巨大的挑战。如何转变思想,通过规划制度的建设推动城乡规划的发展成为当务之急。遗憾的是,我国目前许多正在施行的规划制度仍然遗留计划经济的痕迹,其中土地利用分类便是一例,以致这些制度在规划实践中不但没有形成推力,而且成为规划矛盾和困境的根源。

本书的研究,旨在以历史和经验作为参照,从规划语言学和分类逻辑学的角度提出一个合理的、系统的多维土地利用分类理论框架。该理论可适应在城市化高速发展中出现的各种复杂多样的土地利用类型,并且三种分类模式有助于衔接土地利用分类与规划过程的关系。通过辨析不同土地利用分类模式的适用阶段和作用,可为完善我国土地利用分类体系提供一个逻辑清晰的改进方向。

本书的主要结论如下:

结论一:通过土地利用分类的历史研究,本书明确提出土地利用分类是城乡规划的核心,历史上出现的各种土地利用分类与政治制度、现实问题、规划目标密切相关,呈现出复杂多元的状态,因此土地利用分类的方法及标准必须是多维度的。

城乡规划从土地利用的调查开始,最后以土地未来的用途作为载体来表达规划的愿景和实现规划的目标。尽管城乡规划综合社会、经济、环境等多方面的内容,但所有这些内容都必须表现为土地利用的规划与管制。因此,土地利用分类是城乡规划的基础、前提、工具和结果,是城乡规划的本质与核心。

分类的标准与分类的目的有关,在自然地理学的研究中,"土地分类"是以认识自然为目的的科学研究分类,反映的是客观规律;而在科学分类的应用发展中,"土地利用分类"从"土地分类"中衍生出来,它强调从人的角度对经验知识和科学知识加以应用,是随着问题的出现和愿望的改变而不断调整的体系。城市本身是一个综合而复杂的空间现象,包括了社会、经济、环境等相关方面的多重要素和多重属性,这些要素之间存在着广泛的、复杂的内在联系,因此土地利用分类表现出多种分异特性,可以有多种划分维度,维度的选择以研究的问题和规划的目标为基础。

回顾英美土地利用规划在20世纪的发展历史,可以发现不同历史阶段的土地利用规划背负不同的目标,作为规划目标的载体,相应的土地利用分类也呈现不同的类型。多样化的土地利用分类体系与国家政治制度、历史发展背景、现实问题挑战以及对规划思想的认识密切相关,不同类型的土地利用分类既有基于经验总结也有源于理论创新,到目前仍缺乏统一系统的分类体系可以对此进行清晰地梳理和分析。对土地利用分类的研究需要超越经验层面,借助语言学的方法对"土地利用"这个术语进行剖析,从而构建一个具有普适性和系统性的土地利用分类理论框架。

结论二:本书对土地利用分类的研究已超越经验层面,借鉴规划语言学和分类逻辑学,结合土地利用分类的三种模式、分类的维度以及分类体系的结构和空间层级可构建一个系统的、开放性的多维土地利用分类理论框架。

土地利用包含了复合的目的,借鉴语言学的结构分析,"规划"也包含了指示和表达两个组成部分,以此为参考,土地利用分类可区分为指示的、评价的和规定的三种分类模式。规划过程的三个关键环节"调查—分析—规划"为语言学的三种模式提供了前后递进的逻辑性对应关系。调查是规划工作的基础,即指示性的土地利用分类是规划的基础和前提,指示模式的核心是事实,为纳入新的事物,指示模式是可扩充的;分析是在调查基础上进行评价和研究,评价模式的核心是价值,价值的特征是随评价主体和环境背景的变化而改变,因此评价模式的分类也不是固定的;规划是在前两个阶段的基础上具体落实目标,规定模式是解决问题或实现目标的行动方法,不同规划所面临的问题或构建的目标各不相同,因此具体采用的行动或控制手段通常是创设性的,即规定模式也是一个开放性的体系。

从逻辑学的角度指出,适应现实的土地利用分类应创设可扩充的平行维度的分类体系,或为规划实践留有创设土地利用新类型的弹性空间。平行维度的分类体系适应了三种模式的开放性特点,在土地利用过程中若发现或创设了新的土地利用属性,则平行增加新的维度,扩充分类体系。平行维度的优势在于它可以根据实际应用的需要对维度进行选择或组合,从而产生实践中不同类型的分类体系。

结合土地利用分类的三种模式、分类的维度以及分类的空间层级可构建出一个系统的多维土地利用分类理论,为解释当代各种土地利用的分类实践建立了全面系统的理论框架,同时也为吸收不同分类维度的经验和改善规划工作的方法提供了清晰的思路。

结论三：在环境伦理的转变下，横断面规划建立起基于地景形态和地方尺度的综合性分类方法，实现了土地利用分类由用途维度向形态维度的范式转变，是解决城市生态环境问题和应对可持续发展需要的规划新工具。

环境伦理的改变引起土地利用分类方法上的转变。横断面规划采用整体性的方法从土地利用的现象——地理景观（包含自然景观和人工景观）呈现的横断面形态进行土地利用分类，摆脱了以往对土地利用属性的割裂分析。它汲取了地理学中的横断面思想，以现象学的思考方式直观描述、评价分析和规定城乡空间形态的各种类型，通过横断面分区建立起地方性和特征性的尺度，把土地利用分类的三种模式以及规划过程有效地整合在一起，实现了土地利用分类方法的范式转变。

地理景观是人与自然关系的反映，城乡横断面表现了人与自然关系的梯度。基于横断面的形态分类体现某一种人地关系的刻度，将发展目标转译为某一种形态实质是规定某一种具体的人地关系，是生态伦理价值的具体表现。因此，横断面规划是应对生态环境问题的一种综合性规划工具。

结论四：基于多维土地利用分类理论的研究以及规划案例的实证分析，深刻揭示出新国标的根本问题是其"封闭性"和"单一性"，这也是规划实践困境的根源。

我国当前城乡规划的主要问题是规划体系不合理，规划体系的问题最终集中到土地之上，就反映为土地利用分类思想的滞后与脱节。在计划经济年代，城市规划的实质是国民经济计划的具体化和空间化，城市用地分类实际是落实政府的每一个具体的建筑项目，表现为不同的建筑类型。然而时至今日，我国土地利用分类标准依然遗留计划经济时期的思维模式，"封闭性"和"单一性"的特征明显。首先，从逻辑学的角度分析，对于复杂的和变化中的分类对象，树状分级结构存在类别的有限性和封闭性，难以涵盖新生的土地利用类型；其次，分类的依据混淆了土地利用的多重属性，以模糊含混的单一维度"主要使用性质"以概之，导致其在全面描述现状以及规定土地利用属性时存在局限；第三，封闭固定的分类标准限制了在规划实践中多样化的分类需求，包括无法描述和规定土地利用的多维属性；限制规划目标承载和政策传递；与用地管理需求缺乏衔接。

地方城市在规划编制与规划管理的实践中也积极开展用地分类的创新性探索，试图弥补国家标准的不足。这些自下而上的探索尽管未能突破上层的制度框架，但也能反映地方规划发展的真实需求，为我国土地利用分类标准未来的调整完善提供实践经验。

结论五:我国土地利用分类体系的变革应打破分类标准的封闭性,建立开放性的多维土地利用分类体系以及借鉴新的综合性形态分区方法。

转型时期的规划制度面临三大挑战,一是如何适应城市发展不确定性,并且能有效监控规划目标? 二是如何兼顾公平与效率,有效实施土地的开发控制? 三是如何通过制度创新实现可持续的发展模式? 若要从制度层面应对挑战,土地利用分类体系的重构是一个重要的切入点。多维土地利用分类体系的构建原则包括:适应城乡规划全过程要求、适应规划类型多样性与规划编制创新要求、适应可持续发展要求。在此基础上结合多维土地利用分类的研究可以为我国建立全面综合的土地利用分类体系提出改进与完善的建议:

第一,打破土地利用分类标准的封闭性和单一性,建立开放性的平行结构的多维土地利用分类标准,并且把分类标准的地位由法定的工作规范转为规划工作的指引,从而为地方规划实践中新的分类创设提供弹性的空间。

第二,结合多维理论改进规划实践中的土地利用分类。包括:在调研阶段完善土地利用分类的科学描述;在评价阶段明确土地利用目标的转化;在规划阶段改进用地分类的维度和规定手段;在管理阶段补充开发活动维度与相关管理手段。

第三,引入基于地方尺度的综合性横断面分区方法,为解决中国当前城市化快速发展中所出现的城乡空间失衡、城市特色丧失等一系列问题提供具有前瞻性的规划工具。

7.2 创新与特色

创新点一:从地理学的角度辨析"土地分类"和"土地利用分类"的关联与差别,在历史研究层面指出土地利用分类随着规划目标的改变存在多维角度,为全面理性地开展土地利用分类研究提供了扎实的材料和系统的线索。

通过地理学的研究析出土地分类和土地利用分类的区别。前者是自然地理学对土地的科学描述,也是土地利用分类研究的起源以及后续规划工作的基础。后者是应用地理学在实践中以人为价值标准对土地的社会经济属性和一定的自然属性进行分类,由此基于科学研究的土地分类向应用研究的土地利用分类转变。土地利用规划的核心是土地利用分类,土地利用不能脱离土地自身的属性,但土地利用并不是自然用途的延伸,而是叠加了人的目标愿望。规划要实现目标,最终还要落实到对土地利用的规定,对土地利用的规定既不是从描述的角度解释,也不是在利益的背景下分析,而是在规划的行动和控制的角度来规范土地利用。通过系统梳理英美土地利用规划在 20 世纪的发展历史,指出不同历史阶段的土地利用规划和土地利用分类标准背负不同的目标,作为规划目标的载体,相应的土地利用分类也呈现不同的类型,因此"土地利用"本身是一个蕴含复合内涵的概念。对土地利用分类的研究需要超越经验层面,构建一个具有普适性和系统性的土地利用分类理论框架。

创新点二:在理论研究层面借鉴规划语言学和分类逻辑学的方法,结合城乡规划的制定过程,建构多维土地利用分类理论,为解释当代各种土地利用分类实践建立了全面系统的理论框架,同时也为吸收不同分类维度的经验和改善规划工作的方法提供了清晰的思路。

语言具有三种功能:描述、评价与规定,"土地利用分类"也具有类似三种模式。首先,它被视为一个对象;然后,它表现为一系列的价值;最后,它以规定的方式实施规划的目标。格迪斯提出规划过程的三个关键环节"调查—分析—规划"为语言学的三种模式提供了前后递进的逻辑性对应关系。尽管后来对这种工作方法进行了修正与完善,但科学理性的核心思想没有改变。调查对应指示的模式;分析对应评价的模式;规划对应规定的模式。适用于城乡规划或作为城乡规划基础的土地利用分类体系应当包含上述的三种模式,不同的模式的分类均具有开放性和可扩展性的特点。

从逻辑学的角度指出,科学的土地利用分类应创设可扩充的平行维度的分类体系,或为规划实践留有创设土地利用新类型的弹性空间。平行维度的分类体系适应了三种模式的开放性特点,在土地利用过程中若发现或创设了新的土地利用属性,则平行增加新的维度,扩充分类体系。平行维度的优势还在于它可以根据实际应用的需要对维度进行选择或组合,从而产生实践中不同类型的分类体系。

随着可持续发展观的建立,指出美国横断面规划以现象学的思考方式直观描述、评价分析和规定城乡空间形态的各种类型,通过横断面分区建立起地方性和特征性的尺度,把土地利用分类的三种模式以及规划过程有效地整合在一起,实现了土地利用分类方法的范式转变。

创新点三:在应用研究层面,对我国土地利用分类标准的剖析从经验深入到理论,揭示其单一性和封闭性的困境,采用案例实证研究的方法总结用地分类的地方性探索,提出完善我国土地利用分类体系的建议,可供国家和地方规划制度改革参考借鉴。

运用多维土地利用分类理论对我国现行土地利用分类的标准和实践开展实证性的分析和批判,揭示我国土地利用分类标准"封闭性"和"单一性"的特征。采取案例研究的方法,对广东省 21 个地级市在 2008—2010

年间所编制的总体规划、控制性详细规划以及一些代表性城市在 2005—2013 年间出台的规划标准进行调查分析,指出地方开展多样化的土地利用分类探索已成为一种趋势,但地方性的改革始终未能突破上层制度的桎梏。

在分析我国规划制度的转型背景下,提出多维土地利用分类体系的构建原则,并建议打破现有国标的封闭性,建立开放性的多维土地利用分类标准;结合多维理论改进规划实践中的土地利用分类;引入基于地方尺度的综合性横断面分区方法。

创新性总结:对于中国城乡规划学术界而言,系统性的开展多维土地利用分类研究属于创新开拓的领域;对中国土地利用分类存在的问题由经验分析推进到理论研究的深度,填补了该领域研究的空白。在理论与实证研究的基础上作者提出自己独特的多维土地利用分类构建设想与规划体系改进建议。

7.3 研究展望

目前没有哪个国家的土地利用分类标准是完美无缺的,都可能存在现实的不适应性,因此基于现实的、经验的批判只能是修修补补的完善,无法解决根本性的、结构性的问题。选择科学的、理性的、理论的视角对我国土地利用分类标准进行反思与批判是本书的起点和目标。

城市的发展在不断变化,人的价值观和规划的目标也伴随城市的发展在发生转变,因此土地利用分类作为描述客观事实和承载规划目标的符号是无法保持静止固化,它必定是一个不断扩充和增长的体系。多维土地利用分类理论的提出为解释和改进土地利用分类实践提供了清晰的框架和方向。土地利用分类的三种模式和多重维度划分属于理论研究的抽象化分析,当其适用于具体的规划工作时,必然会建立混合维度或混合模式,这种混合的状态是以当前应对的问题为主,每个国家都有所差异,因此可以根据土地利用分类的特征性来研究不同国家的规划体系特点。

多维土地利用分类体系的构建并非通过制定一个国家标准就能实现,一个国家标准的应用也不可能涵盖城乡规划的全过程。如何将多维理论转换为综合性的制度工具估计仍是一个漫长的阶段,这需要城乡规划从价值观到制度设计进行全面改革才能逐步实现目标。在中央集权的背景下,国家对计划经济时期的思维模式和制度设计依然保留强烈的"路径依赖";另一方面,转型社会的背景加大了制度变迁的紧迫性,由于中央政府无法全面掌握各个地区的具体情况,从而不得不借助地方政府能够掌握较多信息的优势来推动制度创新,因此为地方政府预留制度创新空间至关重要。从目前地方层面推动的制度改革观察，深圳在用地分类制度调整中享有宽松的选择性，改革力度也较为彻底。由于 2014 版《深标》方才出台，强调公共政策的深圳总规实施时间也不长，有关深圳制度改革的经验尚需在后续研究中进行评估与总结。如何推动地方经验融入国家的制度建设是一个需要持续跟踪的研究领域。

在土地利用的规定模式中，开发活动的分类以及开发规则的制定在我国仍是空白，而建设项目在实际使用过程中发生的各种行为往往是在基层社会中最容易引起利益摩擦和矛盾的领域。如何将城市规划管理与全面的开发行为衔接起来并进行补充性的制度建设，是未来值得研究的一个重要方向。

横断面规划的思想实现了土地利用分类的范式转变。然而，由于社会背景和社会制度迥异，如何参考学习横断面规划的方法仍需探讨。在横断面规划中土地用途分区退位给形态分区，土地用途列表面向规划管理，与规划许可的类型结合成为设计审查的依据。而在中国，土地利用规划与土地资源的初次分配以及土地出让制度有密切联系，政府在城市土地开发中具有全面调控的权力，土地开发强度的有效确立直接关系到空间资源配置的效率，因此提高控制方法的科学性反而是开发控制的主要问题。但与此同时我们也面临城市风貌特征消失，城市公共空间退化，城市发展对生态环境侵蚀等问题，横断面规划的类型学方法为我们提供了塑造城市空间特征的思路，基于生态目标的规划原则也为我们展现了人类如何与自然和谐共存，规划如何实现发展与保护并重的方法平台。这些经验如何与中国的规划制度相结合是需要进一步研究的方向。

参考文献

1. 中文参考文献

(1) 学术著作

［1］杰弗里・马丁. 所有可能的世界——地理学思想史[M]. 成一农，王雪梅，译. 上海：上海世纪出版集团，2008：4

［2］路易斯・霍普金斯. 都市发展——制定计划的逻辑[M]. 赖世刚，译. 台北：五南出版社，2006

［3］杨惠. 土地用途管制法律制度研究[M]. 北京：法律出版社，2010：20-21

［4］菲利普・伯克，等. 城市土地利用规划（原著第5版）[M]. 吴志强译制组，译. 北京：中国建筑工业出版社，2009

［5］夏基松. 现代西方哲学教程新编[M]. 北京：高等教育出版社，1998：81

［6］路德维希・维特根斯坦. 哲学研究（西方学术经典译丛）[M]. 蔡远，译. 北京：中国社会科学出版社，2009：32

［7］叶秀山. 思・史・诗——现象学和存在哲学研究[M]. 北京：人民出版社，2010

［8］阿尔伯斯. 城市规划理论与实践概论[M]. 吴唯佳，译. 北京：科学出版社，2000

［9］朱德举. 土地科学导论[M]. 北京：中国农业科技出版社，1995：5

［10］理查德・T. 埃利，爱德华・W. 莫尔豪斯. 土地经济学原理[M]. 北京：商务印书馆，1982：19

［11］阿尔佛雷德・马歇尔. 经济学原理[M]. 朱志泰，译. 北京：商务印书馆，1997：157

［12］刘南威，郭有立，张争胜. 综合自然地理学（第3版）[M]. 北京：科学出版社，2009

［13］郝娟. 西欧城市规划理论与实践[M]. 天津：天津大学出版社，1997

［14］Hall P. 明日之城——一部关于20世纪城市规划与设计的思想史[M]. 童明，译. 上海：同济大学出版社. 2009

［15］尼格尔・泰勒. 1945年后西方城市规划理论的流变[M]. 李白玉，陈贞，译. 北京：中国建筑工业出版社，2006

［16］费尔迪南・德・索绪尔. 普通语言学教程[M]. 刘丽，译. 北京：中国社会科学出版社，2009：90

［17］林康义，唐永强. 比较分类类比[M]. 沈阳：辽宁人民出版社，1985

［18］伊恩・伦诺克斯・麦克哈格. 设计结合自然[M]. 芮经纬，译. 天津：天津大学出版社，2011

［19］道格拉斯・C. 诺思. 经济史中的结构与变迁[M]. 陈郁，罗华平，译. 上海：上海人民出版社，1994：67

［20］张兵. 城市规划实效论：城市规划实践的分析理论 [M]. 北京：中国人民大学出

版社,1998:97

(2)学术期刊文献

[21] 周剑云,戚冬瑾.我国城市用地分类的困境及改革建议[J].城市规划,2008,32
(3):45-49

[22] 曹传新.对《城市用地分类与规划建设用地标准》的透视和反思[J].规划师,
2002,18(10):58-61

[23] 唐劲峰,郑伯红.城市用地分类与建设用地标准修编原则初探[J].山西建筑,
2007,33(2):206-207

[24] 蒲蔚然,刘骏.关于建立城市用地分类新国标的思考[J].规划师,2008,24(6):
9-12

[25] 赵民,程遥,汪军.为市场经济下的城乡用地规划和管理提供有效工具——新
版《城市用地分类与规划建设用地标准》导引[J].城市规划学刊,2011,198(6):
4-11

[26] 王凯,张菁,徐泽,等.立足统筹,面向转型的用地规划技术规章——《城市用地
分类与规划建设用地标准(GB 50137—2011)》阐释[J].城市规划,2012,36
(4):42-48

[27] 程遥,高捷,赵民.多重控制目标下的用地分类体系构建的国际经验与启示
[J].国际城市规划,2012,27(6):3-9

[28] 赵佩佩.新版《城市用地分类与规划建设用地标准》研读——兼论其在实际规
划中的应用及发展展望[J].规划师,2012,28(2):10-16

[29] 戚冬瑾,周剑云."住改商"与"住禁商"——对土地和建筑物用途转变管理的思
考[J].规划师,2006,32(3):66-68

[30] 程遥.面向开发控制的城市用地分类体系的国际经验及借鉴[J].国际城市规
划,2012,27(6):10-15

[31] 戚冬瑾,周剑云.面向规划管理的城市用地分类思考[J].城市规划,2012,36
(7):60-66

[32] 孙晖,梁江.是计划决定,还是市场决定——谈公共设施用地的分类原则[J].
城市规划,2002(7):14-18

[33] 邹兵,吴晓莉.也谈市场经济条件下公共设施用地分类的原则——兼与孙晖、
梁江两位老师商榷[J].城市规划,2002(11):80-85

[34] 徐颖,李新阳.关于重构我国公共设施用地分类的思路探讨[J].城市规划,
2012,36(4):61-68

[35] 吕冬敏,王兴平.市场经济体制下服务业用地分类原则探讨——兼评《城市用
地分类与规划建设用地标准(GB 50137—2011)》[J].现代城市研究,2012
(10):82-87

[36] 徐明尧,汤晋.关于改进我国城市用地分类标准的思考[J].规划师,2008,24
(12):109-113

[37] 周扬,王红扬,冯建喜,等.试论城乡统筹下的都市区城乡用地分类[J].现代城
市研究,2010(7):72-79

［38］王人潮.试论土地分类［J］.浙江大学学报（农业与生命科学版），2002，28（4）：355-361

［39］林培，刘黎明，孙丹峰.关于建立我国土地利用分类及其制图问题的探讨［J］.中国土地科学，2001，15(1)：28-38

［40］刘平辉，郝晋珉.土地利用分类系统的新模式——依据土地利用的产业结构而进行划分的探讨［J］.中国土地科学，2003，17(1)：16-26

［41］欧名豪.土地用途分区体系探讨［J］.南京农业大学学报，2001，24（3）：111-115

［42］林坚.土地用途管制：从"二维"迈向"四维"——来自国际经验的启示［J］.中国土地，2014(3)：22-24

［43］罗罡辉，李贵才，仝德.土地用途管制调整与权益主体行为研究［J］.中国土地科学，2014，27(3)：8-14

［44］杨惠，熊晖.土地用途管制权的正当性求解——小产权房引发的宪政思考［J］.西南民族大学学报（人文社会科学版），2010(7)：101-105

［45］万江.土地用途管制下的开发权交易——基于指标流转实践的分析［J］.现代法学，2012，34(5)：185-193

［46］顾翠红，魏清泉.香港的用地分类与规划控制［J］.经济地理，2007，27(1)：149-152

［47］宣莹.做狐狸还是做刺猬？——香港法定图则土地用途分类与中国大陆城市用地分类体系比较研究［J］.规划师，2008，24(6)：53-56

［48］徐颖.日本用地分类体系的构成特征及其启示［J］.国际城市规划，2012，27(6)：22-29

［49］周轶男，华晨.内外、上下与刚柔——中日城市用地分类比较研究［J］.国际城市规划，2010，25(1)：82-87

［50］李恒.美国区划发展历史研究［J］.城市与区域规划研究.2008(2)：208-223

［51］田莉.美国区划的尴尬［J］.城市规划汇刊，2004(4)：58-60

［52］杨军.美国五个城市现行区划法规内容的比较研究［J］.规划师，2005(9)：14-18

［53］程明华.芝加哥区划法的实施历程及对我国法定规划的启示［J］.国际城市规划，2009(3)：72-77

［54］张宏伟.美国地方政府对区划法的修改［J］.城市规划学刊，2010(4)：52-60

［55］侯丽.美国"新"区划政策的评价［J］.城市规划学刊，2005(3)：36-42

［56］高捷.英国用地分类体系的构成特征及其启示［J］.国际城市规划，2012，27(6)：16-21

［57］J.W.福瑞则，李玉江.美国应用地理学发展回顾［J］.人文地理，1989(3)：14-16

［58］高玄彧.对土地分级、分类及评价之管见［J］.太原师范学院学报（社会科学版），1995(3)：68-69

［59］梁江，孙晖.城市土地使用控制的重要层面：产权地块——美国分区规划的启示［J］.城市规划，2000，24(6)：40-42

［60］王朝晖，师雁，孙翔.广州市城市规划管理图则编制研究——基于城市规划管理单元的新模式［J］.城市规划，2003，27(12)：41-47

［61］赵晓红.从人类中心论到生态中心论——当代西方环境伦理思想评介［J］.中共中央党校学报,2005(11):35-38

［62］杨沛儒.国外生态城市的规划历程 1900—1990［J］.现代城市研究,2005(2-3):27-37

［63］单皓.美国新城市主义［J］.建筑师,2003(3):4-19

［64］李树国,马仁会.对我国土地利用分类体系的探讨［J］.中国土地科学,2000,14(1):39-40

［65］门雁冰.土地利用现状分类思考［J］.国土资源情报,2011(5):40-46

［66］蒋大卫.关于《城市用地分类与规划建设用地标准》［J］.城市规划,1990(1):5-7

［67］周剑云,戚冬瑾.控制性详细规划的法制化与制定的逻辑［J］.城市规划,2011(6):65-70

［68］赖寿华,黄慧明,陈嘉平,等.从技术创新到制度创新:河源、云浮、广州"三规合一"实践与思考［J］.城市规划学刊,2013,210(5):63-68

［69］许重光.转型规划推动城市转型——深圳新一轮城市总体规划的探索和实践［J］.城市规划学刊,2011,193(1):18-24

［70］孙宁华.经济转型时期中央政府与地方政府的经济博弈［J］.管理世界,2001(3):36-43

［71］周剑云,戚冬瑾.从《物权法》出台看《城市规划法》的修订及迫切性［J］.城市规划,2007,31(7):47-55

［72］田莉.论开发控制体系中的规划自由裁量权［J］.城市规划,2007 (12):78-83

(3) 学位论文

［73］戚冬瑾.英国城市规划体系的经验与启示［D］.广州:华南理工大学硕士论文,2006

［74］高捷.我国城市用地分类体系重构初探［D］.上海:同济大学硕士论文,2006

［75］叶浩军.价值观转变下的广州城市规划(1978—2010)实践［D］.广州:华南理工大学博士论文,2013

［76］石莹怡.城市规划定量化监测与评估的体系框架研究［D］.广州:华南理工大学硕士论文,2011

(4) 技术标准

［77］中华人民共和国质量监督检验检疫总局和中国国家标准化管理委员会.土地利用现状分类:GB/T 21010—2007［S］.北京:中国建筑工业出版社,2007

［78］中华人民共和国住房和城乡建设部.城市用地分类与规划建设用地标准:GB50137—2011［S］.北京:中国建筑工业出版社,2011

［79］中华人民共和国国土资源部.市(地)级土地利用总体规划编制规程:TD/T1023—2010［S］.北京:中国建筑工业出版社,2010

［80］深圳市人民政府.深圳市城市规划标准与准则［S］,2014

［81］上海市规划和国土资源管理局.上海市控制性详细规划技术准则［S］,2011

［82］广州市城市规划局.广州市控制性详细规划编制技术规定［S］,2007

［83］安徽省建设厅.安徽省城市控制性详细规划编制规范［S］,2005

（5）电子文献

［84］广州市规划局.改建、扩建建筑工程《建设工程规划许可证》［EB/OL］,（2011.
　　　5.20）［2012.10.11］.http://www.upo.gov.cn/pages/wsbs/ywzn/jzgc/
　　　2587.shtml

（6）其他文献

［85］潮州市人民政府.潮州市总体规划(2006—2020)［Z］,2010

［86］惠州市人民政府.惠州市总体规划(2008—2020)［Z］,2009

［87］肇庆市人民政府.肇庆市总体规划(2007—2020)［Z］,2009

［88］深圳市人民政府.深圳市总体规划(2010—2020)［Z］,2010

［89］东莞市人民政府.东莞市总体规划(2008—2020)［Z］,2010

［90］佛山市人民政府.佛山市总体规划纲要(2012—2020)［Z］,2012

［91］广州市人民政府.广州城市总体规划(2011—2020)［Z］,2012

［92］河源市人民政府.河源市城市总体规划(2008—2020)［Z］,2012

［93］江门市人民政府.江门市城市总体规划(2011—2020)［Z］,2011

［94］揭阳市人民政府.揭阳市城市总体规划(2010—2030)［Z］,2012

［95］茂名市人民政府.茂名市城市总体规划(2008—2020)［Z］,2011

［96］梅州市人民政府.梅州市城市总体规划(2011—2020)［Z］,2012

［97］清远市人民政府.清远市城市总体规划(2011—2020)［Z］,2011

［98］汕头市人民政府.汕头市城市总体规划(2002—2020)［Z］,2003

［99］汕尾市人民政府.汕尾市城市总体规划(2010—2020)［Z］,2010

［100］韶关市人民政府.韶关市城市总体规划(2006—2020)［Z］,2007

［101］阳江市人民政府.阳江市城市总体规划(2006—2020)［Z］,2006

［102］云浮市人民政府.云浮市城市总体规划(2008—2020)［Z］,2008

［103］湛江市人民政府.湛江市城市总体规划(2011—2020)［Z］,2012

［104］中山市人民政府.中山市城市总体规划(2010—2020)［Z］,2012

［105］珠海市人民政府.珠海市城市总体规划(2001—2020)［Z］,2001

［106］上海同济城市规划设计研究院.增城市中心城区 A1-A12 片区控制性详细规
　　　划［Z］,2007

［107］上海同济城市规划设计研究院.上海市嘉兴社区 C080301、C080302 编制单元
　　　控制性详细规划［Z］,2009

［108］广州城市规划勘测设计研究院.广州花都分区 CB0401—CB0407(新华街西北
　　　部地区)规划管理单元控制性详细规划［Z］,2007

［109］华南理工大学总体组毕业设计文本.新生与发展——西安幸福林带核心区城
　　　市设计(UC4 四校联合毕业设计)［Z］,2014

2. 英文参考文献

（1）学术著作

［110］Guttenberg A Z. The Language of Planning［M］. Urbana,IL:University of Illi-
　　　nois Press,1993

［111］Mitchell R B, Rapkin C. Urban Traffic—A Function of Land Use［M］. New

York：Columbia University Press，1954

［112］ Rannells J. The Core of the City ［M］. New York： Columbia University Press，1956

［113］ Hibbard B. A History of the Public Land Policies［M］. Madison：University of Wisconsin Press，1965：479

［114］ James H. Land Planning in the United States for the City，State and Nation ［M］. New York：McMillan，1926：323

［115］ Lewis N P. The Planning of the Modern City［M］. New York：Wiley，1916：9-11

［116］ Finley W E. A Study of the Proposed Land Use Section of the San Francisco Master Plan［M］. Berkeley，CA：University of California，1951：55.

［117］ Cullingworth B，Nadin V. Town and Country Planning in the Uk(14th Edition) ［M］. London & New York：Routledge Press，2008

［118］ Thomas K. Development Control—Principles and Practice ［M］. London & New York：Routledge Press，1997：187

［119］ Parolek D G，Parolek K，Crawford P C. Form-Based Codes：A Guide for Planners，Urban Designers，Municipalities，and Developers［M］. Hoboken，New Jersey：John Wiley & Sons，2008

［120］ Vander Ryn S，Cowan S. Ecological Design ［M］，Washington，DC：Island Press，1995：127

［121］ Mitchell R B，Rapkin C. Urban Traffic—A Function of Land Use［M］. New York：Columbia University Press，1954：231

［122］ Deakin M，Mitchell G，Nijkamp P，et al. Sustainable Urban Development Volume 2：The Environmental Assessment Methods ［M］. London & New York：Routledge Press，2007

(2) 学术期刊文献

［123］ Guttenberg A Z. A Multiple Land Use Classification System ［J］. Journal of the American Institute of Planners，1959，25(3)：143-150

［124］ Lovejoy P S. Theory and Practice in Land Classification［J］. The Journal of Land & Public Utility Economics，1925，1(2)：160-175

［125］ Lynch K，Rodwin L. A Theory of Urban Form ［J］. Journal of the American Institute of Planners，1958，24(4)：201-214

［126］ Sparks R. The Case for a Uniform Land Use Classification ［J］. Journal of the American Institute of Planners，1958，24(3)： 174-178

［127］ Guttenberg A Z. Multidimensional Land Use Classification and How It Evolved：Reflections on a Methodological Innovation in Urban Planning［J］. Journal of Planning History，2002，1(4)： 311-324

［128］ Akimoto F. The Birth of 'Land Use Planning' in American Urban Planning ［J］. Planning Perspectives，2009，24(4)

［129］Sauer C O. Mapping the Utilization of the Land ［J］. Geographical Review,1919 (8):47-54

［130］Sauer C O. The Problem of Land Classification ［J］. Annal AAG,1921 (11): 3-16

［131］Guttenberg A Z. The Land Utilization Movement of the 1920s' ［J］. Agricultural History,1976,50(3)

［132］Wehrwein G S. Zoning in Marginal Areas［J］. City Planning,1933,4(9): 154-163

［133］Kaiser E J, Godschalk D R. Twentieth Century Land Use Planning ［J］. Journal of the American Planning Association,1995. 61(3)

［134］Bruton M, Nicholson D. Strategic Land Use Planning and the British Development Plan System ［J］. The Town Planning Review, 1985. 56(1):21-41

［135］White S M. Classifying and Defining Uses and Building Forms: Land-Use Coding for Zoning Regulations ［J］. Zonning Practice,APA,2005, 9: 2-11

［136］Duany A, Talen E. Transect Planning［J］. Journal of the American Planning Association,2002. 68(3)

(3) 电子文献

［137］American Planning Association. Land Based Classification Standards(LBCS) ［EB/OL］. ［2012-12-01］. http://www. planning. org/lbcs/standards/

［138］Housing,Town Planning & c. Act, 1909 ［EB/OL］. ［2012-03-02］. http:// www. legislation. gov. uk/

［139］Greater London Authority. The London Plan-Spatial Development Strategy for Greater London(February 2004) ［EB/OL］. ［2013-05-06］. http://www. london. gov. uk

［140］Local Development Framework (Hackney) ［EB/OL］. ［2013-05-06］. http:// www. hackney. gov. uk/ep-local-development-framework-856. htm

［141］Core Strategy Hackney's strategic planning policies for 2010—2025 ［EB/OL］ ［2013-05-06］. http://www. hackney. gov. uk/ep-local-development-framework-856. htm

［142］Development Management Local Plan,July 2012, Draft for Public Participation. Local Development Framework (Hackney) ［EB/OL］. ［2013-05-06］. http://www. hackney. gov. uk/ep-local-development-framework-856. htm

［143］Hackney Central Area Action Plan ［EB/OL］. ［2013-05-06］. http://www. hackney. gov. uk/ep-local-development-framework-856. htm

［144］Andres Duany. Smartcode & Manual version 9. 0 ［EB/OL］. ［2012-02-23］. www. newurbannews. com

［145］The Lexcon of the New Urbanism(version 3. 2)［EB/OL］. ［2012-02-23］. http://www. dpz. com/pdf/LEXICON_. PDF

［146］Treasure Coast Regional Planning Council. Towns , Villages and Countryside (TVC)

Comprehensive Plan Amendments[EB/OL]. (2006-05-05) [2012-07-21]. http://www. stlucieco. gov/planning/tvc. htm

[147] Moule &. Polyzoides Architects and Urbanists. Santa Ana Renaissance Specific Plan(Draft)[EB/OL]. (2007-10-8) [2011-04-02]. http:// www. ci. santa-ana. ca. us

[148] St. Lucie County, Florida Towns, Villages and Countryside Land Development Regulations[EB/OL]. (2007-09)[2012-07-21]. http://www. formbased-codes. org/files/StLucieFL_TVC_FBC. pdf

[149] The Town and Country Planning (General Permitted Development) Order 1995 [EB/OL]. [2010-05-04]. http://www. legislation. gov. uk/

[150] Use Classes Order 1987[EB/OL]. [2010-05-04]. http://www. legislation. gov. uk/

[151] Office of the Deputy Prime Minister. Planning Policy Statement 11: Regional Spatial Strategy 2004[EB/OL]. [2005-03-05]. http://www. odpm. gov. uk.

[152] Office of the Deputy Prime Minister. Planning Policy Statement 12: Local Development Frameworks 2004[EB/OL]. [2005-03-05]. www. odpm. gov. uk

[153] City of Seattle Department of Planning &. Development. City of Seattle Comprehensive Plan [EB/OL]. [2014-05-06]. http://www. seattle. gov/dpd/city-planning/completeprojectslist/comprehensiveplan

[154] Clark J. The Sanibel Report(1976)[EB/OL]. [2013-07-08]. http://www. sc-cf. org/content/122/SCCF-and-The-Sanibel-Report. aspx

[155] Smart Code 8. 0[EB/OL]. http://www. smartcodecentral. org/. [2012-03-05].

(4) 其他文献

[156] Office of the Deputy Prime Minister. National Land Use Database: Land Use and Land Cover Classification Version 4. 4 [Z], 2006

[157] The Chicago Plan Commission. Master Plan of Residential Land Use of Chicago [Z],1943

[158] Office of the Deputy Prime Minister. Local Development Framework Monitoring: A Good Practice Guide. Local Development Framework Core Output Indicators-Update 1/2005[Z], 2005

[159] Office of the Deputy Prime Minister. Local Development Framework Monitoring: A Good Practice Guide [Z],2006

致　谢

　　本书是结合笔者在规划体系方向近十年的研究,特别是在博士论文的基础上修改而成,并且得到国家自然科学基金(项目批准号:51508196)资助。回顾从选题构思到撰写成书,期间经历了多番反复曲折、疑惑困顿,当初缠绕如麻的思路如今逐渐条分缕析,研究过程之艰辛最终带来思想之升华,让我深刻体会到严谨治学之内涵,研究期间幸得各位师友亲朋的引导和扶持,感恩之情铭记于心。

　　首先,非常感谢周剑云教授对论文的悉心指导和不倦教诲。自读硕以来,一直跟从周剑云教授治学,导师渊博深厚的理论修养和敏锐的学术洞察力让我受益匪浅,在我研究遇到瓶颈困顿时,导师高屋建瓴地指点迷津,多次逐字逐句地修改指正,每念及此,加倍感恩。

　　感谢孙一民教授在我博士生涯中一直给予的鼎力支持以及对论文写作的鼓励与肯定,孙教授开阔创新的国际视野和独立明辨的治学态度为我树立了今后教学科研工作的榜样。

　　感谢美国德州大学奥斯汀分校张明教授在论文选题的阶段提供了形态准则的一手资料,让我寻找到研究的切入点。感谢比利时鲁汶大学的刘姝婧学妹不厌其烦地帮我收集土地利用分类的外文资料,为研究工作的开展提供扎实的材料。

　　感谢刘玉亭、魏立华、王成芳、赵渺希等老师与我就博士论文修改开展深入讨论,为本书的写作提出宝贵的意见。

　　感谢同门庞晓媚博士、鲍梓婷博士、周游博士、林锦玲博士、徐莹博士等在我博士论文写作阶段和日常学习工作中的友爱帮助。

　　感谢东南大学出版社的姜来编辑,多年前翻译出版《英国城乡规划》有缘相识,姜编辑至今一直秉持细腻严谨的态度,此次为本书从版面设计到文字编辑倾注无限心力,甚为感谢!

　　亲人的支持是我埋首钻研的最大动力,我的成长过程离不开亲人们为我提供无尽的关怀和照料,最后谨以此书献给我最爱的父母和家人。

2017 年 12 月于广州